中華古籍保護計劃

ZHONG HUA GU JI BAO HU JI HUA CHENG GUO

·成果·

湖州市圖書館等七家收藏單位
常山縣圖書館等二家收藏單位
古籍普查登記目録

全國古籍普查登記目録·浙江湖州 衢州

國家圖書館出版社
National Library of China Publishing House

圖書在版編目(CIP)數據

湖州市圖書館等七家收藏單位、常山縣圖書館等二家收藏單位古籍普查登記目録/《湖州市圖書館等七家收藏單位、常山縣圖書館等二家收藏單位古籍普查登記目録》編委會編. --北京:國家圖書館出版社,2019.4

(全國古籍普查登記目録)

ISBN 978-7-5013-6657-6

Ⅰ.①湖… Ⅱ.①湖… Ⅲ.①公共圖書館—古籍—圖書館目録—浙江 Ⅳ.①Z838

中國版本圖書館 CIP 數據核字(2019)第 018847 號

書　　名	湖州市圖書館等七家收藏單位、常山縣圖書館等二家收藏單位古籍普查登記目録
著　　者	《湖州市圖書館等七家收藏單位、常山縣圖書館等二家收藏單位古籍普查登記目録》編委會　編
責任編輯	許海燕

出　　版	國家圖書館出版社(100034　北京市西城區文津街 7 號) (原書目文獻出版社　北京圖書館出版社)
發　　行	010-66114536　66126153　66151313　66175620 66121706(傳真)　66126156(門市部)
E-mail	nlcpress@ nlc. cn(郵購)
Website	www. nlcpress. com→投稿中心
經　　銷	新華書店
印　　裝	河北三河弘翰印務有限公司
版　　次	2019 年 4 月第 1 版　2019 年 4 月第 1 次印刷

開　　本	787×1092(毫米)　1/16
印　　張	22
字　　數	300 千字

書　　號	ISBN 978-7-5013-6657-6
定　　價	220.00 圓

《全國古籍普查登記目録》

工作委員會

主　任：周和平

副主任：張永新　詹福瑞　劉小琴　李致忠　張志清

委　員（按姓氏筆畫排序）：

于立仁	王水喬	王　沛	王紅蕾	王筱雯
方自今	尹壽松	包菊香	任　競	全　勤
李西寧	李　彤	李忠昊	李春來	李　培
李曉秋	吴建中	宋志英	努　木	林世田
易向軍	周建文	洪　琰	倪曉建	徐欣禄
徐　蜀	高文華	郭向東	陳荔京	陳紅彦
張　勇	湯旭岩	楊　揚	賈貴榮	趙　嫄
鄭智明	劉洪輝	歷　力	鮑盛華	韓　彬
魏存慶	鍾海珍	謝冬榮	謝　林	應長興

《全國古籍普查登記目録》

序　言

全國古籍普查登記工作是“中華古籍保護計劃”的首要任務，是全面開展古籍搶救、保護和利用工作的基礎，也是有史以來第一次由政府組織、參加收藏單位最多的全國性古籍普查登記工作。

2007年國務院辦公廳發布《關於進一步加强古籍保護工作的意見》（國辦發［2007］6號），明確了古籍保護工作的首要任務是對全國公共圖書館、博物館和教育、宗教、民族、文物等系統的古籍收藏和保護狀况進行全面普查，建立中華古籍聯合目録和古籍數字資源庫。2011年12月，文化部下發《文化部辦公廳關於加快推進全國古籍普查登記工作的通知》（文辦發［2011］518號），進一步落實了全國古籍普查登記工作。根據文化部2011年518號文件精神，國家古籍保護中心擬訂了《全國古籍普查登記工作方案》，進一步規範了古籍普查登記工作的範圍、内容、原則、步驟、辦法、成果和經費。目前進行的全國古籍普查登記工作的中心任務是通過每部古籍的身份證——“古籍普查登記編號”和相關信息，建立古籍總臺賬，全面瞭解全國古籍存藏情况，開展全國古籍保護的基礎性工作，加强各級政府對古籍的管理、保護和利用。

《全國古籍普查登記工作方案》規定了全國古籍普查登記工作的三個主要步驟：一、開展古籍普查登記工作；二、在古籍普查登記基礎上，編纂出版館藏古籍普查登記目録，形成《全國古籍普查登記目録》；三、在古籍普查登記工作基本完成的前提下，由省級古籍保護中心負責編纂出版本省古籍分類聯合目録《中華古籍總目》分省卷，由國家古籍保護中心負責編纂出版《中華古籍總目》統編卷。

在黨和政府領導下，在各地區、各有關部門和全社會共同努力下，古籍普查登記工作得以扎實推進。古籍普查已在除臺、港、澳之外的全國各省級行政區域開展，普查内容除漢文古籍外，還包括各少數民族文字古籍，特别是於2010年分别啓動了新疆古籍保護和西藏古籍保護專項，因地制宜，開展古籍普查登記工作；國家古籍保護中心研製的“全國古籍普查登記平臺”已覆蓋到全國各省級古籍保護中心，并進一步研發了“中華古籍索引庫”，爲及時展現古籍普查成果提供有力支持；截至目前，已有11375部古籍進入《國家珍貴古籍名録》，浙江、江蘇、山東、河北等省公布了省級《珍貴古籍名録》,古籍分級保護機制初步形成。

《全國古籍普查登記目録》是古籍普查工作的階段性成果,旨在摸清家底,揭示館藏,反映古籍的基本信息。原則上每申報單位獨立成册,館藏量少不能獨立成册者,則在本省範圍内幾個館目合并成册。無論獨立成册還是合并成册,均編製獨立的書名筆畫索引附於書後。著録的必填基本項目有:古籍普查登記編號、索書號、題名卷數、著者(含著作方式)、版本、册數及存缺卷數。其他擴展項目有:分類、批校題跋、版式、裝幀形式、叢書子目、書影、破損狀况等。有條件的收藏單位多著録的一些擴展項目,也反映在《全國古籍普查登記目録》上。目録編排按古籍普查登記編號排序,内在順序給予各古籍收藏單位較大自由度,可按分類排列古籍普查登記編號,也可按排架號、按同書名等排列古籍普查登記編號,以反映各館特色。

此次全國古籍普查登記工作,克服了古籍數量多、普查人員少、普查難度大等各種困難,也得到了全國古籍保護工作者的極大支持。在古籍普查登記過程中,國家古籍保護中心、各省古籍保護中心爲此舉辦了多期古籍普查、古籍鑒定、古籍普查目録審校等培訓班,全國共1600餘家單位參加了培訓,爲古籍普查登記工作培養了大量人才。同時在古籍普查登記工作中,也鍛煉了普查員的實踐能力,爲將來古籍保護事業發展奠定了良好的基礎。

《全國古籍普查登記目録》的出版,將摸清我國古籍家底,爲古籍保護和利用工作提供依據,也將是古籍保護長期工作的一個里程碑。

國家古籍保護中心
2013年10月

《全國古籍普查登記目録》

編纂凡例

一、收録範圍爲我國境内各收藏機構或個人所藏，産生於 1912 年以前，具有文物價值、學術價值和藝術價值的文獻典籍，包括漢文古籍和少數民族文字古籍以及甲骨、簡帛、敦煌遺書、碑帖拓本、古地圖等文獻。其中，部分文獻的收録年限適當延伸。

二、以各收藏機構爲分册依據，篇幅較小者，適當合并出版。

三、一部古籍一條款目，複本亦單獨著録。

四、著録基本要求爲客觀登記、規範描述。

五、著録款目包括古籍普查登記編號、索書號、題名卷數、著者、版本、册數、存缺卷等。古籍普查登記編號的組成方式是：省級行政區劃代碼—單位代碼—古籍普查登記順序號。

六、以古籍普查登記編號順序排序。

《浙江省古籍普查登記目録》

工作委員會

主　任： 金興盛

副主任： 葉　菁

委　員： 倪　巍　徐曉軍　賈曉東　雷祥雄　劉曉清

徐　潔　李儉英　孫雍容　張愛琴　張純芳

樓　婷　金琴龍　陳泉標　鍾世杰　應　雄

陸深海　吕振興　徐兼明

《浙江省古籍普查登記目録》

編纂委員會

主　編： 徐曉軍

副主編： 童聖江　曹海花　褚樹青　莊立臻　徐益波
胡海榮　劉　偉　沈紅梅　王以儉　孫旭霞
占　劍　孫國茂　毛　旭　季彤曦

統校和編纂工作小組組長： 曹海花（浙江圖書館）

統校和編纂工作小組成員： 秦華英（浙江圖書館）
吕　芳（浙江圖書館）
干亦鈴（寧波市圖書館）
劉　雲（寧波市天一閣博物館）
周慧惠（寧波市天一閣博物館）
馬曉紅（餘姚市文物保護管理所）
陳瑾淵（温州市圖書館）
王　昉（温州市圖書館）
沈秋燕（嘉興市圖書館）
丁嫻明（嘉興市圖書館）
唐　微（紹興圖書館）
丁　瑛（紹興圖書館）
毛　慧（衢州市博物館）

《浙江省古籍普查登記目録》

序　言

浙江文化底蕴深厚，書籍刻印歷史悠久，前賢留下的著述浩如烟海，藏書雅閣及私人藏書爲數衆多，古籍資源十分豐富，幾乎縣縣有古籍，是全國古籍藏量較多的省份之一，是中華文化中具有獨特地域特色的重要一脉。保護好這些珍貴的古籍，對促進文化傳承、弘揚民族精神、維護國家統一及社會穩定具有重要作用。同時，加强古籍保護工作，也是加快建設文化大省、文化强省，努力推動文化浙江建設和社會主義文化大發展大繁榮的必然要求。

（一）

爲搶救、保護我國的珍貴古籍，繼承和弘揚優秀傳統文化，國務院辦公廳印發了《關於進一步加强古籍保護工作的意見》（國辦發［2007］6 號），全國古籍普查登記工作是瞭解全國古籍存藏情况、建立古籍總臺賬、開展全國古籍保護的基礎性工作。爲認真貫徹落實"國辦發［2007］6 號"文件精神，切實加强全省古籍的搶救、保護，浙江省人民政府辦公廳印發《關於進一步加强古籍保護工作的意見》（浙政辦發［2009］54 號），提出 2009 年起要在全省範圍内開展古籍普查登記工作。2012 年，浙江省古籍保護工作聯席會議下發《關於印發〈浙江省"中華古籍保護計劃"實施方案〉的通知》（浙文社［2012］30 號），提出在"十二五"末基本完成全省古籍普查工作的目標。

試點先行、摸底調查、制定方案，建立制度、統籌指揮，引進人員、有效培訓、壯大隊伍，配置設備、補助經費、保障到位，編製手册、明確款目、統一規則，著録完整、審核到位、保證質量，設立項目、表揚先進，在省委省政府的高度重視及其各部門的大力支持下，在國家古籍保護中心的積極指導和省文化廳的正確領導下，通過以上種種措施，"秉持浙江精神，幹在實處、走在前列、勇立潮頭"，全省公共圖書館、文物、教育、檔案、衛生五大系統共計 95 家公藏單位通力合作，到 2017 年 4 月底基本完成了全省的古籍普查登記工作。

通過普查，摸清了全省古籍文化遺産家底，揭示了全省各地區文化脉絡，形成了統一的古籍信息數據庫，建立了一支遍布全省的古籍保護隊伍，爲下一步有針對性地開展古籍保護工作奠定堅實的基礎。鑒於全省在古籍普查和其他古籍保護工作中的突出表現，2014 年，浙江圖書館、嘉興市圖書館、雲和縣圖書館獲得"全國古籍保護工作先進單位"稱號，浙江圖書館徐曉軍和曹海花、温州市圖書館王妍、紹興圖書館唐微、平湖市圖書館馬慧、衢州市博物館程勤等6人獲得“全國古籍保護工作先進個人”稱號。

(二)

全國古籍普查登記範圍爲1912年以前産生的文獻典籍。由於近代以來浙江私人藏書相當發達,民國期間也刻印了大量典籍,民國文獻在各藏書單位(尤其是基層單位)所藏歷史文獻中占據了相當大的比重。這些文獻形成了浙江文獻典藏的重要特色,是浙江傳統文化的重要組成部分。爲更加全面地掌握本省歷史文獻文化遺産現狀,浙江省將民國時期傳統裝幀書籍也納入普查範圍。

按照《全國古籍普查登記手册》要求,登記每部古籍的基本項目,必登項目有索書號、題名卷數、著者、版本、册數、存缺卷數,選登項目有分類、批校題跋、版式、裝幀形式、叢書子目、書影、破損狀况等内容。浙江省的古籍普查工作一直高標準、嚴要求,自始至終堅持全國古籍普查登記平臺(以下簡稱“古籍普查平臺”)項目全著録,堅持文字信息和書影信息雙著録,登記每部書的索書號、分類、題名卷數、著者、卷數統計、版本、版式、裝幀、裝具、序跋、刻工、批校題跋、鈐印、叢書子目、定級及書影、定損及書影等16大項74小項的信息。

普查統計顯示,截至2017年4月30日,全省95家單位共藏有傳統裝幀書籍337405部2506633册,其中不分卷者計31737部96822册,分卷者計305668部2409811册11433371卷(實存8223803卷):古籍(含域外本)219862部1754943册,不分卷者15777部54901册,分卷者204085部1700042册7934703卷;民國時期傳統裝幀書籍117543部751690册,不分卷者15960部41921册,分卷者101583部709769册3498668卷。

從版本定級來看,全省四級文獻最多,部數、册數數量占比分别爲84.75%、78.69%。三級次之,部數、册數數量占比13.12%、15.96%。一級、二級文獻共計5689部111722册,量雖不多,極爲珍貴,其破損程度較輕,基本都配置了裝具且裝具狀况良好,這是古籍分級保護體系的有力體現。

從文獻類型來看,古籍普查平臺采用六部分類,在傳統的經、史、子、集四部外加上類叢部、新學。從册數來看,全省文獻類叢部數量最多,占比29.40%,這其中很大一部分原因在於民國時期刊印了不少大型叢書。史部、集部、子部、經部分居第二至五位,數量占比分别爲28.98%、18.00%、13.49%、9.24%。新學數量最少,還不到1%。

從版本類型來看,全省古籍版本類型豐富,數量最多的是刻本,部數占比51.01%、册數占比55.03%。部數排在第二至四位的是鉛印本、石印本、抄本,分别占比17.71%、16.58%、5.19%。册數排在第二至四位的是鉛印本、石印本、影印本,分别占比14.27%、12.40%、11.38%,這與將民國時期傳統裝幀書籍納入古籍普查範圍有極大關係。稿、抄本部數占比6.9%、册數占比4.04%,總體占比不是很高,但在一、二級文獻中稿、抄本的比例比較高,一級中部數占比20.49%、册數占比

70.25%，二級中部數占比13.16%、册數占比6.57%。

從版本年代來看，全省藏書從南北朝以迄民國，并有部分日本、朝鮮、越南本。其中，元及元以前共計244部3357册。明、清、民國共計2486788册，數量占比99.21%；明代占比5.95%、清代占比63.27%、民國占比29.99%。日本、朝鮮、越南三國本共計1877部14522册，部數、册數占比分别爲0.56%、0.58%。

從批校題跋來看，337405部文獻中有姓名可考的批校題跋共計15374部，其中集部批校題跋最多，占全部批校題跋的38.73%、占集部文獻的6.16%。稿本的批校題跋在相對應的版本類型中比例最高，爲16.18%。且稿本中有多人批校題跋的量最多，多者一部稿本中的批校題跋者達25人，如浙江圖書館藏沈蕉青稿本《燈青茶嫩草》三卷中有孫麟趾等25人的批校題跋。從各館藏書的批校題跋者來看，有鮮明的館域特色，從一個側面體現了各館的文獻來源。

從鈐印來看，337405部文獻中有51509部有收藏鈐印，各級文獻鈐印比例隨級别的增高而加大，一至四級文獻的鈐印占比分别爲50.67%、49.38%、26.00%、12.90%。收藏鈐印從一個方面體現了某書的遞藏源流，鈐印多於1方者有24840部，鈐印多者達54方，如寧波市天一閣博物館藏清初毛氏汲古閣影宋抄本《集韻》十卷上鈐毛晋、毛扆、段玉裁、朱鼎煦四人共計54方印。

在普查的過程中，我們還利用普查成果積極申報《國家珍貴古籍名録》、評選《浙江省珍貴古籍名録》，建立珍貴古籍分級保護體系。截至目前，全省共有871部珍貴古籍入選第一至五批《國家珍貴古籍名録》，有609部古籍入選第一至三批《浙江省珍貴古籍名録》。

（三）

普查登記著録工作結束後，省古籍保護中心於2016年6月成立由浙江圖書館、寧波市圖書館、寧波市天一閣博物館、餘姚市文物保護管理所、温州市圖書館、嘉興市圖書館、紹興圖書館、衢州市博物館8家單位的14名普查業務骨幹組成的浙江省古籍普查登記目録統校和編纂工作小組，開始全省普查數據的統校和古籍普查登記目録的編纂工作。

浙江省的普查登記目録是將古籍和民國書籍分開的，全省統一規劃，分别出版《浙江省古籍普查登記目録》和《浙江省民國時期傳統裝幀書籍普查登記目録》。根據《全國古籍普查登記目録審校要求》《古籍普查登記表格整理規範》的要求，省古籍保護中心制定《浙江省古籍普查登記目録編纂工作方案》《浙江省古籍普查數據統校細則》，用於指導全省的數據統校和登記目録的編纂。統校和編纂工作程序如下：導出古籍普查平臺上的數據，切分爲古籍、民國兩張表，按照設定的普查編號、索書號、分類、題名卷數、著者、版本、批校題跋、册數、存缺卷這幾項登記目録的出版款目對表格進行整理，整理後按照題名進行排列分給各統校員進行統校，統校結束後的數據按行政區域進行彙總交由分區負責人進行覆核,覆核結束後由省古籍保護中心一一寄給各館進行修改確認,經各館確認後由分區負責人進行最後審定。

在統校的過程中,爲了保證全省數據著録的一致,我們積極利用我國古籍整理研究的重大成果《中國古籍總目》(以下簡稱《總目》),每條書目一一對核《總目》,《總目》收者即標注《總目》頁碼,《總目》未收某版本者標注"無此版本",《總目》未收者標注"無",《總目》所收即浙江某館所藏者特殊標注,《總目》著録與普查信息有差异或一時無法判斷者標注"存疑"。拿浙江圖書館的近7萬條古籍數據來看,據不完全統計,除去複本,《總目》所收即浙江圖書館所藏者有1100多種,《總目》未收某一明確版本者有3200多種,《總目》未收者有8300多種。

全省95家單位中有93家單位有古籍數據,總條數計22萬條左右。根據分區域出版和達到一定條數可以單獨成書的原則,全省的古籍普查登記目録大致分爲以下26種:浙江圖書館,浙江大學圖書館,浙江省博物館,浙江省中醫藥研究院等四家收藏單位,杭州圖書館,西泠印社社務委員會等十家收藏單位、浙江省瑞安中學等八家收藏單位,寧波市圖書館,寧波市天一閣博物館,寧波市奉化區文物保護管理所等六家收藏單位、舟山市圖書館等二家收藏單位,温州市圖書館,瑞安市博物館(玉海樓),嘉興市圖書館,平湖市圖書館,嘉善縣圖書館,海寧市圖書館等六家收藏單位,湖州市圖書館等七家收藏單位、常山縣圖書館等二家收藏單位,紹興圖書館,嵊州市圖書館,紹興市上虞區圖書館等八家收藏單位,東陽市博物館,金華市博物館等九家收藏單位,衢州市博物館,台州市黄岩區圖書館,臨海市圖書館,臨海市博物館等六家收藏單位,麗水市圖書館等八家收藏單位。目前全省的古籍普查登記目録有多種已進入出版流程(爲保障普查編號的唯一性、終身有效性,各館數據以原普查編號從低到高的順序進行排列,由於浙江省古籍普查範圍包括古籍、民國時期傳統裝幀書籍、域外漢文古籍,著録時幾種文獻交替進行,而出版時是分開的,加之古籍普查平臺系統出現的跳號情況,所以會出現普查編號不連貫的情况,特此説明),民國時期傳統裝幀書籍普查登記目録的編纂亦接近尾聲。普查登記工作和普查登記目録的編纂爲接下來《中華古籍總目·浙江卷》的編纂打下了良好的基礎。

浙江省古籍普查工作得到了各方的關心和支持。感謝各兄弟省份古籍同行的熱情幫助,感謝李致忠、張志清、吴格、陳先行、陳紅彦、陳荔京、羅琳、王清原、唱春蓮、李德生、石洪運、賈秀麗、范邦瑾等專家學者的悉心指導,藉力於此,普查工作纔得以順利完成。

條數多,分布廣,又出於衆手,儘管工作中我們一直争取做到最好,但無論是已經著録的古籍普查平臺數據還是即將付梓的登記目録,都難免存在紕漏,希望業界同仁不吝賜教,俾臻完善。

浙江省古籍保護中心
2018年4月

目　　録

湖州市圖書館古籍普查登記目録

全國古籍普查登記目録・浙江 湖州

國家圖書館出版社
National Library of China Publishing House

《湖州市圖書館古籍普查登記目録》

編委會

主　　編： 范國榮

副 主 編： 潘希榮

編纂人員： 李　菦　范國榮　周　凱　費俊康　錢志遠　潘希榮

《湖州市圖書館古籍普查登記目録》

前言

湖州市圖書館的前身是1956年7月成立的吴興縣圖書館，1983年7月，升格爲省轄市圖書館，開始從古舊書店、民間收藏等途徑收集古籍。1990年5月，接收了劉承桓捐贈的劉湖涵藏書，其中古籍22種235册、碑拓469種533册，1993年對這部分符合善本標準的古籍參照浙江圖書館的古籍著録形式，進行了分類編目。1993年9月，接收湖州市鐵佛寺文保所的古籍及民國時期綫裝書120種1718册。1998年7月，邱鴻炘捐贈古籍45種300册。2015年11月，接收邱鴻福捐贈古籍1種118册。2006年4月，湖州市圖書館整體遷入龍王山路新館，古籍書庫單獨設立，面積200平方米，配備有恒温恒濕設備和消防、安全設施。

全國古籍普查工作啓動後，湖州市圖書館派員參加了2009年11月開班的“第一期浙江省古籍普查培訓班”。2010年3、4月，派員參加“第十五期全國古籍普查培訓班”。爲争取本館古籍普查工作儘早啓動，2011年7月，分管副館長錢志遠與項目負責人范國榮利用其他工作之機，順道赴嘉興市圖書館參觀取經。2012年2月，派員赴浙江省古籍保護中心學習，并參加古籍普查工作操作實踐。2012年5月，通過政府采購審批程序購置的古籍普查工作所需的設備（翻拍臺、電腦、相機等）到位。至此，湖州市圖書館古籍普查工作進入普查數據録入全國古籍普查平臺的階段。2013年11月1日，我館按照國家古籍保護中心和省古籍保護中心的要求開展的古籍普查工作基本結束。2015年，補充録入邱鴻福捐贈古籍的普查數據。

經過館藏古籍普查工作，導出的古籍普查數據成爲現今我館最詳盡的古籍書目，總計録入248種3962册。其中，1912年以前古籍138種2048册，民國時期綫裝書110種1914册。《[正德]武功縣志》三卷[明康海纂修，明正德十四年（1519）刻本]入選第一批《國家古籍珍貴名録》；《越絶書》十五卷[明嘉靖三十三年（1554）張佳胤雙柏堂刻本]和《重訂文選集評》十五卷首一卷末一卷[清乾隆四十六年（1781）鴛湖芸暉閣刻本]入選第一批《浙江省珍貴古籍名録》。總體而言，湖州市圖書館館藏古籍偏少，其中碑拓部分可以作爲館藏古籍的特色。

經過此次古籍普查，摸清了館藏古籍的家底，并對古籍書庫進行整改，移出不屬於古籍的特藏書，更新了部分書櫥。同時，派員參加浙江省古籍保護中心舉辦的古籍修復培訓，開始具備對館藏古籍進行簡單修復的能力。

2013 年 4 月，湖州市圖書館被浙江省文化廳評爲全省古籍普查先進單位，潘希榮被評爲先進個人。2013 年 7 月，湖州市圖書館成爲第一批浙江省古籍保護達標單位。這是對我館參與全國古籍普查工作所取得成績的肯定。在此對范國榮、潘希榮兩位同志的辛勤勞動表示感謝，同時也要對我館，尤其是古籍地方文獻部其他同仁的精誠協作和任務分擔表示感謝，更要對省古籍保護中心的指導、督促表示感謝。由於我們學識和能力的不足，工作中難免存在差錯，請專家同仁不吝批評指正。

湖州市圖書館
2017 年 5 月

330000－4709－0000001　善00721　子部/小說家類/雜事之屬

世說補菁華二卷　(明)狄期進輯　明萬曆二十九年(1601)刻本　四冊

330000－4709－0000003　善00720　史部/雜史類/斷代之屬

國語二十一卷　(三國吳)韋昭注　**補音三卷**　(宋)宋庠撰　明嘉靖五年(1526)刻本　十二冊

330000－4709－0000004　善00725　集部/別集類/宋別集

象山先生全集三十六卷　(宋)陸九淵撰　**附録少湖徐先生學則辯一卷**　(明)徐階撰　明嘉靖四十年(1561)何遷刻本　十冊

330000－4709－0000005　善00724　集部/別集類/宋別集

重刻黃文節山谷先生文集三十卷　(宋)黃庭堅撰　明王鳳翔光啟堂刻清振鄴堂遞修本　五冊

330000－4709－0000006　善00727　集部/總集類/彙編之屬

元白長慶集一百四十一卷　(明)馬元調輯　明萬曆三十二年至三十四年(1604－1606)松江馬元調刻魚樂軒印本　四冊　存六十一卷(元氏長慶集一至六十、補遺一)

330000－4709－0000007　善00729　子部/叢編

先秦諸子合編十六種　(明)馮夢禎編　明萬曆三十年(1602)緜眇閣刻本　四冊　存一種

330000－4709－0000008　善00731　子部/雜著類/雜說之屬

鶡冠子三卷　(宋)陸佃注　(明)王宇等評　明天啟五年(1625)朱氏花齋刻本　三冊

330000－4709－0000009　普00745　史部/傳記類/總傳之屬/家乘

清江黃氏族譜□□卷　清末木活字印本　七冊　存八卷(四、九、十三、十四下至十五、十九、二十五、二十七)

330000－4709－0000010　善00728　史部/雜史類/斷代之屬

越絕書十五卷　(漢)袁康撰　明嘉靖三十三年(1554)張佳胤雙柏堂刻本　四冊

330000－4709－0000012　善00730　史部/紀傳類/正史之屬

二十一史　明刻明清遞修本　五十二冊　存三種

330000－4709－0000016　普00310　集部/小說類/長篇之屬

圖像鏡花緣二十卷一百回首一卷　(清)李汝珍撰　清光緒二十一年(1895)上海文盛書局石印本　六冊

330000－4709－0000019　普00715　史部/紀傳類/正史之屬

史記一百三十卷　(漢)司馬遷撰　(南朝宋)裴駰集解　(唐)司馬貞索隱　(唐)張守節正義　清同治五年至九年(1866－1870)金陵書局刻本　十七冊　缺二十一卷(五至七、八十四至九十三、一百十五至一百二十二)

330000－4709－0000021　普00713　經部/小學類/音韻之屬/古今韻說

古韻標準四卷詩韻舉例一卷　(清)江永編　(清)戴震參定　清乾隆刻本　二冊

330000－4709－0000022　普00717　史部/紀傳類/正史之屬

北齊書五十卷　(唐)李百藥撰　明崇禎十一年(1638)毛氏汲古閣刻十七史本　清譚尚忠批點　六冊

330000－4709－0000023　普00714　經部/叢編

古經解彙函十六種附小學彙函十四種　(清)鍾謙鈞等輯　清同治十二年(1873)粵東書局刻本　一冊　存一種

330000－4709－0000024　善00723　集部/別集類/明別集

新刊宋學士全集三十三卷附録補遺一卷　(明)宋濂撰　(明)韓叔陽補遺　明嘉靖三十

年(1551)韓叔陽等刻崇禎增修本　十八冊　缺一卷(補遺)

330000－4709－0000025　普00705　類叢部/叢書類/彙編之屬

咫進齋叢書三十五種　(清)姚覲元編　清光緒九年(1883)歸安姚氏刻本　三冊　存二種

330000－4709－0000026　普00711　類叢部/叢書類/自著之屬

振綺堂遺書五種　(清)汪遠孫撰　清道光刻民國十一年(1922)錢塘汪氏彙印本　一冊　存一種

330000－4709－0000027　普00751　子部/宗教類/其他宗教之屬/基督教

主日學課不分卷　(清)主日學課委辦撰　(英國)賓樂安譯　清宣統元年(1909)華美書局鉛印本　一冊

330000－4709－0000028　普00680　新學/雜著/叢編

富強叢書正集七十七種續集一百二十一種　(清)袁俊德輯　清光緒小倉山房石印本　三十冊　存續集四十一種

330000－4709－0000029　普00681　新學/雜著/叢編

西學富强叢書六十五種　(清)張蔭桓編　清光緒二十二年(1896)鴻文書局石印本　二十五冊　存四十七種

330000－4709－0000030　善00722　史部/地理類/方志之屬/郡縣志

[正德]武功縣志三卷　(明)康海纂修　明正德十四年(1519)刻本　三冊

330000－4709－0000031　善00726　集部/總集類/彙編之屬

漢魏六朝諸名家集二十一種(漢魏六朝二十一名家集)　(明)汪士賢編　明萬曆至天啓新安汪氏刻本　四冊　存一種

330000－4709－0000032　普00752　子部/宗教類/其他宗教之屬/基督教

中華年會第二十三次記録不分卷　(英國)文乃史等記録　清光緒三十四年(1908)上海華美書局鉛印本　一冊

330000－4709－0000033　普00753　子部/宗教類/其他宗教之屬/基督教

監理會綱例十四卷　(美國)潘慎文翻譯　清光緒十三年(1887)華美書坊鉛印本　一冊

330000－4709－0000034　普00695　經部/小學類/文字之屬/說文/傳說

說文釋例二十卷　(清)王筠撰　清光緒九年(1883)成都御風樓刻本　十冊

330000－4709－0000035　普00696　經部/小學類/文字之屬/說文/傳說

說文解字十五卷標目一卷　(漢)許慎撰　**說文檢字二卷**　(清)毛謨輯　清同治十年(1871)刻本　九冊　存二卷(十二至十三)

330000－4709－0000036　普00697　類叢部/叢書類/自著之屬

曾文正公全集十五種　(清)曾國藩撰　清同治至光緒傳忠書局刻本　十九冊　存一種

330000－4709－0000037　普00754　子部/宗教類/其他宗教之屬/基督教

舊約全書不分卷新約全書不分卷　(美國)上海大美國聖經會翻譯　清光緒二十六年(1900)上海華美書坊鉛印本　一冊

330000－4709－0000040　普00702　史部/編年類/通代之屬

御批歷代通鑑輯覽一百二十卷　(清)傅恒等撰　清光緒石印本　二十五冊　存九十三卷(五至九、二十七至五十、五十四至九十、九十四至一百二十)

330000－4709－0000041　普00703　子部/儒家類/儒學之屬/經濟

日知録集釋三十二卷刊誤二卷續刊誤二卷　(清)黄汝成撰　清光緒三年(1877)刻本　十六冊

330000－4709－0000042　普00024　經部/小學類/訓詁之屬/群雅

廣雅疏證十卷附博雅音十卷　(清)王念孫撰

清光緒十四年(1888)上海鴻文書局石印本　一册　存三卷(廣雅疏證四至六)

330000－4709－0000044　普00704　史部/雜史類/通代之屬
戰國策三十三卷　(漢)高誘注　清嘉慶八年(1803)吳門黃氏讀未見書齋影宋刻本　四册

330000－4709－0000046　普00685　集部/别集類/清别集
古柏軒文集四卷首一卷末一卷　(清)楊繩武撰　清道光刻本　四册

330000－4709－0000047　普00313　集部/小説類/長篇之屬
東周列國全志八卷一百八回　(清)蔡奡評點　清光緒二十五年(1899)上海久敬齋石印本　六册　存六卷(一、三至六、八)

330000－4709－0000048　普00659　類叢部/類書類/專類之屬
韻府拾遺一百六卷　(清)汪灝　(清)何焯等輯　清嶺南潘氏海山仙館刻本　十九册　存一百卷(一至八十九、九十六至一百六)

330000－4709－0000049　普00660　類叢部/類書類/專類之屬
佩文韻府一百六卷　(清)張玉書　(清)蔡升元等輯　**韻府拾遺一百六卷**　(清)汪灝　(清)何焯等輯　清光緒十三年(1887)上海點石齋石印本　五十二册　存一百九十一卷(佩文韻府一至二十二中、二十三中至二十六、三十四中至三十七、四十一至五十六、六十至六十九、七十三至八十九、九十五至一百六,韻府拾遺一至一百六)

330000－4709－0000051　普00699　史部/紀傳類/正史之屬
二十四史附考證　清乾隆武英殿刻本　十册　存一種

330000－4709－0000053　普00690　史部/傳記類/總傳之屬/仕宦
歷代名臣言行録二十四卷　(清)朱桓輯　清刻本　二十九册　缺二卷(七、二十二)

330000－4709－0000054　普00658　類叢部/類書類/專類之屬
佩文韻府一百六卷　(清)張玉書　(清)蔡升元等輯　**韻府拾遺一百六卷**　(清)汪灝　(清)何焯等輯　清嶺南潘氏海山仙館刻本　一百四十册　存一百六卷(佩文韻府一至一百六)

330000－4709－0000055　普00013　經部/四書類/總義之屬/文字音義
四書釋文十九卷四書字辨一卷疑字辨一卷句辨一卷　(清)王賡言撰　清道光二年(1822)諸城王氏家塾刻本　六册

330000－4709－0000057　普00243　類叢部/叢書類/彙編之屬
觀古堂所刊書二十一種　葉德輝編　清光緒二十一年至三十三年(1895－1907)長沙葉氏刻本　一册　存二種

330000－4709－0000058　普00018　經部/小學類/文字之屬/字書/字典
康熙字典十二集三十六卷總目一卷檢字一卷辨似一卷等韻一卷補遺一卷備考一卷　(清)張玉書等纂修　清康熙刻本　三十二册

330000－4709－0000059　普00020　類叢部/叢書類/彙編之屬
後知不足齋叢書四十七種　(清)鮑廷爵編　清光緒十二年(1886)虞山鮑氏後知不足齋刻本　八册　存一種

330000－4709－0000061　普00078　史部/地理類/方志之屬/郡縣志
[同治]湖州府志九十六卷首一卷　(清)宗源瀚　(清)楊榮緒　(清)郭式昌修　(清)周學濬　(清)陸心源　(清)汪曰楨纂　清同治十一年至十三年(1872－1874)愛山書院刻光緒九年(1883)印本　三十六册　存八十七卷(四至十二、十七至四十五、四十八至九十六)

330000－4709－0000062　普00218　子部/藝術類/書畫之屬/總論
佩文齋書畫譜一百卷　(清)孫岳頒等輯　清康熙内府刻本　九册　存十八卷(八至十三、

六十六至七十七)

330000－4709－0000063　普00105　史部/地理類/方志之屬/郡縣志
[光緒]嘉興府志八十八卷首二卷　(清)許瑤光修　(清)吳仰賢等纂　清光緒三年至四年(1877－1878)嘉興鴛湖書院刻本　四十九册

330000－4709－0000064　普00216　子部/術數類/陰陽五行之屬
欽定協紀辨方書三十六卷　(清)允祿　(清)張照等纂修　清刻朱墨套印本　二十四册

330000－4709－0000065　普00117　史部/地理類/方志之屬/郡縣志
[光緒]平湖縣志二十五卷首一卷末一卷　(清)彭潤章等修　(清)葉廉鍔等纂　**平湖殉難録一卷**　(清)彭潤章輯　清光緒十二年(1886)刻本　十三册

330000－4709－0000066　普00118　史部/地理類/方志之屬/郡縣志
[光緒]重修嘉善縣志三十六卷首一卷　(清)江峯青修　(清)顧福仁纂　清光緒二十年(1894)刻本　十七册

330000－4709－0000067　普00119　史部/地理類/方志之屬/郡縣志
[光緒]重修嘉善縣志三十六卷首一卷　(清)江峯青修　(清)顧福仁纂　清光緒二十年(1894)刻本　十六册

330000－4709－0000068　普00220　子部/藝術類/書畫之屬/畫譜
海上名人畫譜不分卷　(清)周峻等繪　清光緒刻本　一册

330000－4709－0000069　普00664　類叢部/叢書類/自著之屬
楊園先生全集十九種附一種　(清)張履祥撰　清同治刻本　一册　存三種

330000－4709－0000070　普00707　類叢部/叢書類/彙編之屬
士禮居黃氏叢書十九種附四種　(清)黃丕烈編　清嘉慶至道光吳縣黃氏刻本　三册　存一種

330000－4709－0000071　普00712　集部/別集類/唐五代別集
樊南文集補編十二卷首一卷附録一卷　(唐)李商隱撰　(清)錢振倫　(清)錢振常箋注　清同治五年(1866)望三益齋刻本　四册

330000－4709－0000072　普00081　史部/地理類/方志之屬/郡縣志
[光緒]烏程縣志三十六卷　(清)郭式昌　(清)潘玉璿　(清)馮健修　(清)周學濬　(清)汪曰楨纂　清光緒六年至七年(1880－1881)刻本　十六册　存三十五卷(二至三十六)

330000－4709－0000073　普00238　集部/別集類/唐五代別集
河東先生文集六卷　(唐)柳宗元撰　清宣統二年(1910)上海會文堂書局石印本　五册　缺一卷(二)

330000－4709－0000074　普00250　類叢部/叢書類/郡邑之屬
湖州叢書十二種　(清)陸心源編　清光緒湖城義塾刻本　七册　存三種

330000－4709－0000075　普00084　史部/地理類/方志之屬/郡縣志
[咸豐]南潯鎮志四十卷首一卷　(清)汪曰楨撰　清咸豐九年(1859)修同治二年(1863)刻本　九册　存三十七卷(四至四十)

330000－4709－0000076　普00098　史部/地理類/方志之屬/郡縣志
[同治]長興縣志三十二卷　(清)趙定邦修　(清)周學濬　(清)丁寶書纂　清同治十三年至光緒元年(1874－1875)刻光緒十八年(1892)邵同珩、孫德祖增補重校刻本　十一册　存十九卷(一至六、十至十一、二十至三十)

330000－4709－0000077　普00058　史部/政書類/通制之屬
文獻通考二十四卷首一卷　(元)馬端臨撰

清光緒十一年(1885)上海點石齋石印本　二十冊

330000－4709－0000079　普00192　子部/醫家類/本草之屬/歷代綜合本草
本草綱目五十二卷首二卷圖三卷　(明)李時珍撰　**本草萬方鍼綫八卷**　(清)蔡烈先輯　**本草綱目拾遺十卷**　(清)趙學敏輯　清光緒上海錦章圖書局石印本　七冊

330000－4709－0000080　普00030　史部/紀傳類/別史之屬
尚史七十二卷　(清)李鍇撰　清乾隆刻本　一冊　存五卷(一至五)

330000－4709－0000081　普00035　史部/雜史類/斷代之屬
貞觀政要十卷　(唐)吳兢撰　(元)戈直集論　清嘉慶三年(1798)南沙席氏掃葉山房刻本　三冊

330000－4709－0000082　普00661　類叢部/類書類/通類之屬
淵鑑類函四百五十卷目録四卷　(清)張英　(清)王士禎輯　清刻本　一百四十冊

330000－4709－0000083　普00015　經部/四書類/總義之屬/傳説
四書圖考十三卷　(清)杜炳撰　清光緒十三年(1887)鴻文書局石印本　一冊　存二卷(一至二)

330000－4709－0000084　普00050　史部/傳記類/總傳之屬/儒林
儒林宗派十六卷　(清)萬斯同撰　清宣統三年(1911)浙江圖書館刻本　二冊

330000－4709－0000085　普00174　子部/儒家類/儒學之屬/性理
近思録集注十四卷　(清)江永撰　清光緒二十五年(1899)浙江官書局刻本　四冊

330000－4709－0000086　普00101　史部/地理類/方志之屬/郡縣志
[同治]安吉縣志十八卷首一卷　(清)汪榮　(清)劉蘭敏修　(清)張行孚　(清)丁寶書纂　清同治十三年(1874)刻本　十六冊

330000－4709－0000087　普00688　經部/小學類/文字之屬/説文/專著
説文通訓定聲十八卷分部柬韻一卷説雅一卷古今韻準一卷　(清)朱駿聲撰　(清)朱鏡蓉參訂　**行述一卷**　朱孔彰撰　清道光二十九年(1849)刻咸豐元年(1851)朱孔彰臨嘯閣補刻本　二十五冊

330000－4709－0000088　普00033　史部/編年類/斷代之屬
東華録天命朝一卷天聰朝二卷崇德朝一卷順治朝七卷康熙朝二十一卷雍正朝十三卷東華續録乾隆朝四十八卷嘉慶朝十四卷道光朝十三卷　王先謙編　清光緒上海圖書集成印書局鉛印本　四十四冊　缺三十一卷(東華録雍正朝八至十,續録乾隆朝一至二十六、四十七至四十八)

330000－4709－0000091　普00062　史部/政書類/通制之屬
九通分類總纂二百四十卷　(清)汪鍾霖輯　清光緒二十八年(1902)上海文瀾書局石印本　二冊　存九卷(二百十六至二百二十、二百二十七至二百三十)

330000－4709－0000092　善00738　史部/紀傳類/正史之屬
漢書評林一百卷　(明)淩稚隆輯　**字例一卷姓氏一卷**　(明)淩稚隆編　明萬曆九年(1581)吳興淩稚隆刻本　二十冊

330000－4709－0000093　普00059　史部/政書類/通制之屬
三通考輯要七十六卷　湯壽潛輯　清光緒二十五年(1899)圖書集成局鉛印本　二十冊　缺二十五卷(文獻通考輯要十七至二十二,欽定續文獻通考輯要六至八、十二至十七、二十五至二十六,皇朝文獻通考輯要一、十至十六)

330000－4709－0000094　普00100　史部/地理類/方志之屬/郡縣志
[同治]安吉縣志十八卷首一卷　(清)汪榮

(清)劉蘭敏修　(清)張行孚　(清)丁寶書纂　清同治十三年(1874)刻本　三冊　存四卷(六至八、十五)

330000－4709－0000095　普00102　史部/地理類/方志之屬/郡縣志
[同治]安吉縣志十八卷首一卷　(清)汪榮　(清)劉蘭敏修　(清)張行孚　(清)丁寶書纂　清同治十三年(1874)刻本　十五冊

330000－4709－0000096　普00104　史部/地理類/方志之屬/郡縣志
[同治]孝豐縣志十卷首一卷　(清)劉濬修　(清)潘宅仁等纂　清光緒五年(1879)刻本　六冊　存四卷(三至四、七、十)

330000－4709－0000097　普00106　史部/地理類/方志之屬/郡縣志
[嘉靖]海寧縣志九卷首一卷附録一卷　(明)蔡完修　(明)董穀纂　清光緒二十四年(1898)許仁沐刻本　二冊

330000－4709－0000098　普00023　經部/小學類/訓詁之屬/爾雅
爾雅三卷　(晉)郭璞注　(唐)陸德明音釋　清宣統石印本　一冊　存一卷(中)

330000－4709－0000099　普00182　子部/農家農學類/園藝之屬/總志
佩文齋廣群芳譜一百卷目録二卷　(清)汪灝等撰　清康熙四十七年(1708)内府刻本　四十六冊　存九十二卷(一至二十三、二十六至二十九、三十二至五十七、六十至九十八)

330000－4709－0000101　普00200　子部/醫家類/方書之屬/單方驗方
重訂驗方新編十八卷　(清)鮑相璈等輯　清光緒三十三年(1907)上海鑄記書局石印本　六冊

330000－4709－0000102　普00689　類叢部/類書類/專類之屬
佩文韻府一百六卷　(清)張玉書　(清)蔡升元等輯　**韻府拾遺一百六卷**　(清)汪灝　(清)何焯等輯　清雍正刻本　二十三冊　存一百二卷(韻府拾遺一至七、十二至一百六)

330000－4709－0000103　普00186　子部/農家農學類/蠶桑之屬
蠶桑説一卷　(清)沈練撰　清光緒十四年(1888)溧陽沈氏歸安縣署刻本　一冊

330000－4709－0000104　普00064　史部/時令類
月令粹編二十四卷圖説一卷　(清)秦嘉謨撰　清嘉慶十七年(1812)江都秦嘉謨琳琅仙馆刻本　六冊

330000－4709－0000105　普00718　類叢部/叢書類/彙編之屬
求實齋叢書十五種　(清)蔣德鈞編　清光緒湘鄉蔣氏龍安郡署刻本　一冊　存二種

330000－4709－0000106　普00691　史部/紀傳類/正史之屬
二十四史　清同治至光緒五省官書局據汲古閣本等合刻光緒五年(1879)湖北書局彙印本　八十八冊　存九種

330000－4709－0000107　普00245　集部/别集類/宋别集
宛陵先生文集(宛陵集)六十卷　(宋)梅堯臣撰　清宣統二年(1910)上海據康熙徐惇復白華書屋刻本影印本　十冊

330000－4709－0000108　普00257　集部/别集類/清别集
四憶堂詩集六卷遺稿一卷　(清)侯方域撰　清宣統二年(1910)上海掃葉山房石印本　二冊

330000－4709－0000110　普00240　集部/别集類/唐五代别集
溫飛卿詩集七卷别集一卷集外詩一卷附録諸家詩評一卷　(唐)溫庭筠撰　(明)曾益注　(清)顧予咸補注　(清)顧嗣立續注　清宣統二年(1910)掃葉山房石印本　三冊　缺二卷(三至四)

330000－4709－0000111　普00274　集部/總集類/選集之屬/通代

重訂文選集評十五卷首一卷末一卷　(清)于光華輯　清乾隆四十六年(1781)鴛湖芸暉閣刻本　十六册

330000－4709－0000112　普00675　類叢部/叢書類/郡邑之屬
金華叢書六十八種　(清)胡鳳丹編　清同治七年至光緒八年(1868－1882)永康胡氏退補齋刻民國補刻本　一册　存一種

330000－4709－0000113　善00736　集部/總集類/尺牘之屬
啓雋類函一百二卷職官考五卷目録九卷　(明)俞安期編　(明)李國祥　(明)王嗣經輯　明萬曆四十六年(1618)刻本　四十八册

330000－4709－0000116　善00739　集部/别集類/明别集
何大復先生集三十八卷附録一卷　(明)何景明撰　清乾隆十五年(1750)何氏賜策堂刻本　八册

330000－4709－0000117　善00740　子部/道家類
三子合刊　(明)閔齊伋輯　明閔齊伋刻朱墨套印本　四册　存一種

330000－4709－0000118　善00741　經部/小學類/文字之屬/説文/專著
重刊許氏説文解字五音韻譜十二卷　(宋)李燾撰　明刻本　十二册

330000－4709－0000119　普00193　子部/醫家類/本草之屬/歷代綜合本草
校正本草綱目五十二卷圖一卷　(明)李時珍編輯　(清)吳毓昌校訂　**本草綱目拾遺十卷**　(清)趙學敏輯　**本草萬方鍼綫八卷**　(清)蔡烈先輯　清宣統元年(1909)上海經香閣石印本　十二册

330000－4709－0000120　普00036　史部/雜史類/斷代之屬
聖武記十四卷　(清)魏源撰　清光緒二十八年(1902)上海書局石印本　六册

330000－4709－0000121　普00044　經部/春秋左傳類/傳説之屬
東萊博議四卷增補虚字註釋一卷　(宋)吕祖謙撰　**增補虚字註釋一卷**　(清)馮泰松點定　清光緒三十一年(1905)上海商務印書館鉛印本　二册

330000－4709－0000122　普00179　子部/兵家類/兵法之屬
紀效新書十八卷首一卷　(明)戚繼光撰　清光緒二十一年(1895)上海醉經樓石印本　一册　缺十一卷(八至十八)

330000－4709－0000123　普00009　經部/春秋左傳類/傳説之屬
春秋左傳(春秋左傳杜林)五十卷　(晉)杜預(宋)林堯叟註釋　(唐)陸德明音義　(明)鍾惺　(明)孫鑛　(明)韓范評點　清末李光明莊刻本　十六册

330000－4709－0000124　普00204　子部/宗教類/道教之屬/戒律
慾海慈航一卷　(清)黄正元撰　清乾隆二年(1737)江蘇常郡公善堂黄氏刻本　一册

330000－4709－0000125　普00199　子部/醫家類/方書之屬/單方驗方
校正增廣驗方新編十六卷　(清)鮑相璈輯　**痧症全書三卷**　(清)王凱輯　**咽喉秘集二卷**　(清)海山仙館輯　清光緒三十年(1904)上海洽記書局石印本　六册　缺二卷(咽喉秘集一至二)

330000－4709－0000126　普00309　集部/小説類/長篇之屬
結水滸全傳七十卷七十回末一卷　(清)俞萬春撰　清同治十年(1871)玉屏山館刻本　十九册　缺四卷(三十二至三十五)

330000－4709－0000127　普00176　子部/道家類
莊子十卷　(晉)郭象注　(唐)陸德明音義　(明)閔齊伋録評　清光緒十一年(1885)刻朱墨套印本　二册

330000－4709－0000128　普00311　集部/小

說類/長篇之屬

繪圖鏡花緣全傳六卷一百回 （清）李汝珍撰　清光緒二十五年（1899）上海文宜書局石印本　六册

330000－4709－0000131　普 00682　類叢部/叢書類/彙編之屬

增訂漢魏叢書九十六種 （清）王謨編　清光緒石印本　六册　存三十一種

330000－4709－0000132　普 00041　新學/史志/諸國史

萬國歷史彙編一百卷 （清）江子雲等輯　清光緒二十九年（1903）上海官書局石印本　十六册

330000－4709－0000135　普 00022　經部/小學類/文字之屬/字書/字典

康熙字典十二集三十六卷總目一卷檢字一卷辨似一卷等韻一卷補遺一卷備考一卷 （清）張玉書等纂修　清道光七年（1827）刻本　四十册

330000－4709－0000137　普 00047　史部/傳記類/總傳之屬/仕宦

歷代名臣言行録二十四卷 （清）朱桓輯　清光緒十五年（1889）上海廣百宋齋鉛印本　十二册

330000－4709－0000138　普 00156　史部/目録類/總録之屬/彙刻

觀古堂書目叢刻十五種 葉德輝編　清光緒二十八年（1902）至民國湘潭葉氏刻本　一册　存四種

330000－4709－0000140　普 00742　史部/傳記類/總傳之屬/家乘

［湖南郴州］王氏族譜不分卷 清末木活字印本　一册

330000－4709－0000141　善 00743　史部/傳記類/總傳之屬/家乘

［安徽休寧］吴氏宗譜十卷 （明）吴國彦纂修　明崇禎十年（1637）抄本　一册　存三卷（一至三）

330000－4709－0000142　普 00746　史部/傳記類/總傳之屬/家乘

［浙江嵊州］剡北祝氏宗譜四卷 （清）祝患寶等修　（清）祝義巢等纂　清光緒二十四年（1898）敦倫堂木活字印本　三册

330000－4709－0000144　普 00744　史部/傳記類/總傳之屬/家乘

［四川資陽］溫氏族譜□□卷 （清）溫騰鑲等修　清光緒木活字印本　二册　存二卷（十六至十七）

330000－4709－0000145　普 00747　史部/傳記類/總傳之屬/家乘

［湖南寧鄉］劉氏族譜□□卷 清光緒小墨莊木活字印本　六册　存七卷（一至二、四、八、十至十一、十三）

330000－4709－0000146　普 00114　史部/地理類/方志之屬/郡縣志

［光緒］桐鄉縣志二十四卷首四卷 （清）嚴辰纂　**楊園淵源録四卷** （清）沈曰富輯　清光緒十三年（1887）蘇州陶漱藝齋刻本　二十四册

330000－4709－0000166　普 00115　史部/地理類/方志之屬/郡縣志

［光緒］石門縣志十一卷首一卷 （清）余麗元等纂修　清光緒四年至五年（1878－1879）刻本　十二册

330000－4709－0000167　善 00735　經部/禮記類/傳説之屬

禮記集説三十卷 （元）陳澔撰　明嘉靖刻本　十册

330000－4709－0000168　善 00732　類叢部/叢書類/彙編之屬

津逮祕書十五集一百四十種 （明）毛晉編　明崇禎虞山毛氏汲古閣刻本　四册　存一種

330000－4709－0000169　普 00733　史部/雜史類/通代之屬

戰國策十卷 （宋）鮑彪校注　（元）吴師道補正　清嘉慶十一年（1806）書業堂刻本　清宗

汝剛批校　清福均圈點並句讀　六冊

330000－4709－0000188　普00137　史部/地理類/總志之屬/通代

天下郡國利病書一百二十卷　(清)顧炎武撰　清光緒慎記書莊石印本　二十一冊　缺二十卷(四十五至四十九、六十五至七十一、八十三至九十)

330000－4709－0000189　普00139　史部/地理類/總志之屬/通代

讀史方輿紀要一百三十卷　(清)顧祖禹撰　清末石印本　十六冊　存七十三卷(五至十五、二十二至二十九、三十四至三十八、四十二至六十五、七十九至八十八、九十五至九十九、一百二十至一百二十九)

330000－4709－0000194　普00001　經部/叢編

重刊宋本十三經注疏四百十六卷附十三經注疏校勘記四百十六卷　(清)阮元撰　(清)盧宣旬摘録　**校勘記識語四卷**　(清)汪文臺撰　清同治十年(1871)廣東書局刻本　一百六十冊　存十三種

330000－4709－0000198　普00273　集部/總集類/選集之屬/通代

文選六十卷　(南朝梁)蕭統輯　(唐)李善注　**文選考異十卷**　(清)胡克家撰　清末上海鴻文書局石印本　八冊　缺十卷(考異一至十)

330000－4709－0000207　普00116　史部/地理類/方志之屬/郡縣志

[光緒]石門縣志十一卷首一卷　(清)余麗元等纂修　清光緒四年至五年(1878－1879)刻本　十二冊

330000－4709－0000209　普00032　史部/編年類/通代之屬

尺木堂綱鑑易知録九十二卷明鑑易知録十五卷　(明)吴乘權　(明)周之炯　(明)周之燦輯　清刻本　六冊　存十五卷(明鑑易知録一至十五)

330000－4709－0000212　普00126　史部/地理類/水利之屬

浙西水利備考不分卷　(清)王鳳生撰　清光緒四年(1878)浙江書局刻本　四冊

330000－4709－0000214　普00175　子部/叢編類

二十二子　(清)浙江書局編　清光緒元年至三年(1875－1877)浙江書局刻本　四冊　存一種

330000－4709－0000215　普00180　子部/農家農學類/總論之屬

農政全書六十卷　(明)徐光啓撰　清宣統元年(1909)上海求學齋局石印本　四冊　存三十一卷(一至三十一)

330000－4709－0000216　普00184　子部/農家農學類/蠶桑之屬

蠶桑萃編十五卷首一卷　(清)衛杰撰　清光緒二十六年(1900)蘭州官書局鉛印本　八冊

330000－4709－0000217　普00205　子部/宗教類/道教之屬/戒律

慾海慈航一卷　(清)黄正元撰　清乾隆二年(1737)江蘇常郡公善堂黄氏刻本　一冊

330000－4709－0000218　普00195　子部/醫家類/本草之屬/本草藥性

雷公炮製藥性解六卷　(明)李中梓撰　清末石印本　一冊

330000－4709－0000219　普00197　子部/醫家類/綜合之屬/通論

御纂醫宗金鑑九十卷首一卷　(清)吴謙等輯　清光緒十二年(1886)鉛印本　八冊　存六卷(外科心法要訣十一至十六)

330000－4709－0000220　普00213　子部/儒家類/儒學之屬/蒙學

童子問路四卷　(清)鄭之琮輯　清同治十年(1871)湖州醉六堂刻本　二冊

330000－4709－0000221　普00258　集部/別集類/清別集

缶廬詩四卷別存三卷　吴俊卿撰　清光緒十

九年(1893)蘇城刻本　一册

330000－4709－0000222　普00276　集部/總集類/選集之屬/斷代

百大家批評文選十二卷　(明)沈一貫選輯　清末文盛書局石印本　十二册

330000－4709－0000249　善00742　類叢部/類書類/專類之屬

佩文韻府一百六卷　(清)張玉書　(清)蔡升元等輯　**韻府拾遺一百六卷**　(清)汪灝　(清)何焯等輯　清雍正刻本　一百十八册

湖州市博物館古籍普查登記目録

全國古籍普查登記目録・浙江 湖州

國家圖書館出版社
National Library of China Publishing House

《湖州市博物館古籍普查登記目録》

編委會

《湖州市博物館古籍普查登記目録》

前　言

湖州是人文薈萃之地和典籍聚散中心，藏書文化源遠流長。早在1500年前，南朝沈約就“聚書至二萬卷，京城莫比”，近代更有陸心源的皕宋樓、劉承幹的嘉業堂藏書樓名揚海内。1949年以來，湖州的古籍收藏主要集中在圖書館及博物館内。湖州市博物館自1962年創建以來，依靠舊藏、歷年來收購徵集及社會各界捐贈，收藏古籍約8000餘册。

湖州市博物館古籍普查工作於2014年5月正式啓動，經過整理、數據采集及數據平臺登録等工作，截至2015年12月，歷時一年多，圓滿完成了館藏古籍的普查工作，共有1139條數據登録在全國古籍普查平臺上。主要爲明清刻本、清石印本、民國石印本、民國影印本、民國鉛印本。以古籍善本、家譜方志爲特色，其中明閔齊伋三色套印本《國語》九卷入選第二批《國家珍貴古籍名録》。

通過古籍普查工作的開展，湖州市博物館摸清了館藏古籍的收藏情況，掌握了館藏古籍的保存現狀，爲接下來的古籍保護修復工作奠定了基礎。古籍保護任重而道遠，下一步，我們將遵循“保護爲主、搶救第一、合理利用、加强管理”的保護理念，重視館藏古籍的研究整理、開發利用，讓古籍煥發新的生機。

參與普查的具體編目人員有：金媛媛、顧佳勤、沈潔、王婧。普查成果來之不易，在此向爲普查付出辛勤勞動的編目人員表示由衷的敬意和誠摯的感謝！由於時間倉促、編者水平有限，本書疏漏、錯誤在所難免，敬請讀者諒解、指正。

湖州市博物館
2017年9月

330000－1784－0000005　普0003　史部/地理類/方志之屬/郡縣志
[同治]長興縣志三十二卷　(清)趙定邦修　(清)周學濬　(清)丁寶書纂　**[光緒]長興志拾遺二卷首一卷**　(清)朱鎮纂　清同治十三年至光緒元年(1874－1875)刻光緒十八年(1892)邵同珩、孫德祖增補重校刻本([光緒]長興志拾遺為清光緒二十三年刻本)　十六冊

330000－1784－0000006　普0004　史部/地理類/山川之屬/山志
金蓋山志四卷首一卷　(清)李宗蓮輯　**閔小艮先生金蓋志畧**　(清)閔苕敷述　清光緒二十二年(1896)烏程潘錫春古書隱樓刻本　二冊

330000－1784－0000011　普0005　史部/地理類/方志之屬/郡縣志
[同治]長興縣志三十二卷　(清)趙定邦修　(清)周學濬　(清)丁寶書纂　清同治十三年至光緒元年(1874－1875)刻本　十六冊　缺二卷(三十一至三十二)

330000－1784－0000012　普0006　史部/地理類/方志之屬/郡縣志
[光緒]菱湖鎮志四十四卷首一卷　(清)孫志熊纂　清光緒十九年(1893)臨安孫氏刻本　六冊

330000－1784－0000016　普0007　史部/地理類/方志之屬/郡縣志
[乾隆]震澤縣志三十八卷首一卷　(清)陳和志修　(清)倪師孟　(清)沈彤纂　清光緒十九年(1893)刻本　八冊

330000－1784－0000021　普0008　史部/地理類/方志之屬/郡縣志
[光緒]歸安縣志五十二卷首一卷　(清)李昱修　(清)陸心源纂　清光緒八年(1882)刻本　九冊　缺九卷(一至六、五十一至五十二,首)

330000－1784－0000022　普0009　史部/地理類/方志之屬/郡縣志
[同治]湖州府志九十六卷首一卷　(清)宗源瀚　(清)楊榮緒　(清)郭式昌修　(清)周學濬　(清)陸心源　(清)汪曰楨纂　清同治十一年至十三年(1872－1874)愛山書院刻本　四十冊

330000－1784－0000024　普0010　史部/地理類/山川之屬/山志
金蓋山志四卷首一卷　(清)李宗蓮輯　**金蓋志畧**　(清)閔苕敷述　清光緒二十二年(1896)烏程潘錫春古書隱樓刻本　二冊

330000－1784－0000025　普0011　史部/地理類/山川之屬/山志
金蓋山志四卷首一卷　(清)李宗蓮輯　**金蓋志畧**　(清)閔苕敷述　清光緒二十二年(1896)烏程潘錫春古書隱樓刻本　二冊

330000－1784－0000027　普0012　史部/地理類/方志之屬/郡縣志
[光緒]歸安縣志五十二卷首一卷　(清)李昱修　(清)陸心源纂　清光緒八年(1882)刻本　六冊　缺十四卷(一至十三、首)

330000－1784－0000029　普0013　史部/地理類/山川之屬/山志
峨山圖志二卷　(清)黃錫爵纂　清光緒十七年(1891)刻本　二冊

330000－1784－0000032　普0014　史部/地理類/方志之屬/郡縣志
[咸豐]南潯鎮志四十卷首一卷　(清)汪曰楨纂　清咸豐九年至同治二年(1859－1863)刻本　五冊　存二十二卷(四至十七、二十九至三十六)

330000－1784－0000034　普0015　史部/地理類/方志之屬/郡縣志
[光緒]烏程縣志三十六卷　(清)郭式昌　(清)潘玉璿　(清)馮健修　(清)周學濬　(清)汪曰楨纂　清光緒六年至七年(1880－1881)刻本　十六冊

330000－1784－0000037　普0016　史部/傳記類/總傳之屬/家乘

[浙江湖州]荻溪紫陽朱氏家乘不分卷 （清）朱丙熙等纂修 清道光二十九年（1849）惠均堂刻本 六册

330000－1784－0000041 普0017 史部/傳記類/總傳之屬/家乘
[福建南平]朱氏家譜八卷 （清）朱紹成纂 清光緒三十二年（1906）刻本 八册

330000－1784－0000042 普0018 史部/地理類/方志之屬/郡縣志
[光緒]長興志拾遺二卷首一卷 （清）朱鎮纂 清光緒二十三年（1897）刻本 一册

330000－1784－0000043 普0019 史部/地理類/山川之屬/山志
京口三山志四種 （清）□□輯 清同治至光緒刻本 八册 存一種

330000－1784－0000044 普0020 史部/地理類/方志之屬/郡縣志
[光緒]歸安縣志五十二卷首一卷 （清）李昱修 （清）陸心源纂 清光緒八年（1882）刻本 十一册 缺三卷（四十六至四十八）

330000－1784－0000045 普0021 史部/地理類/山川之屬/山志
廣雁蕩山誌二十八卷首一卷末一卷 （清）曾唯輯 清刻本 一册 存五卷（九至十三）

330000－1784－0000046 普0022 史部/地理類/山川之屬/山志
衕山志十卷首一卷 （宋）周秉秀輯 （明）周憲敬重輯 清光緒十二年（1886）刻本 四册

330000－1784－0000047 普0023 史部/地理類/山川之屬/山志
京口三山志四種 （清）□□輯 清同治至光緒刻本 二册 存一種

330000－1784－0000048 普0024 史部/地理類/方志之屬/郡縣志
[光緒]續纂句容縣志二十卷首一卷末一卷 （清）張紹棠修 （清）蕭穆纂 清光緒三十年（1904）刻本 二十册

330000－1784－0000049 普0025 類叢部/叢書類/自著之屬
潛園總集十七種 （清）陸心源撰 清同治至光緒刻本 六册 存一種

330000－1784－0000050 普0026 史部/地理類/山川之屬/水志
莫愁湖志六卷首一卷 （清）馬士圖撰 清光緒八年（1882）刻本 二册

330000－1784－0000051 普0027 史部/地理類/山川之屬/水志
西湖志四十八卷 （清）李衛 （清）程元章修 （清）傅王露撰 清光緒四年（1878）浙江書局刻本 二十册

330000－1784－0000052 普0028 史部/地理類/山川之屬/山志
廬山志十五卷 （清）毛德琦撰 清康熙五十九年（1720）順德堂刻乾隆、道光、同治遞修本 十六册

330000－1784－0000053 普0029 史部/地理類/方志之屬/郡縣志
[光緒]歸安縣志五十二卷首一卷 （清）李昱修 （清）陸心源纂 清光緒八年（1882）刻本 十六册

330000－1784－0000054 普0030 史部/地理類/方志之屬/郡縣志
[光緒]歸安縣志五十二卷首一卷 （清）李昱修 （清）陸心源纂 清光緒八年（1882）刻本 十五册 缺三卷（六至八）

330000－1784－0000055 普0031 類叢部/叢書類/郡邑之屬
武林掌故叢編一百九十種 （清）丁丙編 清光緒三年至二十六年（1877－1900）錢塘丁氏嘉惠堂刻本 二册 存一種

330000－1784－0000056 普0032 史部/地理類/方志之屬/郡縣志
[光緒]重輯楓涇小志十卷首一卷 （清）曹相駿纂 （清）許光墉增纂 **楓溪竹枝詞一卷** （清）沈蓉城撰 清光緒十七年（1891）鉛印本

四冊

330000－1784－0000057　普 0033　集部/總集類/郡邑之屬
練溪文獻不分卷　（清）朱聞　（清）朱仁輯　清光緒抄本　四冊

330000－1784－0000058　普 0034　史部/地理類/水利之屬
浙西水利備考不分卷　（清）王鳳生撰　清光緒四年（1878）浙江書局刻本　四冊

330000－1784－0000059　普 0035　史部/地理類/山川之屬/水志
太湖備考十六卷首一卷　（清）金友理撰　**湖程紀略一卷**　（清）吳曾撰　清乾隆十五年（1750）藝蘭圃刻本　八冊

330000－1784－0000062　普 0036　史部/地理類/山川之屬/水志
湖山便覽十二卷　（清）翟灝等撰　清光緒元年（1875）杭州王維翰槐蔭堂刻本　三冊

330000－1784－0000063　普 0037　史部/地理類/總志之屬/斷代
元和郡縣補志九卷　（清）嚴觀輯　清光緒八年（1882）金陵書局刻本　二冊

330000－1784－0000064　普 0038　史部/地理類/水利之屬
浙西水利備考不分卷　（清）王鳳生撰　清光緒四年（1878）浙江書局刻本　四冊

330000－1784－0000065　普 0039　史部/地理類/山川之屬/水志
太湖備考十六卷首一卷　（清）金友理撰　**湖程紀略一卷**　（清）吳曾撰　清乾隆十五年（1750）藝蘭圃刻本　八冊

330000－1784－0000066　普 0040　史部/地理類/方志之屬/郡縣志
［乾隆］曲阜縣志一百卷　（清）潘相等纂修　清乾隆三十九年（1774）刻本　十二冊

330000－1784－0000067　普 0041　史部/地理類/總志之屬/斷代
元和郡縣圖志四十卷　（唐）李吉甫撰　**闕卷逸文一卷**　（清）孫星衍輯　清光緒六年（1880）金陵書局刻本　六冊

330000－1784－0000068　普 0042　史部/地理類/山川之屬/山志
武夷山志二十四卷首一卷　（清）董天工撰　清道光二十七年（1847）刻本　八冊

330000－1784－0000069　普 0043　史部/地理類/方志之屬/郡縣志
［咸豐］重修興化縣志十卷　（清）梁園棣修　（清）鄭之僑　（清）趙彥俞纂　清咸豐二年（1852）刻本　七冊

330000－1784－0000070　普 0044　史部/地理類/山川之屬/水志
西湖志四十八卷　（清）李衛　（清）程元章修　（清）傅王露撰　清光緒四年（1878）浙江書局刻本　十七冊

330000－1784－0000071　普 0045　史部/地理類/方志之屬/郡縣志
［道光］承德府志六十卷首二十六卷　（清）海忠纂修　（清）廷杰　（清）李世寅重訂　清光緒十三年（1887）刻本　十四冊　缺三十八卷（一至十七、二十一至二十七、三十一至三十八，首二十一至二十六）

330000－1784－0000072　普 0046　史部/政書類/邦計之屬/鹽法
欽定重修兩浙鹽法志三十卷首一卷　（清）馮培　（清）潘庭筠等纂修　清同治十三年（1874）楊昌濬刻本　二十四冊

330000－1784－0000073　普 0047　史部/地理類/山川之屬/水志
太湖備考續編四卷　（清）鄭言紹撰　清光緒二十九年（1903）刻本　四冊

330000－1784－0000074　普 0048　史部/地理類/方志之屬/郡縣志
［同治］湖州府志九十六卷首一卷　（清）宗源瀚　（清）楊榮緒　（清）郭式昌修　（清）周學濬　（清）陸心源　（清）汪曰楨纂　清同治

十一年至十三年(1872－1874)愛山書院刻本　三十册　缺二十五卷(七十二至九十六)

330000－1784－0000075　普 0049　史部/地理類/方志之屬/郡縣志
[同治]**湖州府志九十六卷首一卷**　(清)宗源瀚　(清)楊榮緒　(清)郭式昌修　(清)周學濬　(清)陸心源　(清)汪曰楨纂　清同治十一年至十三年(1872－1874)愛山書院刻本　三十八册　缺三卷(二十五至二十七)

330000－1784－0000076　普 0050　史部/地理類/方志之屬/郡縣志
[同治]**湖州府志九十六卷首一卷**　(清)宗源瀚　(清)楊榮緒　(清)郭式昌修　(清)周學濬　(清)陸心源　(清)汪曰楨纂　清同治十一年至十三年(1872－1874)愛山書院刻本　三十三册　缺十九卷(二十五至三十三、三十六至四十五)

330000－1784－0000077　普 0051　史部/地理類/方志之屬/郡縣志
[同治]**蘇州府志一百五十卷首三卷**　(清)李銘皖　(清)譚鈞培修　(清)馮桂芬纂　清光緒八年(1882)江蘇書局刻本　七十九册　缺二卷(七十九至八十)

330000－1784－0000079　普 0052　史部/地理類/山川之屬/山志
泰山志二十卷　(清)金棨撰　清嘉慶刻本　十册

330000－1784－0000080　普 0053　史部/地理類/方志之屬/郡縣志
[同治]**湖州府志九十六卷首一卷**　(清)宗源瀚　(清)楊榮緒　(清)郭式昌修　(清)周學濬　(清)陸心源　(清)汪曰楨纂　清同治十一年至十三年(1872－1874)愛山書院刻本　三十八册　缺二十二卷(四至六、二十六至二十七、三十二至三十三、三十八至四十、四十六至四十七、六十二、七十至七十一、七十三至七十六、九十二至九十四)

330000－1784－0000081　普 0054　史部/地理類/方志之屬/郡縣志
[同治]**湖州府志九十六卷首一卷**　(清)宗源瀚　(清)楊榮緒　(清)郭式昌修　(清)周學濬　(清)陸心源　(清)汪曰楨纂　清同治十一年至十三年(1872－1874)愛山書院刻本　四十册

330000－1784－0000082　普 0055　史部/地理類/方志之屬/郡縣志
[同治]**湖州府志九十六卷首一卷**　(清)宗源瀚　(清)楊榮緒　(清)郭式昌修　(清)周學濬　(清)陸心源　(清)汪曰楨纂　清同治十一年至十三年(1872－1874)愛山書院刻本　三十三册　缺二十三卷(一至九、二十三至二十七、三十八至四十五,首)

330000－1784－0000083　普 0056　集部/總集類/氏族之屬
吴興長橋沈氏家集　沈家本編　清宣統元年(1909)刻本　十一册　缺三卷(春星草堂集古今體詩一至三)

330000－1784－0000084　普 0057　史部/地理類/方志之屬/郡縣志
[同治]**湖州府志九十六卷首一卷**　(清)宗源瀚　(清)楊榮緒　(清)郭式昌修　(清)周學濬　(清)陸心源　(清)汪曰楨纂　清同治十一年至十三年(1872－1874)愛山書院刻本　四十册

330000－1784－0000085　普 0058　史部/傳記類/總傳之屬/家乘
[浙江湖州]**湖城嵇氏宗譜六卷首一卷末一卷**　(清)嵇顯曽等纂修　清光緒十三年(1887)抄本　一册

330000－1784－0000086　普 0059　集部/別集類/清別集
夙好齋詩鈔十五卷賦鈔一卷試帖詩鈔一卷　(清)楊知新撰　清光緒四年(1878)蘇州刻本　四册

330000－1784－0000087　普 0060　史部/傳記類/總傳之屬/家乘
[浙江湖州]**淤溪藏穀橋王氏家譜一卷**　(清)王錫琪纂修　清同治十一年(1872)承志堂刻

本　一冊

330000－1784－0000088　普 0061　史部/傳記類/總傳之屬/家乘
[浙江湖州]荻溪章氏支譜十四卷首一卷　(清)章文熊等纂修　清光緒十九年(1893)刻本　三冊　存七卷(一至二、八至十二)

330000－1784－0000089　普 0062　史部/傳記類/總傳之屬/家乘
[浙江湖州]湖城嵇氏宗譜六卷首一卷末一卷　(清)嵇顯曾等纂修　清光緒十一年(1885)抄本　一冊

330000－1784－0000090　普 0063　子部/藝術類/書畫之屬/畫録
虚齋名畫録十六卷　龐元濟輯　清宣統元年(1909)烏程龐氏申江刻本　十六冊

330000－1784－0000091　普 0064　子部/藝術類/書畫之屬/書法書品
桐陰論畫三卷附録一卷桐陰畫訣一卷續桐陰論畫一卷　(清)秦祖永撰　清同治三年至六年(1864－1867)刻朱墨套印本　二冊

330000－1784－0000092　普 0065　子部/藝術類/書畫之屬/畫録
虚齋名畫録十六卷　龐元濟輯　清宣統元年(1909)烏程龐氏申江刻本　十六冊

330000－1784－0000093　普 0066　類叢部/叢書類/自著之屬
潛園總集十七種　(清)陸心源撰　清同治至光緒刻本　十三冊　存一種

330000－1784－0000095　普 0068　子部/藝術類/書畫之屬/書法書品
桐陰論畫三卷附録一卷桐陰畫訣一卷續桐陰論畫一卷二編二卷三編二卷　(清)秦祖永撰　清同治三年至光緒八年(1864－1882)刻朱墨套印本　二冊　存四卷(二編一至二、三編一至二)

330000－1784－0000096　普 0069　子部/藝術類/書畫之屬/總論
澄蘭室古緣萃録十八卷　邵松年輯　清光緒三十年(1904)上海鴻文書局石印本　十二冊　存十五卷(一至十五)

330000－1784－0000097　普 0070　史部/地理類/遊記之屬/紀行
凝香室鴻雪因緣圖記三集六卷　(清)完顏麟慶撰　清光緒五年(1879)上海點石齋石印本　六冊

330000－1784－0000098　普 0071　史部/傳記類/總傳之屬/技藝
歷代畫史彙傳七十二卷首一卷附録二卷　(清)彭蘊璨輯　清宣統二年(1910)上海文瑞樓書局石印本　十二冊

330000－1784－0000099　普 0072　子部/藝術類/書畫之屬/題跋
習苦齋畫絮十卷　(清)戴熙撰　清光緒十九年(1893)上海文瑞樓石印本　四冊

330000－1784－0000100　普 0073　子部/藝術類/書畫之屬/畫譜
紅樓夢圖詠不分卷　(清)改琦繪　清光緒五年(1879)石印本　四冊

330000－1784－0000101　普 0074　子部/藝術類/書畫之屬/畫譜
芥子園畫傳初集六卷二集九卷三集六卷　(清)王槩　(清)王蓍　(清)王臬輯　清光緒三十二年(1906)上海文新書局石印本　四冊　存九卷(二集一至九)

330000－1784－0000102　普 0075　集部/曲類/曲韻曲譜曲律之屬
繪圖綴白裘十二集四十八卷　(清)玩花主人輯　(清)錢德蒼增輯　清光緒二十一年(1895)文海書局石印本　十二冊

330000－1784－0000103　普 0076　子部/藝術類/書畫之屬/法帖
快雪堂法書不分卷　(晉)王羲之等書　清光緒影印拓本　一冊

330000－1784－0000104　普 0077　子部/藝術類/書畫之屬/畫法畫品
詩中畫不分卷　(清)馬濤繪　清光緒十一年

(1885)石印本　二冊

330000－1784－0000105　普 0078　子部/藝術類/書畫之屬/書法書品
漢故太尉楊公神道之碑雙鈎本不分卷　清石印本　一冊

330000－1784－0000106　普 0079　子部/藝術類/書畫之屬/書法書品
國朝名人墨蹟不分卷　(清)潘德輿等書　清影印本　一冊

330000－1784－0000107　普 0080　子部/藝術類/書畫之屬/法帖
黄道周真跡書孝經一卷　(明)黄道周書　清光緒十六年(1890)石印本　一冊

330000－1784－0000109　普 0082　子部/藝術類/書畫之屬/畫法畫品
國朝畫徵録三卷續録二卷　(清)張庚撰　**明人附録一卷**　(明)黎遂球　(明)袁樞撰　清光緒十三年(1887)掃葉山房刻本　二冊

330000－1784－0000110　普 0083　經部/易類/傳説之屬
周易本義四卷附圖説一卷卦歌一卷筮儀一卷　(宋)朱熹撰　清乾隆五十七年(1792)存心齋刻本　二冊

330000－1784－0000111　普 0084　類叢部/叢書類/郡邑之屬
金華叢書六十八種　(清)胡鳳丹編　清同治七年至光緒八年(1868－1882)永康胡氏退補齋刻民國補刻本　二冊　存一種

330000－1784－0000112　普 0085　子部/藝術類/書畫之屬/法帖
清歒閣藏帖一卷　(清)惲壽平書　清末石印本　一冊

330000－1784－0000113　普 0086　子部/藝術類/書畫之屬/書法書品
隸法彙纂十卷　(清)項懷述編　清乾隆五十一年(1786)小西山房刻本　四冊

330000－1784－0000114　普 0087　子部/藝術類/書畫之屬/書法書品
桐陰論畫三卷附録一卷桐陰畫訣一卷續桐陰論畫一卷二編二卷三編二卷　(清)秦祖永撰　清宣統二年(1910)上海中國書畫會石印本　一冊　存一卷(三編一)

330000－1784－0000115　普 0088　子部/藝術類/書畫之屬/畫譜
芥子園畫傳初集六卷二集九卷三集四卷續集二卷　(清)王槩　(清)王蓍　(清)王臬輯　清光緒十三年至十四年(1887－1888)鴻文書局石印本　四冊　存六卷(初集一至六)

330000－1784－0000116　普 0089　子部/藝術類/書畫之屬/法帖
快雪堂法書不分卷　(晉)王羲之等書　清光緒影印拓本　一冊

330000－1784－0000117　普 0090　子部/藝術類/書畫之屬/法帖
鄭蘇戡書南唐集字不分卷　鄭孝胥書　清末石印本　一冊

330000－1784－0000118　普 0091　集部/小説類/短篇之屬
聊齋志異新評十六卷　(清)蒲松齡撰　(清)王士慎評　(清)呂湛恩注　(清)但明倫批　清刻本　四冊　存六卷(三至四、六、九至十一)

330000－1784－0000120　普 0093　史部/傳記類/總傳之屬/技藝
古今楹聯彙刻小傳十二卷首集一卷外集一卷　吳隱輯　清光緒三十二年(1906)西泠印社刻本　二冊

330000－1784－0000122　普 0095　子部/藝術類/書畫之屬/畫譜
精選畫譜采新初集不分卷附西湖十八景不分卷二集不分卷附姑蘇廿四景不分卷　(清)張熊等繪　清光緒十九年(1893)畬經堂石印本　四冊

330000－1784－0000123　普 0096　子部/藝術類/書畫之屬/法帖

閑邪公家傳一卷　（元）趙孟頫書　（清）周馳撰　清光緒十五年（1889）天津石印本　一冊

330000－1784－0000124　普 0097　史部/金石類/郡邑之屬

墨妙亭碑目攷二卷附考一卷　（清）張鑑撰　清光緒十年（1884）江蘇書局刻本　二冊

330000－1784－0000125　普 0098　類叢部/叢書類/彙編之屬

百尺樓叢書　陳去病編　清光緒至民國鉛印本　一冊　存二種

330000－1784－0000126　普 0099　類叢部/叢書類/自著之屬

潛園總集十七種　（清）陸心源撰　清同治至光緒刻本　四冊　存一種

330000－1784－0000128　普 0101　子部/藝術類/書畫之屬/書法書品

穰梨館歷代名人灋書□□卷　（清）陸心源輯　清光緒十三年（1887）石印本　六冊　存五卷（三至四、六、八至九）

330000－1784－0000129　普 0102　集部/戲劇類/傳奇之屬

桃花扇傳奇四卷　（清）孔尚任撰　清光緒二十年（1894）博文書局石印本　二冊　存二卷（一、三）

330000－1784－0000130　普 0103　集部/小説類/長篇之屬

第一才子書（增像全圖三國演義）六十卷一百二十回首一卷　（明）羅本撰　（清）毛宗崗評　清光緒二十一年（1895）上海飛鴻閣石印本　十二冊

330000－1784－0000131　普 0104　集部/小説類/長篇之屬

繡像全圖三國演義十六卷一百二十回首一卷　（明）羅貫中撰　（清）毛宗崗評　清光緒三十三年（1907）上海鴻寶書局石印本　八冊

330000－1784－0000132　普 0105　集部/曲類/彈詞之屬

天雨花三十回　（清）陶貞懷撰　清光緒十七年（1891）學庫山房刻本　二十三冊　缺七回（七、十一至十四、十八、二十三）

330000－1784－0000133　普 0106　集部/小説類/長篇之屬

新刻鍾伯敬先生批評封神演義二十卷一百回　（明）許仲琳撰　（明）鍾惺評　清經綸堂刻本　十七冊　缺三卷（十八至二十）

330000－1784－0000134　普 0107　子部/雜著類/雜説之屬

池北偶談二十六卷　（清）王士禛撰　清刻本　十冊　缺五卷（一至五）

330000－1784－0000135　普 0108　子部/雜著類/雜考之屬

白虎通德論四卷　（漢）班固撰　清光緒三年（1877）刻本　二冊

330000－1784－0000136　普 0109　子部/雜著類/雜纂之屬

藤陰雜記十二卷　（清）戴璐撰　清光緒三年（1877）刻本　二冊

330000－1784－0000137　普 0110　子部/雜著類/雜考之屬

野記四卷　（明）祝允明撰　清同治十三年（1874）元和祝氏刻本　二冊

330000－1784－0000138　普 0111　集部/小説類/長篇之屬

四大奇書第一種十九卷一百二十回首一卷　（明）羅本撰　（清）毛宗崗評　清文英堂刻本　二十冊

330000－1784－0000139　普 0112　子部/雜著類/雜品之屬

筠軒清閟録三卷　（明）董其昌撰　清抄本　一冊

330000－1784－0000140　普 0113　類叢部/叢書類/自著之屬

潛園總集十七種　（清）陸心源撰　清同治至光緒刻本　四冊　存一種

330000－1784－0000142　普 0115　子部/藝

術類/書畫之屬/法帖
顔真卿碑記不分卷 (唐)顔真卿書　清影印本　一册

330000－1784－0000146　普 0119　子部/醫家類/綜合之屬/通論
御纂醫宗金鑑外科十六卷首一卷 (清)吴謙等撰　清光緒九年(1883)上海掃葉山房刻本　十二册

330000－1784－0000147　普 0120　子部/醫家類/方書之屬/歷代方書
醫方湯頭歌訣一卷經絡歌訣一卷湯頭歌訣後一卷 (清)汪昂撰　清光緒二十二年(1896)學庫山房刻本　一册

330000－1784－0000148　普 0121　子部/叢編
二十二子 (清)浙江書局編　清光緒元年至三年(1875－1877)浙江書局刻本　三册　存一種

330000－1784－0000149　普 0122　子部/醫家類/本草之屬/歷代綜合本草
本草從新十八卷 (清)吴儀洛輯　清光緒七年(1881)恒德堂刻本　六册

330000－1784－0000150　普 0123　子部/醫家類/方書之屬/歷代方書
醫方集解三卷 (清)汪昂撰　清道光二十八年(1848)刻本　一册

330000－1784－0000151　普 0124　類叢部/叢書類/自著之屬
疇隱廬叢書　丁福保撰　清光緒無錫丁氏疇隱廬石印本　一册

330000－1784－0000152　普 0125　子部/醫家類/醫案之屬
增補臨證指南醫案八卷 (清)葉桂撰　清光緒三十二年(1906)上海龍文書局石印本　八册

330000－1784－0000153　普 0126　子部/醫家類/本草之屬/歷代綜合本草
本草從新六卷 (清)吴儀洛輯　清刻本　一册

330000－1784－0000154　普 0127　子部/醫家類/針灸之屬/通論
鍼灸大成十卷 (明)楊繼洲撰　清刻本　六册　存六卷(一至四、六、八)

330000－1784－0000155　普 0128　經部/小學類
字學三種 (清)傅雲龍輯　清同治十三年(1874)德清傅雲龍味腴山館刻本　一册

330000－1784－0000156　普 0129　子部/法家類
尸子二卷存疑一卷 (清)汪繼培輯　清光緒三年(1877)浙江書局刻本　一册

330000－1784－0000157　普 0130　子部/儒家類/儒學之屬
為己編一卷 (清)費熙輯　清光緒二十年(1894)歸安周氏木活字印本　一册

330000－1784－0000158　普 0131　類叢部/類書類/通類之屬
策學備纂三十二卷首一卷目録二卷 (清)蔡啟盛 (清)吴潁炎等輯　清光緒十三年(1887)上海點石齋石印本　十六册　存十九卷(十四至三十二)

330000－1784－0000159　普 0132　類叢部/叢書類/自著之屬
汪雙池先生叢書二十種 (清)汪紱撰　清道光至光緒刻光緒二十三年(1897)長安趙舒翹等彙印本　七册　存一種

330000－1784－0000160　普 0133　子部/儒家類/儒學之屬/性理
近思録集注十四卷考訂朱子世家一卷 (清)江永撰　**校勘記一卷** (清)王炳撰　清同治八年(1869)江蘇書局刻本　六册

330000－1784－0000161　普 0134　子部/醫家類/婦科之屬/產科
達生編三卷 (清)亟齋居士撰　清光緒四年(1878)刻本　一册

330000－1784－0000166　普 0139　子部/醫家類/方書之屬/單方驗方

玉歷金方合編四卷　(清)郭軒輯　清同治五年(1866)靈蘭堂刻本　四冊

330000－1784－0000167　普 0140　類叢部/類書類/專類之屬

格致鏡原一百卷　(清)陳元龍撰　清光緒十四年(1888)上海大同書局石印本　十六冊

330000－1784－0000168　普 0141　子部/儒家類/儒學之屬/性理

呻吟語六卷　(明)呂坤撰　清同治十三年(1874)木犀山房刻本　六冊

330000－1784－0000169　普 0142　子部/術數類/相宅相墓之屬

陽宅大成四種　(清)魏青江撰　清刻本　一冊　存一種

330000－1784－0000170　普 0143　子部/術數類/相宅相墓之屬

重鐫官板地理天機會元三十五卷　(明)卜則巍撰　(明)顧乃德輯　(明)徐之鏌重編　清刻本　十二冊

330000－1784－0000171　普 0144　子部/雜著類/雜考之屬

日知録集釋三十二卷首一卷刊誤二卷續刊誤二卷　(清)黄汝成撰　清光緒十三年(1887)同文書局石印本　二冊

330000－1784－0000172　普 0145　子部/雜著類/雜考之屬

日知録集釋三十二卷刊誤二卷續刊誤二卷　(清)黄汝成撰　清光緒三年(1877)刻本　十六冊

330000－1784－0000173　普 0146　類叢部/類書類/通類之屬

增補事類統編三十五卷　(清)黄葆真增輯　清光緒十四年(1888)上海點石齋石印本　十二冊

330000－1784－0000174　普 0147　類叢部/類書類/通類之屬

增補事類統編九十三卷首一卷　(清)黄葆真輯　清道光聖蔭堂刻本　三十七冊　存七十卷(二十四至九十三)

330000－1784－0000175　普 0148　新學/算學/數學

筆算數學三卷　(美國)狄考文輯　(清)鄒立文述　清光緒十八年(1892)鉛印本　二冊

330000－1784－0000176　普 0149　子部/醫家類/類編之屬

徐氏醫書六種　(清)徐大椿撰　清雍正五年至乾隆二十二年(1727－1757)半松齋刻本　一冊　存一種

330000－1784－0000177　普 0150　類叢部/叢書類/彙編之屬

新斠平津館叢書十集三十四種　(清)孫星衍編　清光緒十年至十五年(1884－1889)吳縣朱氏槐廬家塾刻本　四冊　存三種

330000－1784－0000178　普 0151　子部/雜著類/雜考之屬

日知録集釋三十二卷刊誤二卷續刊誤二卷　(清)黄汝成撰　清刻本　十六冊

330000－1784－0000179　普 0152　子部/雜著類/雜考之屬

日知録集釋三十二卷刊誤二卷續刊誤二卷　(清)黄汝成撰　清同治八年(1869)廣州述古堂刻本　十六冊

330000－1784－0000180　普 0153　史部/傳記類/總傳之屬/斷代

國朝先正事略六十卷　(清)李元度撰　清光緒二十二年(1896)上海文盛書局石印本　四冊

330000－1784－0000181　普 0154　史部/編年類/通代之屬

尺木堂綱鑑易知録九十二卷明鑑易知録十五卷　(清)吳乘權　(清)周之炯　(清)周之燦輯　清光緒二十四年(1898)上海宏文閣鉛印本　十六冊

330000－1784－0000182　普 0155　史部/政

書類/通制之屬

九通全書 (清)□□輯 清光緒二十七年至二十八年(1901－1902)貫吾齋石印本 二十册 存一種

330000－1784－0000183 普 0156 集部/總集類/選集之屬/斷代

皇朝經世文新編二十一卷 麥仲華輯 清光緒二十四年(1898)上海譯書局石印本 二十四册

330000－1784－0000184 普 0157 史部/編年類/通代之屬

尺木堂綱鑑易知録九十二卷明鑑易知録十五卷 (清)吴乘權 (清)周之炯 (清)周之燦輯 清刻本 四十册 存八十三卷(綱鑑易知録十至九十二)

330000－1784－0000185 普 0158 史部/政書類/通制之屬

欽定續文獻通考二百五十卷 (清)嵇璜 (清)曹仁虎等纂修 清光緒石印本 十四册

330000－1784－0000186 普 0159 史部/地理類/雜志之屬

浙江全省輿圖並水陸道里記不分卷 (清)宗源瀚等纂 清光緒二十年(1894)石印本 二十册

330000－1784－0000187 普 0160 史部/地理類/輿圖之屬/坤輿

海國圖志一百卷 (清)魏源輯 清石印本 七册 存五十三卷(七至十五、二十四至二十九、三十六至四十二、五十二至六十七、七十八至九十二)

330000－1784－0000188 普 0161 史部/地理類/總志之屬/通代

天下郡國利病書一百二十卷 (清)顧炎武撰 清光緒慎記書莊石印本 二十四册

330000－1784－0000189 普 0162 史部/政書類/通制之屬

九通 (清)□□輯 清光緒二十七年至二十八年(1901－1902)貫吾齋石印本 八册 存一種

330000－1784－0000190 普 0163 史部/地理類/總志之屬/通代

歷代地理志韻編今釋二十卷 (清)李兆洛撰 清憶蒼山館刻本 二册 存六卷(九至十一、十八至二十)

330000－1784－0000191 普 0164 子部/工藝類/文房四寶之屬/硯

端溪硯史三卷 (清)吴蘭修撰 清道光刻本 一册

330000－1784－0000192 普 0165 子部/術數類/相宅相墓之屬

重刊人子須知資孝地理心學統宗三十九卷 (明)徐善繼 (明)徐善述撰 清刻本 二十四册 存八卷(一至八)

330000－1784－0000193 普 0166 史部/政書類/邦計之屬/鹽法

兩浙鹽法續纂備考十二卷 (清)楊昌濬等纂修 清同治十三年(1874)刻本 六册

330000－1784－0000194 普 0167 史部/政書類/邦計之屬/鹽法

欽定重修兩浙鹽法志三十卷首一卷 (清)馮培 (清)潘庭筠等纂修 清同治十三年(1874)楊昌濬刻本 二十四册

330000－1784－0000195 普 0168 類叢部/叢書類/彙編之屬

文選樓叢書三十三種 (清)阮亨編 清嘉慶九年(1804)阮元刻本 二册 存一種

330000－1784－0000196 普 0169 類叢部/叢書類/自著之屬

沈歸愚詩文全集十四種 (清)沈德潛撰 清乾隆教忠堂刻本 一册 存一種

330000－1784－0000197 普 0170 史部/金石類/總志之屬

日本金石志三卷 (清)傅雲龍撰 清光緒十五年(1889)德清傅氏日本東京石印本 二册

330000－1784－0000198 普 0171 史部/金

石類/郡邑之屬/文字
兩浙金石志十八卷補遺一卷　(清)阮元撰　清光緒十六年(1890)浙江書局刻本　十二冊

330000－1784－0000199　普 0172　類叢部/叢書類/彙編之屬
文選樓叢書三十三種　(清)阮亨編　清嘉慶九年(1804)阮元刻本　四冊　存一種

330000－1784－0000200　普 0173　史部/金石類/錢幣之屬/文字
貨布文字考四卷　(清)馬昂撰　清道光二十二年(1842)錢培益蘭隱園刻本　二冊

330000－1784－0000201　普 0174　史部/金石類/總志之屬
金石索十二卷首一卷　(清)馮雲鵬　(清)馮雲鵷輯　清光緒三十二年(1906)上海文新局石印本　一冊　存二卷(金索一、首)

330000－1784－0000202　普 0175　類叢部/叢書類/彙編之屬
文選樓叢書三十三種　(清)阮亨編　清嘉慶九年(1804)阮元刻本　四冊　存一種

330000－1784－0000203　普 0176　新學/史志/諸國史
五大洲志三卷　(日本)辻武雄撰　清光緒二十八年(1902)泰東同文局鉛印本　二冊　缺一卷(下)

330000－1784－0000204　普 0177　史部/金石類/錢幣之屬/文字
嘉蔭簃論泉截句二卷　(清)劉喜海撰　清道光十八年(1838)劉喜海嘉蔭簃刻本　一冊

330000－1784－0000205　普 0178　史部/金石類/總志之屬/通考
重定金石契不分卷首一卷　(清)張燕昌撰　清光緒二十二年(1896)貴池劉氏聚學軒刻本　四冊

330000－1784－0000206　普 0179　類叢部/叢書類/自著之屬
石泉書屋全集六種　(清)李佐賢撰　清咸豐至光緒利津李氏刻本　一冊　存一種

330000－1784－0000207　普 0180　史部/金石類/錢幣之屬/雜著
吉金所見録十六卷首一卷末一卷　(清)初尚齡撰　清嘉慶二十四年(1819)萊陽初氏古香書屋刻道光七年(1827)補刻本　三冊　缺四卷(十三至十六)

330000－1784－0000208　普 0181　史部/金石類/錢幣之屬
續泉匯十四卷補遺二卷　(清)鮑康　(清)李佐賢編　清光緒元年(1875)刻本　五冊　缺三卷(貞集五、補遺一至二)

330000－1784－0000209　普 0182　史部/金石類/錢幣之屬
古泉叢話三卷又一卷　(清)戴熙撰　清同治十一年(1872)刻本　一冊　存三卷(一至三)

330000－1784－0000210　普 0183　史部/金石類/金之屬/圖像
陶齋吉金續録二卷　(清)端方撰　清宣統元年(1909)金陵石印本　二冊

330000－1784－0000211　普 0184　史部/傳記類/總傳之屬/斷代
國朝先正事略六十卷首一卷　(清)李元度撰　清光緒十二年(1886)石印本　十冊

330000－1784－0000212　普 0185　集部/總集類/選集之屬/斷代
皇朝經世文編一百二十卷姓名總目二卷　(清)賀長齡輯　清光緒二十二年(1896)掃葉山房石印本　二十四冊

330000－1784－0000213　普 0186　集部/總集類/選集之屬/斷代
皇朝經世文續編一百二十卷　(清)葛士濬輯　清光緒十七年(1891)上海廣百宋齋鉛印本　二十四冊

330000－1784－0000214　普 0187　史部/編年類/通代之屬
御批歷代通鑑輯覽一百二十卷　(清)傅恒等撰　清刻本　四十八冊　缺三十四卷(一至三十四)

330000－1784－0000215　普0188　史部/編年類/斷代之屬
紀元編三卷末一卷　（清）李兆洛撰　（清）六承如輯　清道光十一年（1831）武進李兆洛輩學齋刻本　三册

330000－1784－0000216　普0189　史部/雜史類/斷代之屬
吴越春秋六卷　（漢）趙曄撰　（宋）徐天祜音注　清刻本　二册

330000－1784－0000217　普0190　史部/編年類/通代之屬
御批歷代通鑑輯覽一百二十卷　（清）傅恒等撰　清光緒二十八年（1902）上海文林書局石印本　二十册

330000－1784－0000218　普0191　史部/編年類/通代之屬
御批歷代通鑑輯覽一百二十卷　（清）傅恒等撰　清刻本　十一册　存二十九卷（九至十一、十五至十七、二十一至二十九、三十三至三十五、四十二至四十四、五十一至五十二、五十九至六十、六十三至六十四、七十三至七十四）

330000－1784－0000219　普0192　史部/編年類/通代之屬
御批歷代通鑑輯覽一百二十卷　（清）傅恒等撰　清光緒二十八年（1902）上海寶善書局石印本　二十册

330000－1784－0000220　普0193　子部/藝術類/書畫之屬/總論
甌鉢羅室書畫過目攷四卷首一卷附一卷　（清）李玉棻撰　清末上海江南圖書局石印本　四册

330000－1784－0000221　普0194　史部/紀傳類/正史之屬
二十四史附考證　清光緒竹簡齋據武英殿本石印本　一册　存一種

330000－1784－0000222　普0195　子部/叢編類
二十二子　（清）浙江書局編　清光緒三年至五年（1877－1879）浙江書局刻本　四册　存一種

330000－1784－0000223　普0196　史部/編年類/通代之屬
綱鑑會纂三十九卷首一卷　（明）王世貞編
御撰資治通鑑綱目三編六卷　（清）張廷玉等編　清光緒二十八年（1902）上海醉六堂石印本　十四册

330000－1784－0000224　普0197　新學/史志/别國史
中等教育日本歷史二卷附録諸國封建沿革畧一卷　（日本）萩野由之撰　劉大猷譯　清光緒二十七年（1901）教育世界社石印本　五册

330000－1784－0000225　普0198　史部/地理類/外紀之屬
日本國志四十卷首一卷　（清）黄遵憲輯　清光緒二十四年（1898）浙江書局刻本　九册　缺四卷（三十七至四十）

330000－1784－0000226　普0199　史部/地理類/總志之屬/通代
讀史方輿紀要一百三十卷　（清）顧祖禹撰　清光緒二十九年（1903）上海益吾齋石印本　十三册　缺三十四卷（五至三十八）

330000－1784－0000227　普0200　史部/紀傳類/正史之屬
史記評林一百三十卷　（明）凌稚隆輯　清刻本　二十册

330000－1784－0000228　普0201　史部/史評類/史論之屬
新輯分類史論續編大成十六卷　（清）孫廷翰鑒定　題（清）海濱行素生輯　清光緒二十九年（1903）上海醉六堂石印本　十四册　缺二卷（十、十三）

330000－1784－0000229　普0202　史部/傳記類/總傳之屬/仕宦
歷代名臣言行録二十四卷　（清）朱桓輯　清光緒二十九年（1903）上海醉六堂石印本

十冊

330000－1784－0000230　普 0203　史部/傳記類/總傳之屬/仕宦
中興名臣事略八卷　朱孔彰撰　清光緒二十四年(1898)上海書局石印本　一冊

330000－1784－0000231　普 0204　史部/傳記類/總傳之屬/仕宦
歷代名臣言行録二十四卷　(清)朱桓輯　清光緒二十四年(1898)聚興書局石印本　八冊

330000－1784－0000232　普 0205　史部/傳記類/總傳之屬/仕宦
歷代名臣言行録二十四卷　(清)朱桓輯　清光緒十三年(1887)上海廣百宋齋鉛印本　十冊　缺四卷(三至四、二十三至二十四)

330000－1784－0000233　普 0206　類叢部/叢書類/自著之屬
潛園總集十七種　(清)陸心源撰　清同治至光緒刻本　四冊　存一種

330000－1784－0000234　普 0207　史部/政書類/邦交之屬
各國約章纂要六卷首一卷附録一卷　勞乃宣等輯　清光緒十七年(1891)吳橋官廨刻本　四冊

330000－1784－0000235　普 0208　史部/政書類/儀制之屬/典禮
直省釋奠禮樂記六卷首一卷末一卷　(清)應寶時等輯　清同治十二年(1873)仁和吳恒、長洲顧澐刻本　四冊

330000－1784－0000236　普 0209　史部/雜史類/斷代之屬
平浙紀略十六卷　(清)秦湘業　(清)陳鍾英撰　清同治十二年(1873)浙江書局刻本　四冊

330000－1784－0000237　普 0210　史部/編年類/斷代之屬
紀元編三卷末一卷　(清)李兆洛撰　(清)六承如輯　清道光十一年(1831)武進李兆洛輩學齋刻本　一冊

330000－1784－0000238　普 0211　史部/編年類/通代之屬
綱鑑會纂三十九卷首一卷　(明)王世貞編
甲子紀元一卷　(清)陳弘謀輯　清光緒二十五年(1899)掃葉山房鉛印本　十二冊　缺十三卷(二十七至三十九)

330000－1784－0000239　普 0212　史部/編年類/通代之屬
資治通鑑地理今釋十六卷　(清)吳熙載撰　清光緒八年(1882)江蘇書局刻本　三冊

330000－1784－0000240　普 0213　史部/傳記類/總傳之屬/斷代
國朝先正事略六十卷　(清)李元度撰　清同治八年(1869)刻本　二十三冊　缺二卷(二至三)

330000－1784－0000241　普 0214　類叢部/叢書類/彙編之屬
廣雅書局叢書一百五十九種　徐紹棨編　清光緒廣雅書局刻民國九年(1920)番禺楊紹棨彙編重印本　六冊　存一種

330000－1784－0000242　普 0215　史部/地理類/專志之屬/古跡
續山東考古録三十二卷首一卷　(清)葉圭綬撰　清道光三十年(1850)刻本　三冊　缺十五卷(十八至三十二)

330000－1784－0000243　普 0216　類叢部/類書類/通類之屬
玉海二百四卷附刻十三種　(宋)王應麟撰
校補玉海瑣記二卷王深甯先生年譜一卷　(清)張大昌撰　清光緒九年至十六年(1883－1890)浙江書局刻本　二冊　存一種

330000－1784－0000244　普 0217　史部/編年類/通代之屬
御撰資治通鑑綱目三編二十卷　(清)張廷玉等編次　清刻本　七冊　缺二卷(十九至二十)

330000－1784－0000245　普 0218　史部/紀傳類/正史之屬

二十四史　清同治至光緒五省官書局據汲古閣本等合刻光緒五年(1879)湖北書局彙印本　十二冊　存一種

330000－1784－0000246　普0219　史部/紀傳類/正史之屬
二十四史　清同治至光緒五省官書局據汲古閣本等合刻光緒五年(1879)湖北書局彙印本　二十冊　存一種

330000－1784－0000247　普0220　史部/紀傳類/正史之屬
二十四史　清同治至光緒五省官書局據汲古閣本等合刻光緒五年(1879)湖北書局彙印本　二十冊　存一種

330000－1784－0000248　普0221　集部/總集類/酬唱之屬
聽經閣同聲集六卷　(清)胡鳳丹輯　清同治八年(1869)正覺禪林刻本　一冊　缺一卷(六)

330000－1784－0000249　普0222　史部/史抄類
廿四史約編八卷首一卷　(清)鄭元慶撰　清光緒二十九年(1903)支那書局石印本　五冊　存五卷(金、石、竹、土、木)

330000－1784－0000250　普0223　史部/史評類/考訂之屬
二十四史策案十二卷　(清)王鎏輯　清光緒十三年(1887)上海大同書局石印本　二冊

330000－1784－0000251　普0224　史部/傳記類/總傳之屬/通代
尚友録二十二卷補遺一卷　(明)廖用賢輯　(清)張伯琮補輯　清光緒十四年(1888)上海點石齋石印本　四冊

330000－1784－0000252　普0225　史部/紀傳類/正史之屬
漢書一百卷　(漢)班固撰　(唐)顔師古注　清同治十二年(1873)嶺東使署刻本　十六冊

330000－1784－0000253　普0226　史部/紀傳類/正史之屬
後漢書九十卷　(南朝宋)范曄撰　(唐)李賢注　**續漢書志三十卷**　(晉)司馬彪撰　(南朝梁)劉昭注補　清同治十二年(1873)嶺東使署刻本　十六冊

330000－1784－0000254　普0227　史部/政書類/通制之屬
九通分類總纂二百四十卷　(清)汪鍾霖輯　清光緒二十八年(1902)上海文瀾書局石印本　六十冊　缺六十三卷(二十六至二十八、三十七至四十三、四十九至五十二、五十八至六十一、七十四至七十九、九十九至一百四、一百十一至一百十七、一百二十一至一百二十三、一百二十六至一百二十八、一百三十四至一百三十五、一百八十九至一百九十、一百九十七至一百九十九、二百十四至二百二十、二百二十五至二百三十)

330000－1784－0000255　普0228　史部/編年類/通代之屬
御撰資治通鑑綱目三編四卷　(清)張廷玉等編次　清光緒十三年(1887)上海點石齋石印本　二冊

330000－1784－0000256　普0229　史部/編年類/通代之屬
資治通鑑二百九十四卷　(宋)司馬光撰　(元)胡三省音注　清刻本　六十六冊　缺一百七卷(一至八十一、一百三十五至一百三十七、一百六十四至一百六十七、一百七十三至一百八十二、二百三十三至二百三十五、二百四十二至二百四十七)

330000－1784－0000257　普0230　史部/政書類/通制之屬
九通全書　(清)□□輯　清光緒二十七年至二十八年(1901－1902)貫吾齋石印本　五冊　存一種

330000－1784－0000258　普0231　史部/政書類/通制之屬
九通全書　(清)□□輯　清光緒二十七年至二十八年(1901－1902)貫吾齋石印本　二十四冊　存二種

330000－1784－0000259　普 0232　史部/政書類/通制之屬
九通全書　(清)□□輯　清光緒二十七年至二十八年(1901－1902)貫吾齋石印本　六冊　存一種

330000－1784－0000260　普 0233　史部/地理類/總志之屬/通代
讀史方輿紀要一百三十卷輿圖要覽四卷　(清)顧祖禹撰　清光緒二十五年(1899)慎記書莊石印本　三十二冊

330000－1784－0000261　普 0234　史部/編年類/通代之屬
御批歷代通鑑輯覽一百二十卷　(清)傅恒等撰　清同治十三年(1874)潯陽萬氏芋栗園刻本　三十五冊　存四十二卷(一至十六、三十一至五十六)

330000－1784－0000262　普 0235　史部/地理類/遊記之屬/紀行
凝香室鴻雪因緣圖記三集六卷　(清)完顏麟慶撰　清光緒五年(1879)上海點石齋石印本　四冊　存四卷(一集一、二集一至二、三集一)

330000－1784－0000263　普 0236　史部/紀傳類/正史之屬
四史　清光緒二十四年(1898)上海點石室石印本　四冊　存一種

330000－1784－0000264　普 0237　史部/紀傳類/正史之屬
史記一百三十卷　(漢)司馬遷撰　(南朝宋)裴駰集解　(唐)司馬貞索隱　(唐)張守節正義　清同治五年至九年(1866－1870)金陵書局刻本　二十冊

330000－1784－0000265　普 0238　史部/編年類/通代之屬
御批歷代通鑑輯覽一百二十卷　(清)傅恒等撰　清光緒六年(1880)雲南書局刻本　五十七冊　缺五卷(六十九、九十九至一百、一百三至一百四)

330000－1784－0000266　普 0239　史部/紀傳類/正史之屬
明史稿三百十卷目錄三卷　(清)王鴻緒撰　清雍正敬慎堂刻本　八十冊

330000－1784－0000267　普 0240　史部/紀傳類/正史之屬
二十四史附考證　清光緒竹簡齋據武英殿本石印本　八冊　存一種

330000－1784－0000268　普 0241　史部/紀傳類/正史之屬
二十四史附考證　清光緒竹簡齋據武英殿本石印本　八冊　存一種

330000－1784－0000269　普 0242　史部/紀傳類/正史之屬
二十四史附考證　清光緒竹簡齋據武英殿本石印本　四冊　存一種

330000－1784－0000270　普 0243　史部/紀傳類/正史之屬
二十四史附考證　清光緒竹簡齋據武英殿本石印本　八冊　存一種

330000－1784－0000271　普 0244　史部/紀傳類/正史之屬
二十四史附考證　清光緒竹簡齋據武英殿本石印本　六冊　存一種

330000－1784－0000272　普 0245　史部/紀傳類/正史之屬
二十四史附考證　清光緒竹簡齋據武英殿本石印本　二冊　存一種

330000－1784－0000273　普 0246　史部/紀傳類/正史之屬
二十四史附考證　清光緒竹簡齋據武英殿本石印本　八冊　存一種

330000－1784－0000274　普 0247　史部/紀傳類/正史之屬
二十四史附考證　清光緒竹簡齋據武英殿本石印本　六冊　存一種

330000－1784－0000275　普 0248　史部/紀

傳類/正史之屬

二十四史附考證　清光緒竹簡齋據武英殿本石印本　二冊　存一種

330000－1784－0000276　普0249　史部/紀傳類/正史之屬

二十四史附考證　清光緒竹簡齋據武英殿本石印本　二冊　存一種

330000－1784－0000277　普0250　史部/紀傳類/正史之屬

二十四史附考證　清光緒竹簡齋據武英殿本石印本　二冊　存一種

330000－1784－0000278　普0251　史部/紀傳類/正史之屬

二十四史附考證　清光緒竹簡齋據武英殿本石印本　六冊　存一種

330000－1784－0000279　普0252　史部/紀傳類/正史之屬

二十四史附考證　清光緒竹簡齋據武英殿本石印本　八冊　存一種

330000－1784－0000280　普0253　史部/紀傳類/正史之屬

二十四史附考證　清光緒竹簡齋據武英殿本石印本　十五冊　存一種

330000－1784－0000281　普0254　史部/紀傳類/正史之屬

二十四史附考證　清光緒竹簡齋據武英殿本石印本　十六冊　存一種

330000－1784－0000282　普0255　史部/紀傳類/正史之屬

二十四史附考證　清光緒竹簡齋據武英殿本石印本　八冊　存一種

330000－1784－0000283　普0256　史部/紀傳類/正史之屬

二十四史附考證　清光緒竹簡齋據武英殿本石印本　三冊　存一種

330000－1784－0000284　普0257　史部/紀傳類/正史之屬

二十四史附考證　清光緒竹簡齋據武英殿本石印本　六冊　存一種

330000－1784－0000285　普0258　史部/紀傳類/正史之屬

二十四史附考證　清光緒竹簡齋據武英殿本石印本　十一冊　存一種

330000－1784－0000286　普0259　史部/紀傳類/正史之屬

二十四史附考證　清光緒竹簡齋據武英殿本石印本　十四冊　存一種

330000－1784－0000287　普0260　史部/紀傳類/正史之屬

二十四史附考證　清光緒竹簡齋據武英殿本石印本　二十四冊　存一種

330000－1784－0000288　普0261　史部/紀傳類/正史之屬

二十四史　清同治至光緒五省官書局據汲古閣本等合刻光緒五年(1879)湖北書局彙印本　十五冊　存一種

330000－1784－0000289　普0262　史部/紀傳類/正史之屬

二十四史　清同治至光緒五省官書局據汲古閣本等合刻光緒五年(1879)湖北書局彙印本　八冊　存一種

330000－1784－0000290　普0263　史部/紀傳類/正史之屬

二十四史　清同治至光緒五省官書局據汲古閣本等合刻光緒五年(1879)湖北書局彙印本　十二冊　存一種

330000－1784－0000291　普0264　史部/紀傳類/正史之屬

二十四史　清同治至光緒五省官書局據汲古閣本等合刻光緒五年(1879)湖北書局彙印本　六冊　存一種

330000－1784－0000292　普0265　史部/紀傳類/正史之屬

十七史　(明)毛晉編　明崇禎元年至十七年(1628－1644)毛氏汲古閣刻本　六冊　存

一種

330000－1784－0000293　普0266　史部/紀傳類/正史之屬

二十四史　清同治至光緒五省官書局據汲古閣本等合刻光緒五年(1879)湖北書局彙印本　四冊　存一種

330000－1784－0000294　普0267　史部/紀傳類/正史之屬

二十四史　清同治至光緒五省官書局據汲古閣本等合刻光緒五年(1879)湖北書局彙印本　四冊　存一種

330000－1784－0000295　普0268　史部/紀傳類/正史之屬

二十四史　清同治至光緒五省官書局據汲古閣本等合刻光緒五年(1879)湖北書局彙印本　九冊　存一種

330000－1784－0000296　普0269　史部/紀傳類/正史之屬

二十四史　清同治至光緒五省官書局據汲古閣本等合刻光緒五年(1879)湖北書局彙印本　十九冊　存一種

330000－1784－0000297　普0270　史部/紀傳類/正史之屬

舊唐書二百卷　(後晉)劉昫撰　**舊唐書逸文十二卷**　(清)岑建功輯　**舊唐書校勘記六十六卷**　(清)羅士琳等校勘　清道光二十三年至二十六年(1843－1846)懼盈齋刻同治十一年(1872)方濬頤補刻本　二十九冊　存九十九卷(一、十三至十五、三十四至四十、四十三至四十四、五十一至六十一、六十八至七十三、一百十一至一百十八、一百三十三至一百四十六、一百六十五至一百七十二、一百七十八至一百八十九、一百九十五至一百九十七,逸文四至十二,校勘記十三至十七、二十一至二十五、二十七至二十八、六十四至六十六)

330000－1784－0000298　普0271　史部/紀傳類/正史之屬

二十四史附考證　清乾隆武英殿刻本　六十三冊　存一種

330000－1784－0000299　普0272　史部/史評類/考訂之屬

廿二史劄記三十六卷補遺一卷　(清)趙翼撰　清光緒二十六年(1900)上海書局石印本　八冊　缺一卷(補遺)

330000－1784－0000300　普0273　史部/紀傳類/正史之屬

二十四史　清同治至光緒五省官書局據汲古閣本等合刻光緒五年(1879)湖北書局彙印本　八冊　存一種

330000－1784－0000301　普0274　史部/紀傳類/正史之屬

史記一百三十卷　(漢)司馬遷撰　(南朝宋)裴駰集解　(唐)司馬貞索隱　(唐)張守節正義　清同治五年至九年(1866－1870)金陵書局刻本　二十冊

330000－1784－0000302　普0275　史部/傳記類/別傳之屬/事狀

曾文正公大事記四卷　(清)王定安撰　清著易堂書局石印本　一冊

330000－1784－0000303　普0276　史部/政書類/通制之屬

九通　(清)□□輯　清光緒八年至二十二年(1882－1896)浙江書局刻本　十冊　存一種

330000－1784－0000304　普0277　經部/春秋左傳類/專著之屬

春秋大事表五十卷讀春秋偶筆一卷輿圖一卷附録一卷　(清)顧棟高輯　清乾隆十四年(1749)錫山顧氏萬卷樓刻本　九冊　缺四十二卷(九至五十)

330000－1784－0000305　普0278　史部/紀傳類/正史之屬

四史　清光緒三十一年(1905)武林竹簡齋石印本　九冊　存一種

330000－1784－0000306　普0279　史部/紀傳類/正史之屬

四史　清光緒三十一年(1905)武林竹簡齋石印本　九冊　存一種

330000－1784－0000307　普 0280　史部/編年類/通代之屬
通鑑釋文辯誤十二卷　（元）胡三省撰　清嘉慶二十一年（1816）鄱陽胡氏刻本　四冊

330000－1784－0000308　普 0281　史部/紀傳類/正史之屬
二十四史　清光緒二十三年（1897）慎記書莊石印本　四冊　存一種

330000－1784－0000309　普 0282　新學/史志/別國史
東洋史要二卷　（日本）桑元隲藏撰　樊炳清譯　清光緒二十五年（1899）東文學社石印本　四冊

330000－1784－0000310　普 0283　史部/傳記類/總傳之屬/忠孝
中興蘇浙表忠録三十六卷續録八卷　（清）王希曾輯　清光緒二十九年（1903）刻本　八冊

330000－1784－0000311　普 0284　史部/編年類/通代之屬
竹書紀年二卷　（南朝梁）沈約注　清刻本　一冊

330000－1784－0000312　普 0285　史部/政書類/通制之屬
九通全書　（清）□□輯　清光緒二十七年至二十八年（1901－1902）貫吾斎石印本　二十一冊　存一種

330000－1784－0000313　普 0286　史部/編年類/通代之屬
御批歷代通鑑輯覽一百二十卷　（清）傅恒等撰　清同治十年（1871）浙江書局刻朱墨套印本　四十七冊　缺四卷（一百十七至一百二十）

330000－1784－0000314　普 0287　史部/編年類/斷代之屬
十朝東華録五百二十五卷同治朝東華續録一百卷　王先謙　潘頤福編　清光緒二十四年（1898）文瀾書局石印本　十四冊　存六十卷（同治朝東華續録一至六、十五至二十、四十八至五十二、五十八至一百）

330000－1784－0000315　普 0288　史部/編年類/斷代之屬
十朝東華録五百二十五卷同治朝東華續録一百卷　王先謙　潘頤福編　清光緒二十五年（1899）公記書莊石印本　十冊　存三十四卷（同治朝東華續録一至三十四）

330000－1784－0000316　普 0289　史部/編年類/斷代之屬
東華録天命朝四卷天聰朝十一卷崇德朝八卷順治朝三十六卷康熙朝一百十卷雍正朝二十六卷　王先謙編　清光緒十三年（1887）廣百宋齋鉛印本　三十二冊

330000－1784－0000317　普 0290　史部/編年類/斷代之屬
東華録天命朝四卷天聰朝十一卷崇德朝八卷順治朝三十六卷康熙朝一百十卷雍正朝二十六卷東華續録乾隆朝一百二十卷嘉慶朝五十卷道光朝六十卷咸豐朝一百卷同治朝一百卷　王先謙編　清光緒十三年（1887）廣百宋齋鉛印本　四十四冊　存二百三十卷（乾隆朝一至一百二十、嘉慶朝一至五十、道光朝一至六十）

330000－1784－0000319　普 0292　史部/編年類/斷代之屬
［咸豐朝］東華續録六十九卷　潘頤福編　清光緒二十五年（1899）上海書局石印本　十五冊　缺四卷（十四至十七）

330000－1784－0000320　普 0293　史部/編年類/斷代之屬
十朝東華録五百二十五卷同治朝東華續録一百卷　王先謙　潘頤福編　清光緒二十五年（1899）石印本　六十四冊　存五百二十五卷（一至五百二十五）

330000－1784－0000321　普 0294　史部/詔令奏議類/詔令之屬
諭摺彙存二十二卷（同治十三年至光緒二十七年）　清光緒二十九年（1903）上海慎記書莊石印本　二十四冊

330000－1784－0000322　普 0295　史部/編年類/斷代之屬

東華全録類纂一卷　(清)馮文蔚編　清抄本　一册

330000－1784－0000323　普 0296　史部/編年類/斷代之屬

[咸豐朝]東華續録六十九卷　潘頤福編　清光緒十三年(1887)北京欽文書局刻本　二十四册

330000－1784－0000324　普 0297　史部/編年類/斷代之屬

東華全録九朝四百二十五卷　王先謙編　清光緒十三年(1887)北京欽文書局刻本　一百二十九册　缺八十三卷(康熙朝一至十六,乾隆朝十至十四、十七至十九、五十至六十六、九十四至九十五、一百一至一百八,嘉慶朝一至二十八,道光朝四十七至五十)

330000－1784－0000325　普 0298　史部/政書類/律令之屬/刑制

續增刑案匯覽十六卷　(清)祝慶祺輯　清道光二十年(1840)棠樾慎思堂刻本　十六册

330000－1784－0000326　普 0299　史部/政書類/律令之屬/刑制

刑案匯覽六十卷首一卷末一卷拾遺備考一卷　(清)祝慶祺輯　清道光十四年(1834)棠樾慎思堂刻本　四十二册　缺二十一卷(一至八、二十四至二十五、四十至四十八、五十,首)

330000－1784－0000327　普 0300　史部/政書類/通制之屬

九通　(清)□□輯　清光緒八年至二十二年(1882－1896)浙江書局刻本　一百四十八册　存一種

330000－1784－0000328　普 0301　史部/紀傳類/正史之屬

二十四史　清同治至光緒五省官書局據汲古閣本等合刻光緒五年(1879)湖北書局彙印本　六册　存一種

330000－1784－0000329　普 0302　史部/紀傳類/正史之屬

二十四史　清同治至光緒五省官書局據汲古閣本等合刻光緒五年(1879)湖北書局彙印本　十六册　存一種

330000－1784－0000330　普 0303　史部/紀傳類/正史之屬

二十四史　清同治至光緒五省官書局據汲古閣本等合刻光緒五年(1879)湖北書局彙印本　四十册　存一種

330000－1784－0000331　普 0304　史部/紀傳類/正史之屬

二十四史　清同治至光緒五省官書局據汲古閣本等合刻光緒五年(1879)湖北書局彙印本　四十册　存一種

330000－1784－0000332　普 0305　史部/紀傳類/正史之屬

二十四史　清同治至光緒五省官書局據汲古閣本等合刻光緒五年(1879)湖北書局彙印本　八册　存一種

330000－1784－0000333　普 0306　史部/紀傳類/正史之屬

二十四史　清同治至光緒五省官書局據汲古閣本等合刻光緒五年(1879)湖北書局彙印本　十六册　存一種

330000－1784－0000334　普 0307　史部/紀傳類/正史之屬

二十四史　清同治至光緒五省官書局據汲古閣本等合刻光緒五年(1879)湖北書局彙印本　一百册　存一種

330000－1784－0000335　普 0308　史部/紀傳類/正史之屬

二十四史　清同治至光緒五省官書局據汲古閣本等合刻光緒五年(1879)湖北書局彙印本　五册　存一種

330000－1784－0000336　普 0309　史部/紀傳類/正史之屬

金史一百三十五卷　(元)脱脱等撰　清刻本

四冊　存二十五卷(一至二十五)

330000－1784－0000337　普 0310　史部/紀傳類/正史之屬
二十四史　清同治至光緒五省官書局據汲古閣本等合刻光緒五年(1879)湖北書局彙印本　三十八冊　存一種

330000－1784－0000338　普 0311　史部/紀傳類/正史之屬
二十四史附考證　清乾隆武英殿刻本　五冊　存一種

330000－1784－0000339　普 0312　經部/春秋左傳類/傳說之屬
春秋左傳十五卷　(明)孫鑛批點　明萬曆四十四年(1616)閔齊伋刻朱墨套印本　二十四冊

330000－1784－0000340　普 0313　經部/叢編
十三經注疏附考證　(清)□□輯　清同治十年(1871)廣東書局刻本　八冊　存一種

330000－1784－0000341　普 0314　經部/叢編
十三經注疏附考證　(清)□□輯　清同治十年(1871)廣東書局刻本　六冊　存一種

330000－1784－0000342　普 0315　經部/易類/傳說之屬
御纂周易折中二十二卷首一卷　(清)李光地等纂　清刻本　十二冊

330000－1784－0000343　普 0316　經部/小學類/音韻之屬/古今韻說
六書音均表五卷　(清)段玉裁撰　清同治十一年(1872)湖北崇文書局刻本　二冊

330000－1784－0000344　普 0317　經部/小學類/文字之屬/說文/傳說
汲古閣說文訂一卷　(清)段玉裁撰　清同治十一年(1872)湖北崇文書局刻本　一冊

330000－1784－0000345　普 0318　經部/小學類/文字之屬/說文/傳說
說文解字注十五卷附六書音韻表五卷　(清)段玉裁撰　**說文部目分韻一卷**　(清)陳煥編　清同治十一年(1872)湖北崇文書局刻本　十四冊　存十四卷(二至十五)

330000－1784－0000346　普 0319　經部/叢編
皇清經解一千四百八卷　(清)阮元輯　清光緒十三年(1887)上海書局石印本　三十三冊　存八百六十九卷(一至四十七、一百二十至一百九十三、二百二十八至三百七十四、三百九十至四百三十四、四百八十五至五百四十四、六百至六百九十七、七百八十四至八百三十九、八百六十四至九百九十、一千二十七至一千五十四、一千七十七至一千二百七、一千二百七十七至一千三百二、一千三百七十一至一千四百)

330000－1784－0000347　普 0320　經部/小學類/音韻之屬/韻書
詩韻合璧五卷　(清)湯文潞編　清咸豐七年(1857)三益齋刻本　二冊

330000－1784－0000348　普 0321　經部/群經總義類/傳說之屬
皇朝五經彙解二百七十卷　(清)朱鏡清輯　清光緒十四年(1888)上海鴻文書局石印本　二十冊　存一百六十二卷(一至二十二、三十二至六十、七十一至八十一、九十三至一百十四、一百十七至一百三十三、一百四十五至一百五十二、一百六十一至一百六十八、一百七十六至一百九十二、二百二十七至二百三十三、二百四十二至二百四十九、二百五十八至二百七十)

330000－1784－0000349　普 0322　子部/雜著類/雜纂之屬
經餘必讀八卷　(清)雷琳　(清)錢樹棠　(清)錢樹立輯　清光緒二年(1876)退補齋刻本　四冊

330000－1784－0000350　普 0323　經部/小學類/文字之屬/字書/字典
隸韻十卷碑目一卷　(宋)劉球撰　**碑目攷證**

一卷隸韻攷證二卷　(清)翁方綱撰　清嘉慶十五年(1810)秦恩復刻本　六冊

330000－1784－0000351　普0324　經部/小學類/文字之屬/說文/傳說
說文解字十五卷標目一卷　(漢)許慎撰　(宋)徐鉉等校定　清嘉慶十二年(1807)額勒布藤花榭仿宋刻本　四冊

330000－1784－0000352　普0325　經部/四書類/總義之屬/傳說
四書五經義策論初編不分卷　韓章編　清光緒二十九年(1903)崇實學社石印本　五冊

330000－1784－0000353　普0326　經部/四書類/總義之屬/傳說
四書五經義策論續編不分卷　韓章編　清光緒二十九年(1903)崇實學社石印本　四冊

330000－1784－0000354　普0327　經部/四書類/總義之屬/傳說
四書五經義策論續編不分卷　韓章編　清光緒二十九年(1903)崇實學社石印本　三冊

330000－1784－0000355　普0328　經部/春秋左傳類/傳說之屬
左繡三十卷首一卷　(清)馮李驊　(清)陸浩評輯　清宣統三年(1911)上海會文堂石印本　八冊　存十七卷(一至十六、首)

330000－1784－0000356　普0329　經部/叢編
十三經注疏附考證　(清)□□輯　清同治十年(1871)廣東書局刻本　二冊　存一種

330000－1784－0000357　普0330　經部/書類/傳說之屬
欽定書經傳說彙纂二十一卷首二卷書序一卷　(清)王頊齡等纂　清刻本　三冊　存七卷(十三至十四、十八至二十一,書序)

330000－1784－0000358　普0331　經部/小學類/文字之屬/字書/字典
康熙字典十二集三十六卷總目一卷檢字一卷辨似一卷等韻一卷補遺一卷備考一卷　(清)張玉書等纂修　清光緒六年(1880)昭陵玉光堂刻本　十三冊　缺二卷(總目、檢字)

330000－1784－0000359　普0332　經部/小學類/文字之屬/字書/字典
康熙字典十二集三十六卷總目一卷檢字一卷辨似一卷等韻一卷補遺一卷備考一卷　(清)張玉書等纂修　清光緒十三年(1887)上海點石齋石印本　六冊

330000－1784－0000360　普0333　經部/小學類/文字之屬/字書/字典
康熙字典十二集三十六卷總目一卷檢字一卷辨似一卷等韻一卷補遺一卷備考一卷　(清)張玉書等纂修　清光緒二十年(1894)上海同文書局石印本　十二冊

330000－1784－0000361　普0334　經部/小學類/文字之屬/字書/字典
康熙字典十二集三十六卷總目一卷檢字一卷辨似一卷等韻一卷補遺一卷備考一卷　(清)張玉書等纂修　清光緒十一年(1885)上海同文書局石印本　六冊

330000－1784－0000362　普0335　經部/小學類/文字之屬/字書/字典
康熙字典十二集三十六卷總目一卷檢字一卷辨似一卷等韻一卷補遺一卷備考一卷　(清)張玉書等纂修　清道光七年(1827)刻本　四十冊

330000－1784－0000363　普0336　史部/紀傳類/正史之屬
二十四史　清同治至光緒五省官書局據汲古閣本等合刻光緒五年(1879)湖北書局彙印本　十六冊　存一種

330000－1784－0000364　普0337　史部/紀傳類/正史之屬
二十四史　清同治至光緒五省官書局據汲古閣本等合刻光緒五年(1879)湖北書局彙印本　十五冊　存一種

330000－1784－0000365　普0338　史部/紀傳類/正史之屬
二十四史　清同治至光緒五省官書局據汲古

閣本等合刻光緒五年(1879)湖北書局彙印本　十六冊　存一種

330000－1784－0000366　普 0339　史部/紀傳類/正史之屬
二十四史　清同治至光緒五省官書局據汲古閣本等合刻光緒五年(1879)湖北書局彙印本　八冊　存一種

330000－1784－0000367　普 0340　史部/紀傳類/正史之屬
二十四史　清同治至光緒五省官書局據汲古閣本等合刻光緒五年(1879)湖北書局彙印本　十六冊　存一種

330000－1784－0000368　普 0341　史部/紀傳類/正史之屬
二十四史　清同治至光緒五省官書局據汲古閣本等合刻光緒五年(1879)湖北書局彙印本　十五冊　存一種

330000－1784－0000369　普 0342　史部/紀傳類/正史之屬
二十四史　清同治至光緒五省官書局據汲古閣本等合刻光緒五年(1879)湖北書局彙印本　六冊　存一種

330000－1784－0000370　普 0343　史部/紀傳類/正史之屬
二十四史　清同治至光緒五省官書局據汲古閣本等合刻光緒五年(1879)湖北書局彙印本　六冊　存一種

330000－1784－0000371　普 0344　史部/紀傳類/正史之屬
二十四史　清同治至光緒五省官書局據汲古閣本等合刻光緒五年(1879)湖北書局彙印本　四冊　存一種

330000－1784－0000372　普 0345　史部/紀傳類/正史之屬
二十四史　清同治至光緒五省官書局據汲古閣本等合刻光緒五年(1879)湖北書局彙印本　二十冊　存一種

330000－1784－0000373　普 0346　史部/紀傳類/正史之屬
二十四史　清同治至光緒五省官書局據汲古閣本等合刻光緒五年(1879)湖北書局彙印本　四冊　存一種

330000－1784－0000374　普 0347　史部/紀傳類/正史之屬
二十四史　清同治至光緒五省官書局據汲古閣本等合刻光緒五年(1879)湖北書局彙印本　四冊　存一種

330000－1784－0000375　普 0348　經部/小學類/文字之屬/說文/專著
說文通訓定聲十八卷分部柬韻一卷說雅一卷古今韻準一卷　(清)朱駿聲撰　(清)朱鏡蓉參訂　**行述一卷**　朱孔彰撰　清道光二十九年(1849)刻咸豐元年(1851)朱孔彰臨嘯閣補刻本　二十三冊　缺二卷(古今韻準、行述)

330000－1784－0000376　普 0349　類叢部/類書類/專類之屬
佩文韻府一百六卷　(清)張玉書　(清)蔡升元等輯　**韻府拾遺一百六卷**　(清)汪灝　(清)何焯等輯　清光緒十九年(1893)上海點石齋石印本　二十四冊

330000－1784－0000377　普 0350　經部/叢編
皇清經解一百九十卷首一卷正訛記一卷　(清)阮元輯　清光緒十一年(1885)上海點石齋石印本　十八冊　缺四十一卷(五十至九十)

330000－1784－0000378　普 0351　經部/四書類/總義之屬/文字音義
四書總字同聲集不分卷　(清)王士崧撰　清嘉會堂刻本　二冊

330000－1784－0000379　普 0352　經部/叢編
古經解彙函二百八十三卷　(清)鍾謙鈞等輯　清刻本　一冊　存一種

330000－1784－0000380　普 0353　類叢部/

叢書類/自著之屬

潛園總集十七種 (清)陸心源撰 清同治至光緒刻本 四冊 存一種

330000－1784－0000381 普0354 史部/傳記類/總傳之屬/家乘

[浙江湖州]竹溪沈氏家乘二十卷首一卷 (清)沈秉成等纂修 清光緒十年(1884)刻本 三冊 存一卷(十二)

330000－1784－0000382 普0355 經部/叢編

十三經注疏附考證 (清)□□輯 清同治十年(1871)廣東書局刻本 十九冊 存二種

330000－1784－0000383 普0356 經部/書類/傳說之屬

欽定書經傳說彙纂二十一卷首二卷書序一卷 (清)王頊齡等纂 清刻本 七冊 存十二卷(一至十二)

330000－1784－0000384 普0357 史部/紀傳類/正史之屬

二十四史 清同治至光緒五省官書局據汲古閣本等合刻光緒五年(1879)湖北書局彙印本 十六冊 存一種

330000－1784－0000385 普0358 經部/叢編

十三經注疏附考證 (清)□□輯 清同治十年(1871)廣東書局刻本 一百冊 存八種

330000－1784－0000386 普0359 史部/地理類/水利之屬

東南水利畧六卷 (清)凌介禧撰 清道光十三年(1833)凌氏蕊珠僊館刻本 五冊 缺一卷(三)

330000－1784－0000387 普0360 經部/詩類/傳說之屬

詩經集傳八卷 (宋)朱熹撰 清末商務印書館鉛印本 四冊

330000－1784－0000388 普0361 史部/地理類/山川之屬/水志

太湖備考續編四卷 (清)鄭言紹撰 清光緒二十九年(1903)刻本 四冊

330000－1784－0000389 普0362 經部/書類/傳說之屬

書經集傳六卷首一卷末一卷 (宋)蔡沈撰 清光緒七年(1881)湖州王文光齋刻本 四冊 缺一卷(末)

330000－1784－0000390 普0363 經部/叢編

十三經注疏附考證 (清)□□輯 清同治十年(1871)廣東書局刻本 十四冊 存一種

330000－1784－0000391 普0364 經部/四書類/總義之屬/傳說

新訂四書補註備旨十卷 (明)鄧林撰 (清)杜定基增訂 清光緒十四年(1888)石印本 六冊

330000－1784－0000392 普0365 經部/叢編

皇清經解一百九十卷首一卷正訛記一卷 (清)阮元輯 清光緒十一年(1885)上海點石齋石印本 二十三冊 缺九卷(七十九至八十七)

330000－1784－0000393 普0366 經部/小學類/訓詁之屬/爾雅

爾雅註疏十一卷 (晉)郭璞註 (宋)邢昺疏 清嘉慶六年(1801)嘉興博古堂刻本 四冊

330000－1784－0000394 普0367 經部/詩類/傳說之屬

詩經集傳八卷 (宋)朱熹撰 清光緒十七年(1891)掃葉山房刻本 四冊

330000－1784－0000395 普0368 經部/叢編

御纂七經五種 (清)李光地等纂 清同治六年(1867)浙江書局刻本 十冊 存一種

330000－1784－0000396 普0369 經部/春秋左傳類/傳說之屬

評點春秋綱目左傳句解彙雋六卷 (清)韓菼重訂 清舊學山房刻本 六冊

330000－1784－0000397　普 0370　經部/春秋左傳類/傳說之屬

東萊博議四卷增補虛字注釋一卷　（宋）呂祖謙撰　清光緒七年（1881）鳳城官舍刻本　四冊　存四卷（一至四）

330000－1784－0000398　普 0371　史部/金石類/總志之屬

金石索十二卷首一卷　（清）馮雲鵬　（清）馮雲鵷輯　清道光元年至十五年（1821－1835）紫琅馮氏邃古齋滋陽刻本　一冊　存一卷（石索六）

330000－1784－0000399　普 0372　類叢部/叢書類/自著之屬

湘綺樓全書十八種　王闓運撰　清光緒至宣統刻本　一冊　存一種

330000－1784－0000400　普 0373　經部/春秋總義類/傳說之屬

春秋會要四卷　（清）姚彥渠撰　清光緒姚丙吉、姚彝典校刻本　一冊　存二卷（一至二）

330000－1784－0000401　普 0374　經部/詩類/傳說之屬

欽定詩經傳說彙纂二十一卷首二卷詩序二卷　（清）聖祖玄燁定　（清）王鴻緒　（清）揆敘總裁　清同治七年（1868）馬新貽刻本　十六冊　缺一卷（詩序一）

330000－1784－0000402　普 0375　經部/春秋總義類/傳說之屬

欽定春秋傳說彙纂三十八卷首二卷　（清）王掞等撰　清同治九年（1870）浙江撫署刻本　二十冊

330000－1784－0000403　普 0376　經部/禮記類/傳說之屬

禮記省度四卷　（清）彭頤撰　清乾隆七年（1742）益智堂刻朱墨套印本　四冊

330000－1784－0000404　普 0377　經部/叢編

十三經注疏附考證　（清）□□輯　清同治十年（1871）廣東書局刻本　三冊　存一種

330000－1784－0000405　普 0378　經部/四書類/總義之屬/傳說

銅板四書體註合講十九卷　（清）翁復編　清刻本　五冊　存十七卷（論語一至十、孟子一至七）

330000－1784－0000406　普 0379　經部/春秋左傳類/傳說之屬

東萊先生左氏博議（左氏博議）二十五卷　（宋）呂祖謙撰　清道光十九年（1839）錢唐瞿氏清吟閣刻本　四冊

330000－1784－0000407　普 0380　經部/小學類/文字之屬/字書/字體

六書通十卷　（明）閔齊伋撰　（清）畢弘述篆訂　清刻本　五冊

330000－1784－0000408　普 0381　經部/書類/傳說之屬

書經集傳六卷　（宋）蔡沈撰　清光緒十二年（1886）湖北官書處刻本　四冊

330000－1784－0000409　普 0382　經部/叢編

十三經注疏附考證　（清）□□輯　清同治十年（1871）廣東書局刻本　七冊　存一種

330000－1784－0000410　普 0383　經部/四書類/總義之屬/傳說

四書集註十九卷　（宋）朱熹撰　清臨桂謝氏毓蘭書屋刻本　六冊

330000－1784－0000411　普 0384　史部/金石類/總志之屬/圖像

求古精舍金石圖四卷　（清）陳經撰　清嘉慶十八年至二十二年（1813－1817）烏程陳經說劍樓刻本　四冊

330000－1784－0000412　普 0385　經部/易類/傳說之屬

來瞿唐先生易註十五卷首一卷末一卷圖一卷　（明）來知德撰　清嘉慶十四年（1809）刻本　十六冊

330000－1784－0000413　普 0386　史部/金石類/陶之屬/文字

秦漢瓦當文字二卷續一卷　(清)程敦撰　清乾隆五十二年(1787)橫渠書院刻五十九年(1794)續刻本　三冊

330000－1784－0000414　普 0387　集部/詞類/别集之屬
無弦琴譜二卷　(元)仇遠撰　清光緒十一年(1885)刻本　一冊

330000－1784－0000415　普 0388　集部/别集類/清别集
知非齋文鈔一卷　(清)陳鍾英撰　清同治十一年(1872)杭州刻本　一冊

330000－1784－0000416　普 0389　集部/别集類/清别集
廬餘集一卷　易順鼎撰　清光緒三十四年(1908)廣州鉛印本　一冊

330000－1784－0000417　普 0390　集部/詩文評類/文評之屬
文章緣起一卷　(南朝梁)任昉撰　(明)陳懋仁注　清光緒邵武徐氏刻本　一冊

330000－1784－0000418　普 0391　類叢部/叢書類/自著之屬
庸庵文集七種　(清)薛福成撰　清光緒十年至二十四年(1884－1898)無錫薛氏刻本　二冊　存一種

330000－1784－0000419　普 0392　集部/總集類/課藝之屬
志學齋時文讀本四卷　(清)馮譽驥輯　清光緒八年(1882)刻本　四冊

330000－1784－0000420　普 0393　集部/别集類/清别集
天真閣集五十四卷外集六卷　(清)孫原湘撰　清刻本　一冊　存六卷(外集一至六)

330000－1784－0000421　普 0394　集部/别集類/清别集
聊復軒詩存一卷詩餘附存一卷　施贊唐撰　清宣統元年至三年(1909－1911)木活字印本　一冊

330000－1784－0000422　普 0395　集部/詞類/類編之屬
西泠詞萃六種　(清)丁丙編　清光緒十一年至十三年(1885－1887)錢塘丁氏刻本　一冊　存二種

330000－1784－0000423　普 0396　集部/别集類/清别集
石笥山房詩集十一卷詩餘一卷補遺二卷續補遺二卷　(清)胡天游撰　清宣統二年(1910)上海國學扶輪社石印本　六冊

330000－1784－0000424　普 0397　集部/總集類/選集之屬/斷代
排律初津四卷　(清)金鳳沼編並注　清光緒五年(1879)小石山房刻本　二冊

330000－1784－0000425　普 0398　集部/别集類/清别集
飲水詩集一卷　(清)納蘭性德撰　清咸豐元年(1851)刻本　一冊

330000－1784－0000426　普 0399　集部/别集類/清别集
白華絳跗閣詩初集(越縵堂詩初集)十卷　(清)李慈銘撰　清光緒十六年(1890)王繼香刻本　一冊　存二卷(三至四)

330000－1784－0000427　普 0400　集部/總集類/彙編之屬
試帖紫雲仙琯八卷　(清)高敏輯　清嘉慶二十五年(1820)刻本　二冊　存六卷(一至六)

330000－1784－0000428　普 0401　類叢部/叢書類/自著之屬
隨園三十種　(清)袁枚撰　清乾隆至嘉慶刻本　三冊　存一種

330000－1784－0000429　普 0402　類叢部/叢書類/彙編之屬
國粹叢書四十九種　(清)國學保存會編　清光緒至宣統鉛印本　三冊　存一種

330000－1784－0000430　普 0403　集部/總集類/氏族之屬
寧都三魏全集三種附三種　(清)林時益編

清文奎堂刻本　十五冊　存一種

330000－1784－0000432　普0405　類叢部/類書類/專類之屬

皇朝駢文類苑十四卷首一卷　(清)姚燮選　清光緒七年(1881)鎮海張壽榮刻本　二十二冊

330000－1784－0000433　普0406　類叢部/叢書類/彙編之屬

漸西村舍彙刊四十四種　(清)袁昶編　清光緒十六年至二十四年(1890－1898)桐廬袁氏刻本　二冊　存一種

330000－1784－0000434　普0407　集部/總集類/選集之屬/通代

文選六十卷　(南朝梁)蕭統輯　(唐)李善注　**文選考異十卷**　(清)胡克家撰　清同治八年(1869)湖北崇文書局刻本　二十四冊

330000－1784－0000435　普0408　集部/別集類/明別集

梁夫山先生遺集二卷　(明)梁汝元撰　清同治元年(1862)木活字印本　二冊

330000－1784－0000436　普0409　集部/總集類/選集之屬/通代

漁洋山人古詩選三十二卷　(清)王士禎輯　清同治七年(1868)湘鄉曾氏刻本　八冊

330000－1784－0000438　普0411　子部/宗教類/佛教之屬/經疏

楞嚴經指掌疏十卷事義十卷懸示一卷　(清)釋通理撰　清光緒二十七年(1901)刻本　十二冊

330000－1784－0000439　普0412　集部/總集類/彙編之屬

重思齋叢書四種　(清)王家枚編　清光緒江陰王氏重思齋刻本　一冊　存二種

330000－1784－0000440　普0413　類叢部/叢書類/彙編之屬

刻鵠齋叢書十六種　(清)胡念修編　清光緒二十三年至二十七年(1897－1901)刻本　二冊　存一種

330000－1784－0000441　普0414　集部/別集類/清別集

樊榭山房全集四十二卷　(清)厲鶚撰　清光緒十年(1884)錢塘汪氏振綺堂刻本　十冊　缺二卷(輓辭、軼事)

330000－1784－0000442　普0415　子部/醫家類/婦科之屬/產科

達生編一卷　(清)亟齋居士撰　**福幼編一卷**　(清)莊一夔撰　清道光四年(1824)刻本　一冊

330000－1784－0000443　普0416　子部/醫家類/婦科之屬/產科

達生編一卷　(清)亟齋居士撰　清光緒三十一年(1905)掃葉山房刻本　一冊

330000－1784－0000444　普0417　集部/總集類/課藝之屬

庚辰集五卷附唐人試律說一卷　(清)紀昀輯　清雍正十年(1732)刻本　四冊　存四卷(一至四)

330000－1784－0000445　普0418　史部/金石類/金之屬/文字

歷代鐘鼎彝器款識法帖二十卷　(宋)薛尚功撰　清嘉慶二年(1797)儀徵阮元小琅環僊館刻本　四冊

330000－1784－0000446　普0419　集部/小說類/短篇之屬

淞隱漫録十二卷　(清)王韜撰　清光緒十年(1884)上海點石齋石印本　二冊　存六卷(一至六)

330000－1784－0000447　普0420　集部/總集類/郡邑之屬

兩浙輶軒録四十卷補遺十卷　(清)阮元輯　**姓氏韻編一卷**　清光緒十六年(1890)浙江書局刻本　十六冊　存二十五卷(一至二十五)

330000－1784－0000448　普0421　集部/別集類/清別集

趙忠節公遺墨一卷　(清)趙景賢撰　**溫次言先生詩録一卷**　(清)溫汝超撰　清光緒八年

(1882)歸安趙氏刻本　一册

330000－1784－0000449　普0422　集部/别集類/清别集

有正味齋詞集八卷外集五卷續集二卷又外集二卷　(清)吳錫麒撰　清嘉慶刻本　一册　存四卷(續集一至二、又外集一至二)

330000－1784－0000450　普0423　集部/總集類/課藝之屬

八銘堂塾鈔初集不分卷二集不分卷　(清)吳懋政編　清咸豐九年(1859)、十一年(1861)三元堂刻本　六册

330000－1784－0000451　普0424　集部/總集類/選集之屬/斷代

宋四名家詩選六卷　(清)周之鱗　(清)柴升編　清光緒元年(1875)湘西章氏望雲草廬刻本　六册

330000－1784－0000452　普0425　集部/别集類/清别集

望溪先生文集十八卷集外文十卷集外文補遺二卷　(清)方苞撰　**方望溪先生年譜一卷附録一卷**　(清)蘇惇元輯　清咸豐元年(1851)戴鈞衡刻二年(1852)增刻本　十五册　缺二卷(文集七至八)

330000－1784－0000453　普0426　集部/總集類/選集之屬/斷代

元詩選十集　(清)顧嗣立輯　清康熙三十三年(1694)顧氏秀野草堂刻本　一册　存二種

330000－1784－0000454　普0427　集部/總集類/選集之屬/通代

南宋雜事詩七卷　(清)沈嘉轍等撰　清同治十一年(1872)淮南書局刻本　四册

330000－1784－0000455　普0428　集部/總集類/彙編之屬

漢魏六朝一百三家集　(明)張溥編　清刻本　一册　存一種

330000－1784－0000456　普0429　子部/雜著類/雜説之屬

冷廬雜識八卷續編一卷　(清)陸以湉撰　清咸豐六年(1856)刻本　八册　存八卷(一至八)

330000－1784－0000457　普0430　類叢部/類書類/專類之屬

雞跖賦續刻二十八卷擬古二卷　(清)應泰泉輯　清同治十三年(1874)刻本　八册

330000－1784－0000458　普0431　集部/詞類/總集之屬

宋四家詞選一卷　(清)周濟輯　清光緒三十四年(1908)章震福京師鉛印本　一册

330000－1784－0000459　普0432　集部/詩文評類/詩評之屬

陶詩集註四卷　(晉)陶潛撰　(清)詹夔錫注　**附東坡和陶詩一卷**　(宋)蘇軾撰　清康熙三十三年(1694)詹氏寶墨堂刻本　一册　存一卷(東坡和陶詩)

330000－1784－0000460　普0433　類叢部/叢書類/彙編之屬

饗喜廬叢書五種　(清)傅雲龍編　清光緒十五年(1889)德清傅氏日本東京刻本　一册　存一種

330000－1784－0000461　普0434　集部/總集類/選集之屬/通代

漁洋山人古詩選三十二卷　(清)王士禛輯　清同治五年(1866)金陵書局刻本　一册　存五卷(一至五)

330000－1784－0000462　普0435　集部/别集類/清别集

墨麟詩十二卷　(清)馬維翰撰　清刻本　一册　存三卷(三至五)

330000－1784－0000463　普0436　集部/别集類/清别集

邁堂文畧四卷　(清)李祖陶撰　清同治七年(1868)敫陽李氏刻本　四册

330000－1784－0000464　普0437　集部/總集類/選集之屬/通代

唐宋八家文讀本三十卷　(清)沈德潛輯　清乾隆十五年(1750)小欝林刻本　十册

330000－1784－0000465　普 0438　集部/曲類/曲韻曲譜曲律之屬

繪圖綴白裘十二集四十八卷　(清)玩花主人輯　(清)錢德蒼增輯　清光緒二十一年(1895)石印本　十二冊

330000－1784－0000466　普 0439　史部/政書類/公牘檔冊之屬

晴江公公堂簿不分卷　(清)□□書　清嘉慶十二年(1807)抄本　一冊

330000－1784－0000467　普 0440　集部/別集類/清別集

有正味齋駢體文二十四卷首一卷　(清)吳錫麒撰　(清)王廣業箋　(清)葉聯芬注　清光緒十五年(1889)上海蜚英館石印本　四冊

330000－1784－0000468　普 0441　集部/別集類/清別集

香屑集十八卷首一卷末一卷　(清)黃之雋撰　(清)陳邦直注　清刻本　五冊　缺四卷(一至三、首)

330000－1784－0000469　普 0442　類叢部/叢書類/自著之屬

隨園三十種　(清)袁枚撰　清乾隆至嘉慶刻本　一冊　存一種

330000－1784－0000470　普 0443　集部/總集類/尺牘之屬

國朝名人小簡二卷　吳曾祺輯　清宣統二年(1910)上海商務印書局鉛印本　二冊

330000－1784－0000471　普 0444　子部/雜著類/雜纂之屬

藤陰雜記十二卷　(清)戴璐撰　清光緒三年(1877)浙江吳興會館刻本　四冊

330000－1784－0000472　普 0445　集部/詞類/別集之屬

夢窗甲稿一卷乙稿一卷丙稿一卷丁稿一卷補遺一卷　(宋)吳文英撰　**校勘夢窗詞劄記一卷**　(清)王鵬運撰　清光緒二十五年(1899)臨桂王鵬運四印齋刻本　一冊

330000－1784－0000473　普 0446　集部/總集類/選集之屬/斷代

唐人萬首絕句選七卷　(清)王士禛輯　清光緒二十三年(1897)金陵書局刻本　二冊

330000－1784－0000474　普 0447　集部/別集類/唐五代別集

白香山詩長慶集二十卷後集十七卷別集一卷補遺二卷　(唐)白居易撰　(清)汪立名編訂　**白香山年譜一卷**　(清)汪立名撰　**白香山年譜舊本一卷**　(宋)陳振孫撰　清康熙四十一年至四十二年(1702－1703)汪立名一隅草堂刻本　一冊　存七卷(長慶集八至十四)

330000－1784－0000475　普 0448　集部/總集類/選集之屬/通代

本事詩十二卷　(清)徐釚輯　清乾隆二十二年(1757)桐鄉汪肯堂半松書屋刻本　一冊存三卷(四至六)

330000－1784－0000476　普 0449　集部/別集類/清別集

胡文忠公遺集十卷首一卷　(清)胡林翼撰(清)閻敬銘　(清)厲雲官　(清)盛康輯清同治七年(1868)醉六堂刻本　八冊

330000－1784－0000477　普 0450　集部/別集類/宋別集

劍南詩鈔六卷　(宋)陸游撰　(清)楊大鶴選　清光緒五年(1879)善成堂刻本　六冊　缺二卷(五言絕句、七言絕句)

330000－1784－0000478　普 0451　集部/別集類/清別集

映雪齋試藝一卷　(清)沈鎔撰　清光緒三十一年(1905)刻本　一冊

330000－1784－0000479　普 0452　集部/詞類/總集之屬

湖州詞徵二十四卷　朱祖謀輯　清宣統三年(1911)章震福刻本　四冊

330000－1784－0000480　普 0453　集部/詩文評類/詩評之屬

漁洋詩話三卷　(清)王士禛撰　清刻本一冊

330000－1784－0000481　普 0454　類叢部/叢書類/郡邑之屬

武林掌故叢編一百九十種　(清)丁丙編　清光緒三年至二十六年(1877－1900)錢塘丁氏嘉惠堂刻本　一册　存一種

330000－1784－0000482　普 0455　集部/別集類/清別集

小謨觴館文注四卷續注二卷　(清)彭兆蓀撰　(清)孫元培　(清)孫長熙注　清光緒二十年(1894)刻本　三册

330000－1784－0000483　普 0456　集部/別集類/清別集

胡文忠公遺集十卷首一卷　(清)胡林翼撰　(清)閻敬銘　(清)厲雲官　(清)盛康輯　清同治七年(1868)醉六堂刻本　八册

330000－1784－0000484　普 0457　集部/總集類/選集之屬/通代

古文析義六卷　(清)林雲銘輯注　清道光十三年(1833)刻本　六册

330000－1784－0000485　普 0458　子部/道家類

南華簡鈔四卷　(清)徐廷槐輯注　清乾隆六年(1741)刻本　四册

330000－1784－0000486　普 0459　集部/總集類/選集之屬/通代

五七言今體詩鈔十八卷　(清)姚鼐輯　清刻本　一册　存九卷(七言今體詩鈔一至九)

330000－1784－0000487　普 0460　集部/總集類/酬唱之屬

宣南鴻雪集二卷　(清)潘介繁　(清)潘誠貴輯　清刻本　一册

330000－1784－0000488　普 0461　集部/別集類/清別集

松齋憶存草一卷　(清)王誠撰　清光緒十二年(1886)刻本　一册

330000－1784－0000489　普 0462　集部/總集類/選集之屬/斷代

唐人萬首絶句選七卷　(清)王士禛輯　清刻本　一册

330000－1784－0000490　普 0463　集部/總集類/選集之屬/通代

國瑋集五十六卷　(明)方岳貢輯　清刻本　一册　存八卷(六朝文一至八)

330000－1784－0000491　普 0464　集部/別集類/唐五代別集

樊南文集補編十二卷首一卷附録一卷　(唐)李商隱撰　(清)錢振倫　(清)錢振常箋注　清同治五年(1866)望三益齋刻本　四册

330000－1784－0000492　普 0465　集部/總集類/郡邑之屬

兩浙輶軒續録補遺六卷　(清)潘衍桐輯　清光緒十七年(1891)浙江書局刻本　四册

330000－1784－0000493　普 0466　類叢部/叢書類/自著之屬

隨園三十種　(清)袁枚撰　清乾隆至嘉慶刻本　一册　存二種

330000－1784－0000494　普 0467　集部/別集類/清別集

袁文箋正十六卷補註一卷　(清)袁枚著　(清)石韞玉箋　**增訂袁文箋正四卷**　(清)魏大縉撰　清光緒十四年(1888)上海蜚英館石印本　五册

330000－1784－0000495　普 0468　類叢部/叢書類/自著之屬

曾惠敏公遺集四種　(清)曾紀澤撰　清光緒十九年(1893)江南製造總局鉛印本　八册

330000－1784－0000496　普 0469　經部/春秋總義類/傳說之屬

欽定春秋傳說彙纂三十八卷首二卷　(清)王掞等撰　清康熙六十年(1721)武英殿刻本　十六册　存二十五卷(一至四、七至十二、十七、十九至二十四、二十七至三十、三十三至三十五,首上)

330000－1784－0000497　普 0470　類叢部/叢書類/自著之屬

隨園三十種　(清)袁枚撰　清乾隆至嘉慶刻本

本　一冊　存一種

330000－1784－0000498　普0471　類叢部/叢書類/自著之屬
隨園三十種　(清)袁枚撰　清乾隆至嘉慶刻本　一冊　存二種

330000－1784－0000499　普0472　類叢部/叢書類/自著之屬
隨園三十種　(清)袁枚撰　清乾隆至嘉慶刻本　一冊　存二種

330000－1784－0000500　普0473　類叢部/叢書類/自著之屬
隨園三十種　(清)袁枚撰　清乾隆至嘉慶刻本　一冊　存四種

330000－1784－0000501　普0474　類叢部/叢書類/自著之屬
隨園三十種　(清)袁枚撰　清乾隆至嘉慶刻本　二冊　存一種

330000－1784－0000502　普0475　經部/四書類/總義之屬/傳說
四書五經義策論初編不分卷續編不分卷　韓韋編　清光緒二十九年(1903)崇實學社石印本　四冊

330000－1784－0000503　普0476　類叢部/叢書類/自著之屬
沈歸愚詩文全集十四種　(清)沈德潛撰　清乾隆教忠堂刻本　六冊　存二種

330000－1784－0000504　普0477　集部/總集類/選集之屬/通代
文選六十卷　(南朝梁)蕭統輯　(唐)李善注　**文選考異十卷**　(清)胡克家撰　清宣統三年(1911)上海會文堂粹記石印本　十六冊

330000－1784－0000505　普0478　集部/別集類/清別集
九葉芸香館吟草一卷　(清)孫式榮撰　清同治二年(1863)刻本　一冊

330000－1784－0000506　普0479　集部/別集類/清別集
餐芍華館詩集八卷蕉心詞一卷　(清)周驥虎撰　清光緒十九年(1893)木活字印本　二冊

330000－1784－0000507　普0480　集部/別集類/清別集
知非齋詩鈔一卷　(清)陳鍾英撰　清同治十一年(1872)杭州刻本　一冊

330000－1784－0000508　普0481　集部/別集類/明別集
疑雲集四卷　(明)王彥泓撰　清末補拙齋石印本　二冊

330000－1784－0000509　普0482　集部/別集類/明別集
疑雨集四卷　(明)王彥泓撰　清宣統三年(1911)上海掃葉山房石印本　二冊

330000－1784－0000510　普0483　集部/總集類/郡邑之屬
勝朝吴興詩鈔不分卷　(明)嚴震直等撰　清抄本　一冊

330000－1784－0000511　普0484　集部/總集類/選集之屬/通代
駢體文鈔三十一卷　(清)李兆洛輯　清道光元年(1821)合河康氏家塾刻同治六年(1867)婁江徐氏補刻本　八冊

330000－1784－0000512　普0485　類叢部/叢書類/彙編之屬
漸西村舍彙刊四十四種　(清)袁昶編　清光緒十六年至二十四年(1890－1898)桐廬袁氏刻本　一冊　存一種

330000－1784－0000513　普0486　史部/地理類/雜志之屬
會稽三賦四卷　(宋)王十朋撰　(明)南逢吉注　(明)尹壇補注　清同治十二年(1873)會稽章氏重刻本　二冊

330000－1784－0000514　普0487　集部/詩文評類/詩評之屬
峴傭說詩一卷　(清)施補華撰　清光緒十三年(1887)刻本　一冊

330000－1784－0000515　普0488　集部/別集類/清別集

定盦文集三卷續集四卷續録一卷古今體詩二卷己亥雜詩一卷庚子雅詞一卷無著詞選一卷　(清)龔自珍撰　清同治七年(1868)刻本　四冊

330000－1784－0000516　普0489　集部/別集類/清別集

潛溪録六卷首一卷　(清)丁立中輯　(清)孫鏘增補　清宣統二年(1910)四明孫氏七千卷樓成都刻本　六冊

330000－1784－0000517　普0490　集部/別集類/清別集

含薰室詩集二卷　(清)吉鍾穎撰　清同治十二年(1873)吉正常刻本　一冊

330000－1784－0000518　普0491　集部/戲劇類/傳奇之屬

洞庭緣傳奇一卷十六齣　(清)陸繼輅填詞　清光緒六年(1880)鴛湖刻本　一冊

330000－1784－0000519　普0492　集部/別集類/清別集

有正味齋駢體文續集八卷　(清)吳錫麒撰　清嘉慶刻有正味齋全集本　二冊

330000－1784－0000520　普0493　集部/別集類/清別集

可自怡齋試帖詩注釋二卷　(清)顧文彬撰　清同治十三年(1874)刻本　二冊

330000－1784－0000521　普0494　集部/別集類/清別集

息笠庵詩集六卷　(清)楊韵撰　清光緒八年(1882)嘉興楊氏滬城刻本　二冊

330000－1784－0000522　普0495　集部/總集類/彙編之屬

金元明八大家文選　(清)李祖陶編　清道光二十五年(1845)吉安刻本　一冊　存一種

330000－1784－0000523　普0496　子部/雜著類/雜說之屬

浪跡叢談十一卷浪跡續談八卷歸田瑣記八卷　(清)梁章鉅撰　清刻本　十冊　缺四卷(續談七至八、歸田瑣記一至二)

330000－1784－0000524　普0497　子部/雜著類/雜說之屬

潛書四卷　(清)唐甄撰　**西蜀唐圃亭先生行畧一卷**　(清)王聞遠撰　清光緒九年(1883)中江李氏刻本　四冊

330000－1784－0000525　普0498　集部/別集類/清別集

有正味齋集十六卷　(清)吳錫麒撰　清刻本　五冊

330000－1784－0000526　普0499　子部/小說家類/異聞之屬

酉陽雜俎二十卷續集十卷　(唐)段成式撰　清道光二十九年(1849)小嫏嬛山館刻本　五冊　存二十五卷(一至十、十六至二十,續集一至十)

330000－1784－0000527　普0500　集部/總集類/選集之屬/通代

古文觀止十二卷　(清)吳乘權　(清)吳大職輯　清光緒南京李光明莊刻本　六冊

330000－1784－0000528　普0501　集部/別集類/清別集

名山文集十四卷詩集二卷　(清)錢振鍠撰　清刻本　四冊

330000－1784－0000529　普0502　集部/別集類/清別集

遲鴻軒詩存一卷文存一卷　(清)楊峴撰　清光緒二年(1876)吳門刻本　一冊

330000－1784－0000530　普0503　集部/別集類/清別集

紉蘭室詩鈔三卷　(清)嚴永華撰　清光緒十七年(1891)沈秉成刻本　一冊

330000－1784－0000531　普0504　集部/總集類/彙編之屬

增廣詩句題解彙編四卷姓氏考一卷　(清)同文書局編　清光緒十年(1884)上海同文書局石印本　四冊

330000－1784－0000532　普 0505　類叢部/叢書類/自著之屬

隨園三十種　(清)袁枚撰　清乾隆至嘉慶刻本　一册　存一種

330000－1784－0000533　普 0506　類叢部/叢書類/自著之屬

隨園三十種　(清)袁枚撰　清乾隆至嘉慶刻本　六册　存一種

330000－1784－0000534　普 0507　集部/别集類/明别集

清江楊忠節公遺集八卷　(明)楊廷麟撰　清光緒五年至六年(1879－1880)蕭江書院刻本　三册　存四卷(一至二、五至六)

330000－1784－0000535　普 0508　集部/别集類/清别集

小倉山房詩集三十七卷續補詩集二卷　(清)袁枚撰　清刻本　十一册

330000－1784－0000536　普 0509　集部/别集類/清别集

小谷口詩鈔十二卷首一卷續鈔一卷　(清)鄭祖琛撰　清道光二十四年(1844)實研齋刻本　楊莘耜跋　二册　缺一卷(續鈔)

330000－1784－0000537　普 0510　集部/别集類/清别集

安雅堂詩存一卷　(清)徐本璿撰　清光緒十六年(1890)刻本　一册

330000－1784－0000538　普 0511　集部/總集類/選集之屬

竹笑軒賦鈔初集不分卷二集不分卷　(清)孫清達輯　清咸豐三年(1853)文德堂刻本　一册

330000－1784－0000539　普 0512　類叢部/叢書類/家集之屬

安吉施氏遺著五種　(清)戴翊　(清)朱廷燮編　清光緒十七年(1891)刻本　二册

330000－1784－0000540　普 0513　集部/别集類/清别集

儀顧堂集十六卷　(清)陸心源撰　清同治十三年(1874)福州刻本　四册　存十卷(一至八、十五至十六)

330000－1784－0000541　普 0514　集部/别集類/清别集

儀顧堂集八卷　(清)陸心源撰　清刻本　四册

330000－1784－0000542　普 0515　集部/總集類/選集之屬/斷代

國朝文匯甲前集二十卷甲集六十卷乙集七十卷丙集三十卷丁集二十卷　(清)上海國學扶輪社輯　清宣統元年(1909)上海國學扶輪社石印本　三十二册　存六十四卷(乙集十三至四十、四十七至四十八、五十三至七十,丙集一至十六)

330000－1784－0000543　普 0516　子部/藝術類/遊藝之屬/聯語

楹聯録存三卷附録一卷　(清)俞樾撰　清光緒二十年(1894)刻本　一册　存三卷(一至三)

330000－1784－0000544　普 0517　集部/總集類/郡邑之屬

國朝湖州詩録三十四卷　(清)陳焯輯　**補編二卷**　(清)鄭祖琛輯　**續録十六卷**　(清)鄭佶輯　清刻本　五册　存十三卷(續録一至八、十二至十六)

330000－1784－0000545　普 0518　集部/總集類/尺牘之屬

分類尺牘備覽三十卷　(清)王虎榜輯　清光緒二十一年(1895)積山書局石印本　八册

330000－1784－0000546　普 0519　類叢部/叢書類/自著之屬

曾文正公四種　(清)曾國藩撰　清光緒三十一年(1905)上海商務印書館鉛印本　五册　存二種

330000－1784－0000547　普 0520　集部/别集類/清别集

彝壽軒詩鈔十二卷寄庵雜著二卷煙波漁唱四卷　(清)張應昌撰　清同治二年(1863)南昌

旅舍刻本　三册　存十卷(一至十)

330000－1784－0000548　普0521　集部/别集類/清别集
慧香室集四卷　(清)沈鎔經撰　清光緒二十二年(1896)刻本　四册

330000－1784－0000549　普0522　集部/總集類/選集之屬/通代
駢體文鈔三十一卷　(清)李兆洛輯　清光緒八年(1882)上海刻本　八册

330000－1784－0000550　普0523　集部/總集類/選集之屬/通代
古文觀止十二卷　(清)吳乘權　(清)吳大職輯　清光緒南京李光明莊刻本　六册

330000－1784－0000551　普0524　集部/總集類/選集之屬/通代
阮亭選古詩三十二卷　(清)王士禎輯　清刻本　四册　存一種

330000－1784－0000552　普0525　經部/四書類/總義之屬/傳說
曲園四書文二卷　(清)俞樾撰　清光緒十九年(1893)粤東試院校經廬刻本　二册

330000－1784－0000553　普0526　集部/别集類/清别集
澤雅堂詩集六卷　(清)施補華撰　清同治十一年(1872)刻本　清冰盦批　二册

330000－1784－0000554　普0527　集部/别集類/清别集
茎香館遺稿不分卷　(清)朱冕群撰　清光緒十三年(1887)吳門刻本　二册

330000－1784－0000555　普0528　集部/别集類/漢魏六朝别集
陶淵明集八卷首一卷末一卷　(晉)陶潛撰　清宣統三年(1911)上海文明書局鉛印本　一册

330000－1784－0000556　普0529　集部/别集類/清别集
補情吟草一卷　(清)趙世昌撰　**鬘華室詩鈔一卷**　(清)徐畹蘭撰　清宣統鉛印本　一册

330000－1784－0000557　普0530　集部/總集類/彙編之屬
見聞禩詩十一卷　(清)何鳳仙編　清抄本　二册

330000－1784－0000558　普0531　集部/别集類/明别集
樂陶吟草六卷　(明)姚舜牧撰　清抄本　四册

330000－1784－0000559　普0532　集部/總集類/選集之屬/斷代
唐詩便讀四卷　(清)宋保甫校正　清光緒十五年(1889)湖州醉六堂刻本　二册

330000－1784－0000560　普0533　集部/别集類/清别集
漱玉詞一卷　(宋)李清照撰　**斷腸詞一卷**　(宋)朱淑真撰　清光緒七年(1881)四印齋刻本　一册

330000－1784－0000561　普0534　集部/總集類/選集之屬/通代
六朝文絜四卷　(清)許槤評選　清光緒三年(1877)馮氏讀有用書齋刻朱墨套印本　二册

330000－1784－0000562　普0535　史部/傳記類/科舉録之屬/諸貢録
二百十一科鄉會文統七卷　(清)上海書局輯　**國朝貢舉年表三卷首一卷**　(清)陳國霖　(清)顧錫中編　清光緒十九年(1893)上海書局石印本　二十四册

330000－1784－0000563　普0536　集部/别集類/宋别集
苕溪集五十五卷　(宋)劉一止撰　清宣統三年(1911)沈耀勳刻本　四册

330000－1784－0000564　普0537　集部/别集類/宋别集
苕溪集五十五卷　(宋)劉一止撰　清宣統三年(1911)沈耀勳刻本　四册

330000－1784－0000565　普0538　集部/别

集類/漢魏六朝別集
陶淵明文集十卷 (晉)陶潛撰 清光緒五年(1879)番禺俞秀山刻本 二册

330000－1784－0000566 普0539 史部/傳記類/總傳之屬/通代
增廣尚友録統編二十二卷 (清)應祖錫輯 清光緒二十八年(1902)鴻寶齋石印本 四册 存十八卷(五至二十二)

330000－1784－0000567 普0540 史部/目録類/總録之屬/官修
欽定四庫全書簡明目録二十卷 (清)紀昀等撰 清八杉齋校刻本 十二册

330000－1784－0000568 普0541 類叢部/叢書類/彙編之屬
咫進齋叢書三十五種 (清)姚覲元編 清光緒九年(1883)歸安姚氏刻本 二册 存三種

330000－1784－0000569 普0542 集部/總集類/郡邑之屬
國朝湖州詩録三十四卷 (清)陳焯輯 **補編二卷** (清)鄭祖琛輯 **續録十六卷** (清)鄭佶輯 清道光十年至十一年(1830－1831)小谷口刻本 十六册 存三十四卷(詩録一至三十四)

330000－1784－0000570 普0543 集部/別集類/明別集
方正學先生遜志齋集二十四卷拾補一卷外紀一卷記畧一卷校勘記一卷 (明)方孝孺撰 (明)張紹謙纂定 **方正學先生年譜一卷附辯正一卷** (明)盧演 (明)翁明英編 清同治十二年(1873)吳縣孫氏刻本 十六册

330000－1784－0000571 普0544 史部/目録類/總録之屬/官修
欽定四庫全書總目二百卷首一卷 (清)紀昀等撰 **四庫未收書目提要五卷** (清)阮元撰 清光緒十四年(1888)上海漱六山莊石印本 二十册

330000－1784－0000572 普0545 史部/目録類/總録之屬/官修
欽定四庫全書簡明目録二十卷 (清)紀昀等撰 清光緒十四年(1888)上海漱六山莊石印本 三册 缺四卷(一至四)

330000－1784－0000573 普0546 集部/總集類/課藝之屬
八股文摘抄一卷 (清)□□輯 清抄本 一册

330000－1784－0000574 普0547 類叢部/類書類/通類之屬
增補萬寶全書二十卷續編六卷 (明)陳繼儒撰 (清)毛煥文增補 清光緒三十二年(1906)上海龍文書局石印本 八册

330000－1784－0000575 普0548 史部/地理類/方志之屬/郡縣志
[同治]湖州府志九十六卷首一卷 (清)宗源瀚 (清)楊榮緒 (清)郭式昌修 (清)周學濬 (清)陸心源 (清)汪曰楨纂 清同治十一年至十三年(1872－1874)愛山書院刻本 三十八册 缺五卷(七十四至七十五、九十四至九十六)

330000－1784－0000576 普0549 史部/金石類/金之屬/文字
歷代鐘鼎彝器款識法帖二十卷 (宋)薛尚功撰 清嘉慶二年(1797)儀徵阮元小琅環僊館刻本 迎暉書屋主人跋 一册 缺五卷(一至五)

330000－1784－0000589 普0588 集部/總集類/酬唱之屬
雙溪倡和詩六卷 (清)徐倬輯 清光緒二十四年(1898)壺廬刻本 一册 存三卷(一至三)

330000－1784－0000632 普0589 集部/曲類/曲評曲話曲目之屬
奢摩他室曲叢第一集三種 吳梅輯 清宣統二年(1910)長洲吳氏靈鳩刻本 一册 存一種

330000－1784－0001002 普0550 子部/藝術類/書畫之屬/法帖

原拓泰山金剛經不分卷　清宣統三年(1911)上海碧梧山莊影印本　三冊

330000－1784－0001051　普 0557　類叢部/叢書類/彙編之屬
觀自得齋叢書二十三種別集六種　(清)徐士愷編　清光緒十三年至二十年(1887－1894)石埭徐氏刻本　二冊　存一種

330000－1784－0001065　普 0559　史部/傳記類/總傳之屬/仕宦
國朝名臣列傳一百二十卷　清抄本　六冊　存六卷(三十七至四十二)

330000－1784－0001067　普 0560　子部/農家農學類/蠶桑之屬
蠶桑說一卷　(清)沈練撰　清光緒十四年(1888)溧陽沈氏歸安縣署刻本　一冊

330000－1784－0001068　普 0561　子部/農家農學類/蠶桑之屬
蠶桑輯要三卷附廣蠶桑說一卷　(清)沈秉成撰　清光緒元年(1875)江西書局刻二十二年(1896)印本　一冊

330000－1784－0001069　普 0562　子部/農家農學類/蠶桑之屬
蠶桑萃編十五卷首一卷　(清)衛杰撰　清光緒二十六年(1900)浙江書局刻本　六冊　缺三卷(十一、十四至十五)

330000－1784－0001070　普 0563　子部/藝術類/書畫之屬/法帖
閑邪公家傳一卷　(元)周馳撰　(元)趙孟頫書　清宣統元年(1909)文明書局石印本　一冊

330000－1784－0001071　普 0564　子部/術數類/相宅相墓之屬
陽宅大成四種　(清)魏青江撰　清刻本　二冊　存一種

330000－1784－0001072　普 0565　類叢部/叢書類/自著之屬
潛園總集十七種　(清)陸心源撰　清同治至光緒刻本　三冊　存一種

330000－1784－0001073　普 0566　史部/金石類/金之屬/文字
敬吾心室彝器款識不分卷　(清)朱善旂撰　清光緒三十四年(1908)平湖朱氏影印本　二冊

330000－1784－0001074　普 0567　類叢部/叢書類/彙編之屬
龍威秘書一百六十九種　(清)馬俊良編　清乾隆五十九年至嘉慶元年(1794－1796)浙江石門馬氏大酉山房刻本　二冊　存一種

330000－1784－0001075　普 0568　類叢部/叢書類/彙編之屬
風雨樓叢書二十三種　鄧實編　清宣統順德鄧氏鉛印本　二冊　存一種

330000－1784－0001081　普 0569　史部/紀傳類/正史之屬
二十四史　清同治至光緒五省官書局據汲古閣本等合刻光緒五年(1879)湖北書局彙印本　八十冊　存一種

330000－1784－0001082　普 0570　史部/詔令奏議類/詔令之屬
硃批諭旨二百二十三卷　(清)鄂爾泰等輯　清乾隆三年(1738)內府木活字朱墨套印本　一百十二冊

330000－1784－0001089　普 0571　子部/儒家類/儒學之屬
為己編一卷　(清)費熙輯　清光緒二十年(1894)歸安周氏木活字印本　一冊

330000－1784－0001090　普 0572　史部/傳記類/科舉錄之屬
殿試闈墨一卷　(清)李殿林等撰　清石印本　一冊

330000－1784－0001091　普 0573　經部/小學類/文字之屬/字書/字體
六書通十卷首一卷附百體福壽全圖不分卷　(明)閔齊伋撰　(清)畢弘述篆訂　清光緒十九年(1893)平遠書屋石印本　四冊

330000－1784－0001092　普 0574　集部/總

集類/尺牘之屬

尺牘採新二卷　(清)隱嚴居士輯　清光緒十二年(1886)湖州醉六堂刻本　二冊

330000－1784－0001093　普 0575　集部/總集類/課藝之屬

定安書院課藝不分卷　(清)周縵雲輯　清刻本　四冊

330000－1784－0001094　普 0576　集部/總集類/課藝之屬

愛山書院課藝不分卷　(清)郭式昌編　清光緒八年(1882)刻本　四冊

330000－1784－0001095　普 0577　集部/別集類/清別集

儀顧堂集二十卷　(清)陸心源撰　清光緒二十四年(1898)刻本　六冊

330000－1784－0001096　普 0578　類叢部/叢書類/郡邑之屬

湖州叢書十二種　(清)陸心源編　清光緒湖城義塾刻本　四冊　存一種

330000－1784－0001097　普 0579　經部/小學類/文字之屬/字書/訓蒙

澄衷蒙學堂字課圖說四卷檢字一卷類字一卷　(清)劉樹屏撰　(清)吳子城繪圖　清光緒二十七年(1901)澄衷蒙學堂印書處石印本　七冊

330000－1784－0001099　普 0580　集部/詞類/總集之屬

湖州詞徵二十四卷　朱祖謀輯　清宣統三年(1911)章震福刻本　四冊

330000－1784－0001100　普 0581　類叢部/叢書類/彙編之屬

咫進齋叢書三十五種　(清)姚覲元編　清光緒九年(1883)歸安姚氏刻本　二十四冊

330000－1784－0001102　普 0582　類叢部/叢書類/自著之屬

月河草堂叢書三種　蔣清瑞編　清宣統至民國歸安蔣氏月河草堂刻本　十二冊　存三種

330000－1784－0001103　普 0583　集部/總集類/選集之屬/通代

文選六十卷　(南朝梁)蕭統輯　(唐)李善注　(清)何焯評　清乾隆三十七年(1772)長洲葉樹藩海録軒刻朱墨套印本　十六冊

330000－1784－0001104　普 0584　類叢部/叢書類/自著之屬

月河草堂叢書三種　蔣清瑞編　清宣統至民國歸安蔣氏月河草堂刻本　一冊　存一種

330000－1784－0001105　普 0585　類叢部/叢書類/自著之屬

月河草堂叢書三種　蔣清瑞編　清宣統至民國歸安蔣氏月河草堂刻本　一冊　存一種

330000－1784－0001108　善 0001　經部/小學類/音韻之屬/韻書

廣韻五卷　(宋)陳彭年等重修　清康熙四十三年(1704)澤存堂刻本　二冊

330000－1784－0001109　善 0002　經部/三禮總義類/通禮雜禮之屬

司馬氏書儀十卷　(宋)司馬光撰　清雍正元年(1723)汪氏刻本　一冊

330000－1784－0001110　善 0003　經部/小學類/文字之屬/字書/字典

康熙字典十二集三十六卷總目一卷檢字一卷辨似一卷等韻一卷補遺一卷備考一卷　(清)張玉書等纂修　清康熙刻本　四十冊

330000－1784－0001111　善 0004　史部/地理類/方志之屬/郡縣志

嘉泰吳興志二十卷　(宋)談鑰纂　清抄本　八冊

330000－1784－0001112　善 0005　史部/紀傳類/正史之屬

前漢書一百卷　(漢)班固撰　(唐)顏師古注　清光緒石印本　二十七冊

330000－1784－0001113　善 0006　史部/政書類/考工之屬/營造

新刻京板工師雕鏤正式魯班經匠家鏡二卷附秘訣仙機一卷　(明)午榮　(明)章嚴撰　清光緒刻本　一冊

330000－1784－0001114　善0007　史部/政書類/考工之屬/營造
新鐫工師雕斲正式魯班木經匠家鏡二卷附秘訣仙機一卷　(明)午榮　(明)章嚴撰　清刻本　一冊　缺一卷(二)

330000－1784－0001115　善0008　史部/地理類/水利之屬
東南水利八卷　(清)沈愷曾編　清抄本　二冊

330000－1784－0001116　善0009　子部/宗教類/其他宗教之屬
嘆世無爲卷一卷　(明)羅祖撰　明正德四年(1509)刻本　一冊

330000－1784－0001117　善0010　子部/宗教類/其他宗教之屬
巍巍不動太山深根結果寶卷一卷　(明)羅夢鴻撰　明正德刻萬曆四十七年(1619)重修本　一冊

330000－1784－0001118　善0011　子部/醫家類/養生之屬/導引、氣功
錦身機要三卷　題混沌子撰　(明)魯志剛注　明正德刻本　一冊

330000－1784－0001119　善0012　子部/醫家類/養生之屬
長生祕訣四卷　(明)鐵峰居士等撰　明正德刻本　一冊　存一卷(保生心鑑)

330000－1784－0001120　善0013　子部/儒家類/儒學之屬/性理
胡敬齋先生居業録十二卷　(明)胡居仁撰　清乾隆二十二年(1757)刻本　四冊

330000－1784－0001121　善0014　子部/宗教類/佛教之屬
天目中峯和尚廣録三十卷　(元)釋明本撰　(元)釋慈寂輯　明洪武二十年(1387)刻本　二冊　存十卷(一至十)

330000－1784－0001122　善0015　子部/宗教類/佛教之屬/諸宗
宗鏡録一百卷　(宋)釋延壽輯　明洪武刻南藏萬曆重修本　二冊　存十卷(十六至二十、三十六至四十)

330000－1784－0001123　善0016　子部/宗教類/佛教之屬/大藏
初刻南藏　明洪武至建文刻本　三冊　存一種

330000－1784－0001124　善0017　子部/天文曆算類/天文之屬
高厚蒙求九種　(清)徐朝俊撰　清嘉慶雲間徐氏刻本　四冊　存八種

330000－1784－0001125　善0018　類叢部/類書類/通類之屬
古學彙纂十卷　(明)周時雍輯　(清)錢謙益等評　明崇禎十五年(1642)周氏愛日齋刻本　十六冊

330000－1784－0001126　善0019　子部/醫家類/醫話醫論之屬
吳醫彙講十一卷　(清)唐大烈輯　清乾隆五十七年(1792)校經山房刻本　二冊　存五卷(一至五)

330000－1784－0001127　善0020　子部/醫家類/本草之屬/歷代綜合本草
本草求真九卷附主治二卷　(清)黄宫繡撰　清乾隆四十三年(1778)文奎堂緑圃齋刻本　四冊　存九卷(一至九)

330000－1784－0001128　善0021　子部/醫家類/類編之屬
薛氏醫按二十四種　(明)吳琯編　明刻本　一冊　存一種

330000－1784－0001129　善0022　子部/醫家類/溫病之屬/瘟疫
傳症彙編三種二十卷　(清)熊立品輯　清乾隆四十二年(1777)熊立品刻本　四冊

330000－1784－0001130　善0023　集部/曲類/寶卷之屬
苦功悟道經一卷　(明)韓太湖撰　明正德十三年(1518)刻本　一冊

330000－1784－0001131　善0024　集部/别集類/清别集
澤雅堂詩二集十二卷　(清)施補華撰　稿本　清楊莘耜跋　四册

330000－1784－0001132　善0025　集部/總集類/選集之屬/斷代
欽定國朝詩别裁集三十二卷　(清)沈德潛纂評　清乾隆二十六年(1761)刻本　十二册

330000－1784－0001133　善0026　集部/總集類/選集之屬/通代
宋金元詩選六卷　(清)吴翌鳳輯　清乾隆五十八年(1793)長洲吴氏古歡堂刻本　一册

330000－1784－0001134　善0027　集部/别集類/清别集
崑岡詩鈔不分卷　(清)周元瑛撰　清乾隆三十七年(1772)周氏青照樓刻本　一册

330000－1784－0001135　善0028　集部/别集類/明别集
文敬胡先生集三卷　(明)胡居仁撰　清乾隆二十二年(1757)刻本　二册

330000－1784－0001136　善0029　集部/總集類/選集之屬/斷代
七子詩選十四卷　(清)沈德潛輯　清乾隆十八年(1753)沈氏刻本　四册

330000－1784－0001137　善0030　集部/别集類/清别集
吴詩集覽二十卷補註二十卷吴詩談藪二卷拾遺一卷　(清)吴偉業撰　(清)靳榮藩注並輯　清乾隆四十年(1775)淩雲亭刻本　十二册　存二十卷(吴詩集覽一至二十)

330000－1784－0001138　善0031　集部/小説類/長篇之屬
西遊真詮一百回　(清)陳士斌詮解　清同志堂刻本　二十册

330000－1784－0001139　善0032　集部/别集類/唐五代别集
韓文起十二卷　(唐)韓愈撰　(清)林雲銘評註　**韓文公年譜一卷**　(清)林雲銘撰　清康熙三十二年(1693)林氏建陽刻本　六册

330000－1784－0001140　善0033　集部/别集類/唐五代别集
杜詩會稡二十四卷　(唐)杜甫撰　(清)張遠箋　清康熙二十七年(1688)蕉圃刻本　六册　存十八卷(一至九、十六至二十四)

330000－1784－0001141　善0034　集部/别集類/清别集
葦間詩集五卷　(清)姜宸英撰　清康熙五十二年(1713)唐執玉刻本　二册

330000－1784－0001142　善0035　集部/别集類/唐五代别集
可之先生全集録二卷　(唐)孫樵撰　清遺情堂刻唐宋大家全集録(唐宋十大家全集録)本　清周廷棨批並跋　一册

330000－1784－0001143　善0036　史部/雜史類/斷代之屬
國語九卷　(明)閔齊伋裁注　明萬曆四十七年(1619)閔齊伋刻三色套印本　六册

330000－1784－0001144　善0037　子部/宗教類/佛教之屬/諸宗
禪宗頌古聯珠通集四十卷　(宋)釋法應輯　(元)釋普會續輯　明洪武刻南藏萬曆重修本　一册　存四卷(一至四)

330000－1784－0001145　普0586　史部/傳記類/總傳之屬/家乘
[浙江湖州]璉溪嵇氏宗譜八卷首一卷　(清)嵇顯曾纂修　清咸豐元年(1851)刻本　一册

330000－1784－0001146　善0038　集部/總集類/選集之屬/通代
選詩七卷附詩人世次爵里一卷　(南朝梁)蕭統輯　(明)郭正域批點　(明)淩濛初輯評　明淩濛初刻朱墨套印本　二册　存二卷(一至二)

330000－1784－0001147　普0587　史部/傳記類/總傳之屬/家乘
[浙江湖州]錢氏宗譜□□卷　(清)□□纂修　清末刻本　一册　存一卷(三)

湖州師範學院圖書館古籍普查登記目録

全國古籍普查登記目録・浙江 湖州

國家圖書館出版社
National Library of China Publishing House

《湖州師範學院圖書館古籍普查登記目録》

編委會

主　　編： 祝玉芳

副 主 編： 張銀龍

編纂人員： 祝玉芳　張銀龍　王增清　龔景興

《湖州師範學院圖書館古籍普查登記目録》

前　言

湖州在歷史上向爲古籍文獻庋藏重鎮,湖州師範學院圖書館一向重視古籍文獻的收藏和傳統裝幀的重印古籍的典藏工作。學校現存古籍絶大多數來自於1978年高校恢復重建後的購藏,20世紀80年代,全國各地古舊書店不乏珍貴古籍出售。時任湖州師範專科學校副校長吴鳴臯先生與時任圖書館館長王增清先生一起往返奔波于蘇滬杭等地古舊書店,在經費并不充裕的條件下,歷經艱辛爲學校購買了數量不菲的綫裝古籍,使湖師得以建立了自己的古籍書庫,其中,清雍正二年(1724)汪郊刻朱印本《司馬氏書儀》十卷、明刻本《會稽三賦》四卷和清康熙四十九年(1710)程宗璂刻本《王先生十七史蒙求》二卷三部古籍入選第一批《浙江省珍貴古籍名録》。書庫建立伊始即進行了相應的分類編目,根據浙江省古籍保護中心的指導和安排,我們對所有館藏進行梳理和檢查,把1912年以前的古籍和民國時期的綫裝書分開排架和存放,使圖書的類别更加清晰,管理和開放使用方式也更加細化,保護措施也更加嚴密。

本次書目整理完成的古籍圖書有253條數據,内容涵蓋經史子集,尤以方志、别集爲多。所藏刻本有少量明刻本,如《炎徼紀聞》《會稽三賦》等,多數爲清刻本,并庋藏有不少清抄本和清末石印本。爲妥善保護這些古籍善本,學校圖書館闢建古籍書庫專室典藏,且配置紅木與香樟木料的專用書架,在防光、防塵、除濕等方面按照古籍保護的相應規範和要求均做了特殊處理。

參加古籍整理統校工作的,先後有張銀龍、祝玉芳等同志,大家對工作的勇於擔當的精神,值得肯定。特别是祝玉芳老師的認真訂校,使得一些錯訛得以糾正和避免。當然,由於本館基礎設施和技術條件的限制,加之專業人才缺乏,面對積年古籍,且人手有限,在古籍書目的整理過程中,定有不少遺珠之憾,敬請專家、同仁不吝指正,以利今後的進一步修訂和完善。

湖州師範學院圖書館
2017年9月

330000－1751－0000001　1152－4　集部/別集類/唐五代別集
溫飛卿詩集七卷別集一卷集外詩一卷附録諸家詩評一卷　(唐)溫庭筠撰　(明)曾益注　(清)顧予咸補注　(清)顧嗣立續注　清康熙三十六年(1697)長洲顧氏秀野草堂刻本　四冊

330000－1751－0000002　1152－4　史部/地理類/雜志之屬
會稽三賦四卷　(宋)王十朋撰　(明)南逢吉注　(明)尹壇補注　(明)王朝相訂正　明萬曆刻本　二冊

330000－1751－0000003　1156－4　經部/三禮總義類/通禮雜禮之屬
司馬氏書儀十卷　(宋)司馬光撰　清雍正元年(1723)汪氏刻朱印本　四冊

330000－1751－0000004　1156－3　類叢部/類書類/專類之屬
王先生十七史蒙求十六卷　(宋)王令撰　清康熙養志堂刻本　二冊

330000－1751－0000005　1156－5　經部/小學類/音韻之屬/古今韻說
古今韻略五卷　(清)邵長蘅撰　清康熙刻本　五冊

330000－1751－0000008　1161　史部/目録類/總録之屬/官修
欽定四庫全書總目二百卷首一卷　(清)紀昀等撰　清同治七年(1868)廣東書局刻本　一百八冊

330000－1751－0000012　1236　類叢部/類書類/專類之屬
欽定佩文韻府一百六卷拾遺一百六卷　(清)張玉書等彙閱　(清)蔡升元等纂修兼校勘　(清)孫致彌等纂修　清光緒十三年(1887)上海點石齋石印本　六十冊

330000－1751－0000013　1012　類叢部/叢書類/彙編之屬
增訂漢魏叢書八十六種　(清)王謨編　清乾隆五十六年(1791)金谿王氏刻本　八十冊

330000－1751－0000015　1222　史部/目録類/專録之屬
經義考三百卷　(清)朱彝尊撰　**經義考總目二卷**　(清)盧見曾編　清光緒二十三年(1897)浙江書局刻本(卷二百八十六、二百九十九至三百原缺)　五十冊

330000－1751－0000017　1216　史部/地理類/方志之屬/郡縣志
[同治]湖州府志九十六卷首一卷　(清)宗源瀚　(清)楊榮緒　(清)郭式昌修　(清)周學濬　(清)陸心源　(清)汪曰楨纂　清同治十一年至十三年(1872－1874)愛山書院刻光緒九年(1883)印本　四十冊

330000－1751－0000019　1221　集部/別集類/清別集
吳詩集覽二十卷補註二十卷吳詩談藪二卷拾遺一卷　(清)吳偉業撰　(清)靳榮藩注並輯　清乾隆四十年(1775)淩雲亭刻本　二十冊

330000－1751－0000020　1221　集部/別集類/清別集
吳詩集覽二十卷補註二十卷吳詩談藪二卷拾遺一卷　(清)吳偉業撰　(清)靳榮藩注並輯　清乾隆四十年(1775)淩雲亭刻道光七年(1827)重修本　十六冊

330000－1751－0000021　1233　史部/紀傳類/正史之屬
漢書評林一百卷引用書目一卷　(明)凌稚隆輯　清光緒十年(1884)湘鄉劉鴻年耕雲讀月之室刻十七年(1891)星沙養翮書齋印本　三十二冊

330000－1751－0000022　1165　子部/雜著類/雜說之屬
野獲編三十卷補遺四卷　(明)沈德符撰　(清)錢枋輯　清道光七年(1827)扶荔山房刻本　三十冊

330000－1751－0000023　0001　史部/紀傳類/正史之屬

二十四史附考證　清光緒二十九年(1903)五洲同文局石印本　七百三十五册

330000－1751－0000025　1214－1　類叢部/類書類/通類之屬
淵鑑類函四百五十卷目録四卷　(清)張英(清)王士禛等纂　清康熙四十九年(1710)刻本　一百四十册

330000－1751－0000026　1234－1　類叢部/類書類/專類之屬
欽定佩文韻府一百六卷拾遺一百六卷　(清)張玉書等彙閲　(清)蔡升元等纂修兼校勘(清)孫致彌等纂修　清光緒十八年(1892)上海鴻寶齋石印本　一百六十册

330000－1751－0000027　556　類叢部/叢書類/彙編之屬
海山仙館叢書五十六種　(清)潘仕成編　清道光二十五年至咸豐元年(1845－1851)番禺潘氏刻光緒十一年(1885)增刻彙印本　一百二十四册　存四十六種

330000－1751－0000028　1226－1　子部/儒家類/儒學之屬/經濟
皇朝經世文續編一百二十卷姓名總目二卷(清)盛康輯　盛宣懷編次　清光緒武進盛氏思補樓影印本　八十册

330000－1751－0000029　535－1　類叢部/叢書類/彙編之屬
崇文書局彙刻書三十一種　(清)崇文書局編　清光緒元年至三年(1875－1877)湖北崇文書局刻本　七十五册　存一種

330000－1751－0000030　1225－9　子部/儒家類/儒學之屬/經濟
皇朝經世文編一百二十卷姓名總目三卷(清)賀長齡輯　清光緒十二年(1886)思補樓石印本　六十册

330000－1751－0000031　1134－3　集部/别集類/清别集
李文忠公全集六種　(清)李鴻章撰　(清)吴汝綸編録　清光緒三十一年(1905)金陵刻三十四年(1908)印本　一百册　存五種

330000－1751－0000034　364－1　史部/地理類/總志之屬/斷代
太平寰宇記二百卷目録二卷　(宋)樂史撰　清光緒八年(1882)金陵書局刻本(卷四、一百十三至一百十九原缺)　五十册

330000－1751－0000035　452－9　子部/醫家類/本草之屬/歷代綜合本草
本草綱目五十二卷圖三卷瀕湖脈學一卷奇經八脈攷一卷脈訣攷證一卷　(明)李時珍撰　**本草萬方鍼綫八卷藥品總目一卷**　(清)蔡烈先輯　**本草綱目拾遺十卷**　(清)趙學敏輯　清同治十一年(1872)刻本　四十八册

330000－1751－0000040　1232－1　史部/目録類/專録之屬
經義考三百卷　(清)朱彝尊撰　**經義考總目二卷**　(清)盧見曾編　清光緒二十三年(1897)浙江書局刻本(卷二百八十六、二百九十九至三百原缺)　三十六册

330000－1751－0000045　164－3　集部/總集類/選集之屬/斷代
御選唐詩三十二卷目録三卷　(清)聖祖玄燁輯　(清)陳廷敬等輯注　清康熙五十二年(1713)内府刻朱墨套印本　三十二册

330000－1751－0000046　241－6　史部/政書類/通制之屬
通志略五十二卷　(宋)鄭樵撰　清光緒二十二年(1896)浙江書局刻本　三十二册

330000－1751－0000047　1256－4　史部/地理類/輿圖之屬/全國
大清中外一統輿圖三十卷首一卷　(清)鄒世詒等編　(清)李廷簫增訂　清同治二年(1863)湖北撫署景桓樓刻本　三十二册

330000－1751－0000048　242－4　新學/雜著/叢編
新輯時務滙通一百八卷　李作棟輯　清光緒二十九年(1903)上海崇新書局石印本　三十二册

330000－1751－0000051　442－11　集部/別集類/宋別集

龍川文集三十卷　(宋)陳亮撰　**辨譌考異二卷**　(清)胡鳳丹撰　**附録二卷**　清光緒元年(1875)湖北崇文書局刻本　十八册　存三十卷(一至三十)

330000－1751－0000052　155－1　子部/雜著類/雜說之屬

輟耕録三十卷　(明)陶宗儀撰　清光緒十一年(1885)上海福瀛書局刻本　八册

330000－1751－0000053　163－7　集部/總集類/選集之屬/斷代

全唐詩鈔八十卷補遺十六卷　(清)吳成儀輯　清嘉慶十三年(1808)刻本　八册　存十六卷(補遺一至十六)

330000－1751－0000054　424－4　子部/宗教類/道教之屬/戒律

全真清規一卷　(元)陸道和編集　清湖州金蓋山純陽宮刻本　一册

330000－1751－0000055　331－3　史部/地理類/山川之屬/山志

明州阿育王山志十卷　(明)郭子章撰　**明州阿育王山續志六卷**　(清)釋畹荃輯集　明萬曆刻清乾隆續刻本　十二册

330000－1751－0000056　334－4　史部/地理類/山川之屬/山志

廣雁蕩山誌二十八卷首一卷末一卷　(清)曾唯輯　清乾隆五十五年(1790)曾唯依綠園刻本　十二册

330000－1751－0000057　241－4　史部/雜史類/斷代之屬

湘軍志十六卷　王闓運撰　清光緒十二年(1886)成都墨香書屋刻本　四册

330000－1751－0000058　353－10　史部/地理類/專志之屬/寺觀

天童寺志十卷首一卷　(清)德介　(清)聞性道撰　清康熙刻嘉慶增補本　四册

330000－1751－0000059　255－8　史部/傳記類/總傳之屬/儒林

國史儒林傳二卷　(清)阮元撰　清刻本　二册

330000－1751－0000060　166－4　集部/別集類/清別集

歸愚文鈔十二卷文續十二卷詩鈔十四卷說詩晬語二卷黃山遊草一卷歸田集一卷南巡詩一卷浙江通省志圖說一卷　(清)沈德潛撰　清乾隆刻本　四册　存十二卷(文鈔一至十二)

330000－1751－0000061　424－10　類叢部/叢書類/彙編之屬

咫進齋叢書三十七種　(清)姚覲元編　清光緒九年(1883)歸安姚氏刻本　一册　存一種

330000－1751－0000063　114－1　經部/叢編

重刊宋本十三經注疏四百十六卷　附十三經注疏校勘記四百十六卷　(清)阮元撰　(清)盧宣旬摘録　清嘉慶二十年(1815)南昌府學刻本　二十册　存一種

330000－1751－0000064　465－7　子部/兵家類/兵法之屬

紀效新書十八卷首一卷　(明)戚繼光撰　清京都下班廠刻本　六册

330000－1751－0000065　465－11　子部/雜著類/雜考之屬

十駕齋養新録二十卷餘録三卷　(清)錢大昕撰　**錢辛楣先生年譜一卷**　(清)錢大昕編　(清)錢慶曾校注　**竹汀居士[錢大昕]年譜續編一卷**　(清)錢慶曾撰　清嘉慶九年(1804)刻本　八册　存二十卷(一至二十)

330000－1751－0000074　441－6　集部/別集類/元別集

清容居士集五十卷　(元)袁桷撰　清刻本　十三册

330000－1751－0000075　432－2　類叢部/叢書類/彙編之屬

宜稼堂叢書七種　(清)郁松年編　清道光二十年至二十二年(1840－1842)上海郁氏刻本

十冊　存一種

330000－1751－0000076　324－7　史部/地理類/山川之屬/山志
重修南海普陀山志二十卷首一卷　(清)秦耀曾輯　清道光刻本　四冊

330000－1751－0000077　255－6　子部/藝術類/遊藝之屬/博戲
漢官儀三卷　(宋)劉攽撰　清道光四年(1824)歙縣鮑崇城影刻宋紹興九年(1139)臨安府刻本　一冊

330000－1751－0000078　424－17　類叢部/叢書類/彙編之屬
咫進齋叢書三十五種　(清)姚覲元編　清光緒九年(1883)歸安姚氏刻本　四冊　存一種

330000－1751－0000079　434－4　類叢部/叢書類/自著之屬
桂馨堂集八種　(清)張廷濟撰　清道光至咸豐刻本　四冊　存一種

330000－1751－0000080　462－1　類叢部/叢書部/自著之屬
章氏遺書二種　(清)章學誠撰　清道光十二年至十三年(1832－1833)章華紱刻本　五冊

330000－1751－0000081　424－9　類叢部/叢書類/彙編之屬
粵雅堂叢書一百八十四種　(清)伍崇曜編輯　清道光二十九年至光緒十一年(1849－1885)南海伍氏刻彙印本　一冊　存一種

330000－1751－0000082　424－12　史部/地理類/專志之屬/古跡
石柱記箋釋五卷　(清)鄭元慶撰　清道光二十八年(1848)鈕氏刻本　一冊

330000－1751－0000083　355－10　史部/地理類/山川之屬/山志
金山志十卷　(清)盧見曾撰　**續金山志二卷**　(清)釋秋崖撰　清光緒二十七年(1901)刻本　六冊

330000－1751－0000086　466－2　子部/小說家類/異聞之屬
閱微草堂筆記擇要二卷　(清)紀昀撰　(清)籜園居士選訂　清光緒十五年(1889)泉唐沈氏刻本　二冊

330000－1751－0000087　435－2　類叢部/叢書部/自著之屬
緣督廬遺書六種　葉昌熾撰　清末至民國遞刻蘇州文學山房印本　一冊　存一種

330000－1751－0000088　753－4　集部/總集類/選集之屬/斷代
八家四六文註八卷首一卷　(清)吳鼒輯　(清)許貞幹注　**補註一卷**　陳衍撰　清光緒十八年(1892)上海圖書集成印書局鉛印本　十六冊

330000－1751－0000089　466－8　史部/傳記類/總傳之屬/儒林
學案小識十四卷首一卷末一卷　(清)唐鑑撰　清光緒十年(1884)刻本　十二冊

330000－1751－0000090　445－1　集部/別集類/清別集
儀顧堂集八卷　(清)陸心源撰　清刻本　八冊

330000－1751－0000091　445－10　集部/別集類/清別集
琴隱園詩集三十六卷詞集四卷　(清)湯貽汾撰　清光緒元年(1875)武進曹氏刻本　八冊

330000－1751－0000094　441－4　類叢部/叢書類/彙編之屬
漸西村舍彙刊(漸西村舍叢刻)四十四種　(清)袁昶編　清光緒十六年至二十四年(1890－1898)桐廬袁氏刻本　三冊　存一種

330000－1751－0000095　511－1　集部/總集類/選集之屬/通代
六朝文絜四卷　(清)許槤輯並評　清道光五年(1825)海昌許氏享金寶石齋刻本　六冊

330000－1751－0000096　463－12　史部/目錄類/書志之屬/提要
善本書室藏書志四十卷附録一卷　(清)丁丙

輯　清光緒二十五年至二十七年(1899－1901)錢唐丁立中鄂中刻本　十六册

330000－1751－0000097　424－21　類叢部/叢書類/自著之屬
潛園總集十七種　(清)陸心源撰　清同治至光緒刻本　四册　存一種

330000－1751－0000098　425－3　類叢部/叢書類/彙編之屬
十萬卷樓叢書五十一種　(清)陸心源編　清光緒歸安陸氏刻本　二册　存一種

330000－1751－0000099　424－7　子部/工藝類/文房四寶之屬/墨
鑑古齋墨藪不分卷　(清)汪惟高輯　清乾隆刻本　一册

330000－1751－0000103　424－19　集部/别集類/清别集
小謨觴館詩集注八卷詩餘注一卷詩續集注二卷續集詩餘注一卷文集注四卷文續集注二卷　(清)彭兆蓀撰　(清)孫元培　(清)孫長熙注　清光緒十九年(1893)刻本　四册

330000－1751－0000104　326－3　史部/地理類/方志之屬/郡縣志
[光緒]上虞縣志四十八卷首一卷末一卷附録一卷　(清)唐煦春修　(清)朱士黻纂　清光緒十七年(1891)刻本　二十册

330000－1751－0000105　326－2　史部/地理類/方志之屬/郡縣志
[光緒]諸暨縣志六十一卷　(清)陳遹聲修　(清)蔣鴻藻纂　清宣統二年(1910)刻本　十八册

330000－1751－0000106　325－2　史部/地理類/方志之屬/郡縣志
[光緒]重修嘉善縣志三十六卷首一卷　(清)江峯青修　(清)顧福仁纂　清光緒二十年(1894)刻本　十六册

330000－1751－0000107　332－2　史部/地理類/方志之屬/郡縣志
[光緒]鎮海縣志四十卷　(清)于萬川修　(清)俞樾等纂　清光緒五年(1879)鯤池書院刻本　十六册

330000－1751－0000108　254－7　史部/編年類/通代之屬
尺木堂綱鑑易知録九十二卷　(清)吳乘權　(清)周之炯　(清)周之燦輯　清光緒十二年(1886)刻本　十三册　存二十卷(一至二十)

330000－1751－0000109　115－8　經部/禮記類/傳說之屬
禮記集說十卷　(元)陳澔撰　清光緒四年(1878)刻本　十册

330000－1751－0000110　125－3　經部/小學類/訓詁之屬/爾雅
爾雅郭注義疏二十卷　(清)郝懿行撰　清光緒七年(1881)刻本　八册

330000－1751－0000111　224－5　史部/政書類/律令之屬/律例
唐律疏義三十卷　(唐)長孫無忌等撰　清抄本　八册

330000－1751－0000112　435－1　集部/别集類/清别集
養一齋文集二十卷　(清)李兆洛撰　清光緒四年(1878)刻本　八册

330000－1751－0000113　444－1　類叢部/叢書類/自著之屬
煙嶼樓集四種　(清)徐時棟撰　清同治至光緒刻彙印本　八册　存一種

330000－1751－0000114　115－3　經部/小學類/訓詁之屬/爾雅
爾雅註疏十一卷　(晉)郭璞注　(宋)邢昺疏　清光緒八年(1882)崇德書院刻本　六册

330000－1751－0000115　454－2　集部/别集類/清别集
二曲集二十六卷　(清)李顒撰　清光緒二十四年(1898)刻本　六册

330000－1751－0000116　116－2　經部/詩類/傳說之屬

御案詩經備旨八卷 (清)鄒聖脉纂輯 (清)鄒廷猷編次 清光緒五年(1879)海陵書屋刻本 四冊 缺一卷(三)

330000－1751－0000117 454－1 集部/別集類/清別集

二曲集二十四卷 (清)李顒撰 清光緒二年(1876)刻本 四冊

330000－1751－0000118 463－10 子部/藝術類/書畫之屬/畫録

甌缽羅室書畫過目攷四卷首一卷附卷一卷 (清)李玉棻編輯 清光緒二十三年(1897)刻本 四冊

330000－1751－0000119 442－14 集部/別集類/清別集

小梅花館詩集六卷 (清)吳廷燮撰 清光緒四年(1878)刻本 三冊

330000－1751－0000120 355－3 史部/傳記類/科舉録之屬/歷科登科録

國朝蘇州府長元吳三邑科第譜四卷 (清)陸懋修輯 陸潤庠補 清光緒三十二年(1906)刻本 二冊

330000－1751－0000121 361－4 史部/傳記類/別傳之屬/年譜

先船山公[王夫之]年譜二卷 (清)王之春輯 清光緒十九年(1893)刻本 二冊

330000－1751－0000123 124－12 經部/小學類/訓詁之屬/爾雅

爾雅正郭三卷 (清)潘衍桐撰 清光緒十七年(1891)刻本 一冊

330000－1751－0000124 136－2 經部/小學類/文字之屬/字書

字學舉隅不分卷 (清)黃本驥 (清)龍啓瑞撰 清光緒六年(1880)刻本 一冊

330000－1751－0000125 141－4 經部/小學類/音韻之屬/韻書

音韻正訛四卷 (明)孫耀輯 (明)吳思本訂 清刻本 二冊

330000－1751－0000126 216－3 類叢部/叢書類/彙編之屬

榆園叢刻十五種附一種 (清)許增編 清同治至光緒刻本 一冊 存一種

330000－1751－0000127 116－11 類叢部/叢書類/彙編之屬

崇文書局彙刻書三十一種 (清)崇文書局編 清光緒元年至三年(1875－1877)湖北崇文書局刻本 二冊 存一種

330000－1751－0000129 442－12 集部/別集類/明別集

震川先生集三十卷別集十卷 (明)歸有光撰 (清)歸莊校勘 (清)錢謙益選定 (清)歸玠編輯 清光緒六年(1880)常熟歸氏刻本 二十冊

330000－1751－0000130 136－9 經部/小學類/文字之屬/字書/字典

康熙字典十二集三十六卷總目一卷檢字一卷辨似一卷等韻一卷補遺一卷備考一卷 (清)張玉書等纂修 清光緒十三年(1887)上海積山書局石印本 六冊

330000－1751－0000131 361－9 史部/傳記類/別傳之屬/年譜

太常公[錢薇]年譜一卷 (清)錢泰吉輯 清光緒三十年(1904)錢志澄刻本 一冊

330000－1751－0000132 142－2 類叢部/叢書類/彙編之屬

後知不足齋叢書 (清)鮑廷爵編 清同治至光緒常熟鮑氏刻本 一冊 存一種

330000－1751－0000133 511－8 集部/別集類/清別集

秣陵集六卷金陵歷代紀年事表一卷圖考一卷 (清)陳文述撰 清光緒十年(1884)淮南書局刻本 三冊

330000－1751－0000134 433－1 集部/別集類/清別集

兩當軒集二十卷補遺二卷附録四卷 (清)黃景仁撰 **兩當軒集攷異二卷** (清)黃志述撰

清光緒二年(1876)武進黄氏家塾刻本　十二冊

330000－1751－0000135　136－10　經部/小學類/文字之屬/字書/字典

康熙字典十二集三十六卷總目一卷檢字一卷辨似一卷等韻一卷補遺一卷備考一卷　(清)張玉書等纂修　清光緒十三年(1887)上海積山書局石印本　六冊

330000－1751－0000137　124－4　經部/易類/傳説之屬

周易本義附音訓十二卷首一卷末一卷　(宋)朱熹撰　(宋)吕祖謙音訓　清光緒十九年(1893)江南書局刻本　二冊

330000－1751－0000138　325－3　史部/金石類/郡邑之屬

墨妙亭碑目攷二卷附攷一卷　(清)張鑑撰　清光緒十年(1884)江蘇書局刻本　二冊

330000－1751－0000139　254－1　史部/史抄類

廿一史約編八卷首一卷　(清)鄭元慶撰　清光緒六年(1880)得月樓刻本　八冊

330000－1751－0000140　353－6　類叢部/叢書類/彙編之屬

心矩齋叢書十一種　(清)蔣鳳藻編　清光緒長洲蔣氏刻本　二冊　存一種

330000－1751－0000141　511－9　集部/別集類/唐五代別集

王子安集註二十卷首一卷末一卷　(唐)王勃撰　(清)蔣清翊注　清光緒九年(1883)吳縣蔣氏雙唐碑館刻本　四冊

330000－1751－0000142　442－15　集部/別集類/清別集

壯悔堂文集十卷遺稿一卷四憶堂詩集六卷　(清)侯方域撰　(清)賈開宗等評點　清光緒四年(1878)舊學山房刻本　六冊　存十卷(一至十)

330000－1751－0000143　455－2　集部/別集類/清別集

樊榭山房集十卷續集十卷文集八卷　(清)厲鶚撰　清光緒七年(1881)嶺南述軒刻本　八冊

330000－1751－0000144　333－3　類叢部/叢書類/郡邑之屬

武林掌故叢編一百八十七種　(清)丁丙編　清光緒三年至二十六年(1877－1900)錢塘丁氏嘉惠堂刻本　十二冊　存一種

330000－1751－0000145　141－3　經部/小學類/音韻之屬/韻書

韻字略十二集　(清)毛謨撰　清光緒元年(1875)湖北崇文書局刻本　二冊

330000－1751－0000146　455－4　集部/別集類/清別集

道古堂文集四十八卷詩集二十六卷集外文一卷集外詩一卷　(清)杭世駿撰　**軼事一卷**　(清)汪曾唯輯　清乾隆四十一年(1776)刻光緒十四年(1888)汪曾唯振綺堂增修本　十六冊

330000－1751－0000147　441－2　集部/別集類/漢魏六朝別集

庾子山集十六卷總釋一卷　(北周)庾信撰　(清)倪璠注　**庾子山[信]年譜一卷**　(清)倪璠撰　清光緒二十年(1894)儒雅堂刻本　十一冊　缺一卷(年譜)

330000－1751－0000148　451－5　子部/叢編

二十二子(二十二子彙函)　(清)浙江書局編　清光緒新化三味書局刻本　三冊　存一種

330000－1751－0000149　252－3　史部/編年類/斷代之屬

兩漢紀六十卷　(宋)王銍輯　**兩漢紀校記二卷**　(清)陳璞撰　清光緒三年(1877)三餘書屋刻本　八冊　存三十卷(前漢紀一至三十)

330000－1751－0000150　252－4　史部/編年類/斷代之屬

兩漢紀六十卷　(宋)王銍輯　**兩漢紀校記二卷**　(清)陳璞撰　清光緒二年(1876)嶺南學

海堂刻本　八冊　存三十卷(後漢紀一至三十)

330000－1751－0000151　255－7　史部/傳記類/總傳之屬/仕宦
歷代名臣言行錄二十四卷　(清)朱桓輯　清光緒二十一年(1895)上海宏文閣石印本　八冊

330000－1751－0000152　145－10　經部/小學類/音韻之屬/等韻
切韻指掌圖一卷　(宋)司馬光撰　清光緒九年(1883)上海同文書局石印本　一冊

330000－1751－0000153　254－9　史部/雜史類/斷代之屬
明季稗史彙編十六種　(清)留雲居士輯　清光緒上海圖書集成印書局鉛印本　六冊

330000－1751－0000154　252－2　史部/傳記類/總傳之屬/斷代
國朝先正事略六十卷　(清)李元度纂　清光緒二十五年(1899)上海圖書集成印書局鉛印本　八冊

330000－1751－0000155　256－1　史部/史評類/史論之屬
史通通釋二十卷附錄一卷　(清)浦起龍撰　清光緒二十五年(1899)上海通時書局石印本　八冊

330000－1751－0000156　242－3　史部/編年類/通代之屬
御批歷代通鑑輯覽一百二十卷　(清)傅恒等撰　清光緒十三年(1887)同文書局石印本　二十冊

330000－1751－0000157　256－3　史部/政書類
三通考輯要　湯壽潛輯　清光緒二十五年(1899)圖書集成局鉛印本　三十冊

330000－1751－0000158　454－12　集部/別集類/清別集
定盦文集三卷續集四卷文集補九卷文集補編四卷　(清)龔自珍撰　清光緒二十三年(1897)萬本書堂刻本　六冊　缺四卷(文集補編一至四)

330000－1751－0000159　444－6　集部/別集類/清別集
樊榭山房全集四十二卷(樊榭山房集十卷續集十卷文集八卷游仙百詠三卷秋林琴雅四卷集外曲二卷集外詩一卷集外詞一卷集外文一卷附輓辭一卷軼事一卷)　(清)厲鶚撰　**振綺堂詩存一卷**　(清)汪憲撰　**松聲池館詩存四卷**　(清)汪璐撰　清光緒十年至十五年(1884－1889)汪氏振綺堂刻本　十一冊

330000－1751－0000160　355－8　史部/地理類/遊記之屬/紀勝
湖山便覽十二卷　(清)翟灝等撰　清光緒元年(1875)杭州王維翰槐蔭堂刻本　六冊

330000－1751－0000161　253－1　史部/傳記類/總傳之屬/姓名
史姓韻編二十四卷　(清)汪輝祖撰　清光緒二十九年(1903)上海文瀾書局石印本　八冊

330000－1751－0000162　236－3　經部/叢編
重刊宋本十三經注疏四百十六卷　附十三經注疏校勘記四百十六卷　(清)阮元撰　(清)盧宣旬摘錄　清嘉慶二十年(1815)南昌府學刻本　四冊　存一種

330000－1751－0000163　236－2　經部/春秋公羊傳類/傳說之屬
春秋公羊傳十一卷　(漢)何休注　(唐)陸德明音義　清光緒十二年(1886)星沙文昌書局刻本　六冊

330000－1751－0000164　513－18　集部/詩文評類
楚天樵話二卷　(清)張清標撰　(清)林以鉞校訂　清光緒十八年(1892)甑山書院刻本　一冊

330000－1751－0000165　462－13　史部/目錄類/總錄之屬/彙刻
彙刻書目初編十卷　(清)顧修輯　**續編五卷**

新編一卷補編一卷　(清)陳光照輯　清光緒元年(1875)長洲陳氏無夢園刻本　十四冊

330000－1751－0000167　442－10　集部/別集類/宋別集

蘇文忠公詩編註集成四十六卷集成總案四十五卷諸家雜綴酌存一卷蘇海識餘四卷牋詩圖一卷　(宋)蘇軾撰　(清)王文誥輯注　清光緒十四年(1888)浙江書局刻本　二十四冊

330000－1751－0000169　646－7　史部/金石類/郡邑之屬/文字

兩浙金石志十八卷補遺一卷　(清)阮元撰　清光緒十六年(1890)浙江書局刻本　十二冊

330000－1751－0000170　226－5　子部/叢編

二十二子(二十二子彙函)　(清)浙江書局編　清光緒元年至三年(1875－1877)浙江書局刻本　四冊　存一種

330000－1751－0000171　116－8　經部/四書類/總義之屬/傳說

四書集註十九卷　(宋)朱熹撰　清光緒十八年(1892)浙江書局刻本　二冊　存十卷(論語集註一至十)

330000－1751－0000172　361－1　史部/傳記類/別傳之屬/年譜

孔孟編年三種　(清)狄子奇輯　清光緒十三年(1887)浙江書局刻本　一冊　存一種

330000－1751－0000173　361－2　史部/傳記類/別傳之屬/年譜

孔孟編年三種　(清)狄子奇輯　清光緒十三年(1887)浙江書局刻本　一冊　存一種

330000－1751－0000174　116－9　經部/四書類/總義之屬/傳說

四書集註十九卷　(宋)朱熹撰　清光緒十八年(1892)浙江書局刻本　三冊　存三卷(孟子集註一至三)

330000－1751－0000175　116－7　經部/四書類/總義之屬/傳說

四書集註十九卷　(宋)朱熹撰　清光緒十八年(1892)浙江書局刻本　一冊　存一卷(大學章句)

330000－1751－0000176　116－8　經部/四書類/總義之屬/傳說

四書集註十九卷　(宋)朱熹撰　清光緒十八年(1892)浙江書局刻本　一冊

330000－1751－0000177　446－4　集部/總集類/選集之屬/通代

駢體文鈔三十一卷　(清)李兆洛輯　清道光元年(1821)合河康氏家塾刻同治六年(1867)婁江徐氏補刻光緒三十四年(1908)蘇州振新書社印本　八冊

330000－1751－0000178　125－6　經部/四書類/總義之屬/傳說

四書圖考十三卷　(清)杜炳撰　清光緒十三年(1887)鴻文書局石印本　四冊

330000－1751－0000179　443－9　集部/別集類/清別集

松聲池館詩存四卷　(清)汪璐撰　清光緒十五年(1889)錢塘汪曾唯振綺堂刻本　一冊

330000－1751－0000180　431－2　集部/總集類/選集之屬/通代

御選唐宋詩醇四十七卷目録二卷　(清)高宗弘曆輯　清光緒七年(1881)浙江書局刻本　二十四冊

330000－1751－0000181　456－6　集部/別集類/清別集

湖海樓全集五十一卷　(清)陳維崧撰　清光緒十七年至十九年(1891－1893)弁山鐸署刻本　十六冊

330000－1751－0000182　125－1　經部/詩類/文字音義之屬

毛詩古音考五卷屈宋古音義三卷　(明)陳第撰　清光緒六年(1880)武昌張氏刻本　四冊　存四卷(一至四)

330000－1751－0000184　456－7　集部/總集類/選集之屬/斷代

湖海詩傳四十六卷　(清)王昶輯　清嘉慶八

年(1803)青浦王氏三泖漁莊刻本　十冊

330000－1751－0000185　445－11　集部/別集類/清別集

紀文達公遺集三十二卷　(清)紀昀撰　(清)紀樹馨編　清嘉慶十七年(1812)紀樹馥刻本　十八冊

330000－1751－0000186　455－6　集部/別集類/清別集

曝書亭集詩註二十四卷　(清)朱彝尊撰　(清)楊謙注　**朱竹垞先生[彝尊]年譜一卷**　(清)楊謙撰　清楊氏木山閣刻本(卷二十三至二十四原缺)　十一冊

330000－1751－0000187　363－2　史部/傳記類/別傳之屬/年譜

元遺山[好問]年譜二卷　(清)凌廷堪編　清刻本　一冊

330000－1751－0000188　363－2　史部/傳記類/別傳之屬/年譜

廣元遺山[好問]年譜二卷　(清)李光廷編　清刻本　一冊

330000－1751－0000189　441－5　集部/別集類/清別集

船山詩草二十卷　(清)張問陶撰　清嘉慶二十年(1815)刻本　八冊

330000－1751－0000192　463－8　史部/目録類/書志之屬/提要

昭德先生郡齋讀書志二十卷　(宋)晁公武撰　(宋)姚應績編　清嘉慶二十四年(1819)吳門汪氏藝芸書舍刻本　六冊

330000－1751－0000193　444－2　集部/別集類/清別集

拜經樓詩集十二卷續編四卷萬花漁唱一卷　(清)吳騫撰　清嘉慶八年至十七年(1803－1812)海寧吳騫刻本　六冊　存十二卷(詩集一至十二)

330000－1751－0000195　445－9　集部/別集類/清別集

笥河詩集二十卷古文鈔三卷　(清)朱筠撰　(清)朱錫庚編訂　清嘉慶八年(1803)朱珪椒華吟舫刻本　八冊　存二十卷(一至二十)

330000－1751－0000196　454－11　集部/別集類/清別集

忠雅堂詩集二十七卷補遺二卷銅絃詞二卷附南北曲一卷　(清)蔣士銓撰　清嘉慶三年(1798)揚州刻本　六冊

330000－1751－0000197　124－7　子部/雜著類/雜纂之屬

經餘必讀八卷　(清)雷琳　(清)錢樹棠　(清)錢樹立輯　清光緒十一年(1885)刻本　三冊　存六卷(一至六)

330000－1751－0000198　511－11　集部/別集類/宋別集

歐陽文忠公全集一百五十三卷首一卷附録五卷　(宋)歐陽修撰　清嘉慶二十四年(1819)歐陽衡刻本　二十四冊

330000－1751－0000199　451－6　子部/叢編

十子全書　(清)王子興編　清嘉慶九年(1804)姑蘇王氏聚文堂刻本　二冊　存一種

330000－1751－0000200　431－3　集部/別集類/清別集

大雲山房文稿初集四卷二集四卷言事二卷　(清)惲敬撰　清嘉慶二十年(1815)盧旬宣、二十一年(1816)宋揚光刻本　八冊

330000－1751－0000201　115－9　經部/叢編

重刊宋本十三經注疏四百十六卷　附十三經注疏校勘記四百十六卷　(清)阮元撰　(清)盧宣旬摘録　清嘉慶二十年(1815)南昌府學刻本　十二冊　存一種

330000－1751－0000202　465－1　子部/雜著類/雜考之屬

校訂困學紀聞集證二十卷　(宋)王應麟撰　(清)閻若璩等箋　(清)屠繼序較補　(清)萬希槐集證　清嘉慶十八年(1813)掃葉山房刻本　十冊

330000－1751－0000203　451－10　子部/天文曆算類/天文之屬

高厚蒙求四集八種　(清)徐朝俊撰　清嘉慶十二年至二十年(1807－1815)雲間徐氏刻本　六冊

330000－1751－0000204　454－10　集部/別集類/清別集

忠雅堂詩集二十七卷補遺二卷銅絃詞二卷附南北曲一卷　(清)蔣士銓撰　清嘉慶藻思堂刻本　八冊

330000－1751－0000206　164－4　集部/詞類/詞譜之屬

詞律二十卷　(清)萬樹撰　清康熙二十六年(1687)萬氏堆絮園刻本　十二冊

330000－1751－0000207　166－9　集部/總集類/選集之屬/斷代

御定全唐詩録一百卷詩人年表一卷　(清)徐倬等輯　清康熙四十五年(1706)揚州詩局刻本　二十四冊　缺一卷(詩人年表)

330000－1751－0000208　163－6　集部/別集類/清別集

堯峰文鈔五十卷　(清)汪琬撰　(清)林佶編　清康熙三十二年(1693)林佶刻本　八冊

330000－1751－0000209　165－12　史部/傳記類/總傳之屬/通代

尚友録二十二卷補遺一卷　(明)廖用賢輯　(清)張伯琮補輯　清康熙刻古婺正業堂修補印本　八冊

330000－1751－0000210　155－2　集部/總集類/選集之屬/斷代

中晚唐詩叩彈集十二卷續集三卷　(清)杜詔　(清)杜庭珠輯　清康熙四十三年(1704)采山亭刻本　四冊

330000－1751－0000211　165－13　集部/別集類/宋別集

劍南詩鈔六卷　(宋)陸游撰　(清)楊大鶴選　清愛日堂刻本　八冊

330000－1751－0000212　164－5　集部/別集類/唐五代別集

白香山詩長慶集二十卷後集十七卷別集一卷補遺二卷　(唐)白居易撰　(清)汪立名編訂　**白香山[居易]年譜舊本一卷**　(宋)陳振孫撰　**白香山[居易]年譜一卷**　(清)汪立名撰　清康熙四十一年至四十二年(1702－1703)汪立名一隅草堂刻本　十六冊

330000－1751－0000213　511－3　集部/總集類/選集之屬/斷代

感舊集十六卷　(清)王士禛輯　(清)盧見曾補傳　清乾隆十七年(1752)德州盧氏刻本　八冊

330000－1751－0000214　164－2　集部/總集類/選集之屬/通代

古文眉詮七十九卷首一卷　(清)浦起龍輯　清乾隆九年(1744)蘇州三吳書院刻本　二十四冊

330000－1751－0000215　165－2　集部/曲類/曲韻曲譜曲律之屬

納書楹曲譜正集四卷續集四卷補遺四卷外集二卷玉茗堂四夢全譜八卷　(清)葉堂撰　清乾隆五十七年至五十九年(1792－1794)葉懷庭納書楹刻本　四冊　存四卷(補遺一至四)

330000－1751－0000216　163－3　集部/詩文評類/詩評之屬

漁隱叢話前集六十卷後集四十卷　(宋)胡仔撰　清乾隆五年至六年(1740－1741)海鹽楊佑啓耘經樓刻本　二十冊

330000－1751－0000218　164－5　集部/別集類/清別集

李二曲先生集二十四卷首一卷　(清)李顒撰　清光緒二年(1876)長白清安刻本　十二冊

330000－1751－0000220　165－9　集部/別集類/清別集

望溪集不分卷　(清)方苞撰　(清)王兆符　(清)程崟輯　清乾隆十一年(1746)歙縣程崟刻本　十冊

330000－1751－0000221　165－5　集部/別

集類/清别集
香樹齋詩集十八卷 (清)錢陳群撰 清乾隆十六年(1751)刻本 六册

330000－1751－0000222 166－3 集部/别集類/清别集
蘀石齋詩集五十卷 (清)錢載撰 清乾隆刻本 六册

330000－1751－0000223 166－2 集部/别集類/清别集
鄭板橋集六卷 (清)鄭燮撰 清乾隆刻本 五册

330000－1751－0000224 165－11 集部/别集類/明别集
震川先生集三十卷别集十卷 (明)歸有光撰 (清)歸莊校勘 (清)錢謙益選定 (清)歸玠編輯 清光緒六年(1880)常熟歸氏刻本 八册

330000－1751－0000225 354－2 史部/地理類/山川之屬/水志
西湖志四十八卷 (清)李衛 (清)程元章修 (清)傅王露纂 清光緒四年(1878)浙江書局刻本 二十册

330000－1751－0000226 353－5 史部/紀傳類/正史之屬
三國疆域志補注十九卷首一卷 (清)洪亮吉撰 (清)謝鍾英補注 清光緒刻本 八册

330000－1751－0000229 445－8 集部/總集類/選集之屬/通代
八代詩選二十卷 王闓運輯 清光緒七年(1881)四川尊經書局刻本 八册

330000－1751－0000230 114－3 經部/叢編
重刊宋本十三經注疏四百十六卷 附十三經注疏校勘記四百十六卷 (清)阮元撰 (清)盧宣旬摘録 清嘉慶二十年(1815)南昌府學刻本 四册 存一種

330000－1751－0000231 241－9 史部/史評類/史論之屬
歷代史論十二卷宋史論三卷元史論一卷 (明)張溥撰 **明史論四卷** (清)谷應泰撰 **左傳史論二卷** (清)高士奇撰 清光緒十三年(1887)洪州文盛堂刻朱墨套印本 十二册

330000－1751－0000232 114－4 經部/叢編
重刊宋本十三經注疏四百十六卷 附十三經注疏校勘記四百十六卷 (清)阮元撰 (清)盧宣旬摘録 清嘉慶二十年(1815)南昌府學刻本 四册 存一種

330000－1751－0000233 115－2 經部/叢編
重刊宋本十三經注疏四百十六卷 附十三經注疏校勘記四百十六卷 (清)阮元撰 (清)盧宣旬摘録 清嘉慶二十年(1815)南昌府學刻本 四册 存一種

330000－1751－0000234 115－4 經部/叢編
重刊宋本十三經注疏四百十六卷 附十三經注疏校勘記四百十六卷 (清)阮元撰 (清)盧宣旬摘録 清嘉慶二十年(1815)南昌府學刻本 四册 存一種

330000－1751－0000235 115－6 經部/叢編
重刊宋本十三經注疏四百十六卷 附十三經注疏校勘記四百十六卷 (清)阮元撰 (清)盧宣旬摘録 清嘉慶二十年(1815)南昌府學刻本 四册 存一種

330000－1751－0000236 115－5 經部/叢編
重刊宋本十三經注疏四百十六卷 附十三經注疏校勘記四百十六卷 (清)阮元撰 (清)盧宣旬摘録 清嘉慶二十年(1815)南昌府學刻本 二册 存一種

330000－1751－0000237 114－6 經部/叢編
重刊宋本十三經注疏四百十六卷 附十三經注疏校勘記四百十六卷 (清)阮元撰 (清)盧宣旬摘録 清嘉慶二十年(1815)南昌府學

刻本　二十册　存一種

330000 - 1751 - 0000238　114 - 5　經部/叢編

重刊宋本十三經注疏四百十六卷　附十三經注疏校勘記四百十六卷　(清)阮元撰　(清)盧宣旬摘録　清嘉慶二十年(1815)南昌府學刻本　八册　存一種

330000 - 1751 - 0000239　114 - 2　經部/叢編

重刊宋本十三經注疏四百十六卷　附十三經注疏校勘記四百十六卷　(清)阮元撰　(清)盧宣旬摘録　清嘉慶二十年(1815)南昌府學刻本　六册　存一種

330000 - 1751 - 0000240　114 - 7　經部/叢編

重刊宋本十三經注疏四百十六卷　附十三經注疏校勘記四百十六卷　(清)阮元撰　(清)盧宣旬摘録　清嘉慶二十年(1815)南昌府學刻道光六年(1826)盱江朱華臨重校同治十二年(1873)江西書局重修本　二十册　存一種

330000 - 1751 - 0000241　115 - 1　經部/叢編

重刊宋本十三經注疏四百十六卷　附十三經注疏校勘記四百十六卷　(清)阮元撰　(清)盧宣旬摘録　清嘉慶二十年(1815)南昌府學刻本　十二册　存一種

330000 - 1751 - 0000242　445 - 2　集部/別集類/清別集

儀顧堂集十二卷　(清)陸心源撰　清刻本　四册

330000 - 1751 - 0000244　434 - 3　類叢部/叢書部/自著之屬

樓山堂遺書五種　(明)吴應箕撰　清同治當塗夏氏刻本　六册　存一種

330000 - 1751 - 0000245　446 - 1　類叢部/叢書類/自著之屬

曾文正公全集十六種　(清)曾國藩撰　清同治至光緒傳忠書局刻本　二十四册　存一種

330000 - 1751 - 0000247　461 - 1　史部/目録類/總録之屬/官修

欽定四庫全書簡明目録二十卷首一卷　(清)紀昀等撰　清同治七年(1868)廣東書局刻本　十二册

330000 - 1751 - 0000248　354 - 3　史部/地理類/山川之屬/山志

京口三山志　(清)□□輯　清同治至光緒刻本　十册　存一種

330000 - 1751 - 0000249　115 - 7　經部/春秋左傳類/傳說之屬

春秋左氏傳賈服註輯述二十卷　(清)李貽德撰　清同治五年(1866)餘姚朱蘭金陵書局刻本　六册

330000 - 1751 - 0000250　253 - 2　史部/紀傳類/別史之屬

續後漢書四十二卷義例一卷音義四卷　(宋)蕭常撰　清同治八年(1869)刻本　六册

330000 - 1751 - 0000251　433 - 2　集部/別集類/清別集

雪門詩草十四卷　(清)許瑤光撰　清同治十三年(1874)刻本　六册

330000 - 1751 - 0000252　255 - 4　史部/政書類/儀制之屬/專志/謚法

皇朝謚法考五卷續編一卷補編一卷　(清)鮑康輯　**皇朝謚法考續補編一卷**　(清)徐士鑾輯　清同治三年至十一年(1864 - 1872)刻本　三册

330000 - 1751 - 0000253　355 - 2　史部/傳記類/科舉録之屬/總録

昆陵科第考八卷　(清)趙充之原編　(清)錢鑄菴　(清)莊南村續編　(清)陸畿恩　(清)史致謌　(清)湯成烈校補　清同治七年(1868)刻本　二册

330000 - 1751 - 0000254　443 - 14　集部/別集類/明別集

枝山文集四卷　(明)祝允明撰　清同治十三年(1874)元和祝氏刻本　二册

330000－1751－0000255　142－3　經部/小學類/文字之屬/說文/專著
唐寫本說文解字木部箋異一卷　(清)莫友芝撰　**仿唐寫本說文解字木部一卷**　(漢)許慎撰　清同治三年(1864)湘鄉曾國藩安慶刻本　一冊

330000－1751－0000256　254－4　史部/政書類/儀制之屬/專志/紀元
歷代年號記略一卷歷代國號歌一卷歷代帝都考一卷歷代輿地沿革考一卷直省形勝郡邑考一卷謚法考一卷　清同治十年(1871)刻本　一冊

330000－1751－0000257　124－10　經部/禮記類/傳說之屬
禮記備旨萃精十一卷首一卷　(清)吳朝贊輯　**春秋左傳備旨萃精七卷首一卷**　(清)吳朝贊增輯　清同治十二年(1873)拜庚山房刻本　五冊　存九卷(一至九)

330000－1751－0000258　444－4　集部/總集類/選集之屬/通代
漁洋山人古詩選三十二卷　(清)王士禛選　清同治七年(1868)湘鄉曾氏刻本　六冊

330000－1751－0000259　124－11　經部/群經總義類/文字音義之屬
經典釋文三十卷　(唐)陸德明撰　**經典釋文攷證三十卷**　(清)盧文弨綴緝　清同治八年(1869)湖北崇文書局刻本　十二冊

330000－1751－0000260　461－2　史部/目録類/總録之屬/官修
欽定四庫全書簡明目録二十卷首一卷　(清)紀昀等撰　清乾隆刻本　十二冊

330000－1751－0000261　446－3　史部/史評類/詠史之屬
南宋雜事詩七卷　(清)沈嘉轍等撰　清同治十一年(1872)淮南書局刻本　四冊

330000－1751－0000262　443－5　集部/別集類/唐五代別集
昌黎先生集四十卷外集十卷遺文一卷　(唐)韓愈撰　(宋)廖瑩中校正　**朱子校昌黎先生集傳一卷**　(宋)朱熹撰　**韓集點勘四卷**　(清)陳景雲撰　清同治八年至九年(1869－1870)江蘇書局刻本　十一冊

330000－1751－0000264　253－2　史部/紀事本末類
紀事本末五種　(清)□□輯　清同治十二年至十三年(1873－1874)江西書局刻本　二十冊　存一種

330000－1751－0000265　116－3　經部/春秋左傳類/傳說之屬
春秋左傳杜注三十卷首一卷　(清)姚培謙撰　清光緒十五年(1889)江南書局刻本　十冊

330000－1751－0000267　452－8　史部/金石類/錢幣之屬
泉志十五卷　(宋)洪遵撰　清光緒元年(1875)隸釋齋刻本　一冊

330000－1751－0000268　323－3　史部/傳記類/科舉録之屬/總録
國朝湖州府科第表不分卷　(清)戴璐輯　(清)沈鋐補輯　(清)錢振常續輯　清同治十一年(1872)會館清遠堂刻光緒七年(1881)續刻十七年(1891)增刻本　二冊

330000－1751－0000269　451－16　子部/雜著類/雜考之屬
日知録集釋三十二卷刊誤二卷續刊誤二卷　(清)黃汝成撰　清同治八年(1869)廣州述古堂刻本　十六冊

330000－1751－0000270　456－2　集部/別集類/唐五代別集
杜詩鏡銓二十卷附諸家論杜一卷　(清)楊倫撰　**讀書堂杜工部文集註解二卷**　(清)張溍撰　**杜工部[甫]年譜一卷**　清同治十一年(1872)望三益齋刻本　十二冊

330000－1751－0000271　125－2　集部/別集類/清別集
述學內篇三卷外篇一卷補遺一卷別録一卷附録一卷校勘記一卷　(清)汪中撰　(清)汪喜

孫編　清同治八年（1869）揚州書局刻本　二冊

330000－1751－0000273　334－1　史部/地理類/方志之屬/郡縣志
［乾隆］溫州府志三十卷首一卷　（清）李琬修　（清）齊召南　（清）汪沆纂　清同治五年（1866）府學刻本　十六冊

330000－1751－0000274　424－1　類叢部/叢書類/彙編之屬
咫進齋叢書三十七種　（清）姚覲元編　清光緒九年（1883）歸安姚氏刻本　一冊　存二種

330000－1751－0000276　141－10　類叢部/類書類/專類之屬
新增說文韻府群玉二十卷　（元）陰時夫輯　（元）陰中夫注　清咸豐務本堂刻本　二十冊

330000－1751－0000277　455－7　集部/別集類/清別集
望溪先生文集十八卷集外文十卷集外文補遺二卷　（清）方苞撰　**方望溪先生［苞］年譜一卷附録一卷**　（清）蘇惇元輯　清咸豐元年（1851）戴鈞衡刻二年（1852）增刻本　十二冊

330000－1751－0000278　443－12　集部/別集類/清別集
柏梘山房文集十六卷文續集一卷詩集十卷詩續集二卷駢體文二卷　（清）梅曾亮撰　清咸豐六年（1856）刻同治三年（1864）補刻本　五冊

330000－1751－0000279　141－2　經部/小學類/文字之屬/說文/專著
說文字原考略不分卷　（清）吳照撰　清咸豐三年（1853）抄本　一冊

330000－1751－0000280　451－15　子部/天文曆算類/天文之屬
談天十八卷首一卷附表一卷　（英國）侯失勒撰　（英國）偉烈亞力口譯　（清）李善蘭筆述　清咸豐九年（1859）墨海鉛印本　三冊

330000－1751－0000281　432－1　集部/別集類/清別集
石笥山房文集六卷補遺一卷詩集十二卷詩餘一卷補遺二卷續補遺二卷　（清）胡天游撰　清咸豐二年（1852）山陰胡鳴泰刻本　八冊

330000－1751－0000282　443－4　子部/藝術類/書畫之屬/題跋
五湖魚莊圖題詞四卷　（清）葉承桂輯　清咸豐三年（1853）石林園刻本　一冊

330000－1751－0000283　136－1　經部/小學類/文字之屬/字書/字典
字彙四卷　（明）梅膺祚原本　清咸豐五年（1855）刻本　四冊

330000－1751－0000284　424－16　集部/別集類/清別集
留茆盦尺牘叢殘四卷　（清）嚴籀撰　清咸豐刻本　四冊

330000－1751－0000285　433－3　集部/別集類/宋別集
苕溪集五十五卷　（宋）劉一止撰　清抄本　四冊

330000－1751－0000286　431－4　集部/別集類/清別集
龔定庵全集二十卷　（清）龔自珍撰　清宣統刻本　六冊　存十五卷（一至十五）

330000－1751－0000287　142－9　史部/金石類/總志之屬
九鐘精舍金石跋尾甲編一卷乙編一卷　吳士鑑撰　清宣統二年（1910）刻本　二冊

330000－1751－0000288　136－13　經部/小學類/訓詁之屬/字詁
普通百科新大詞典十二卷總目録一卷分類目録一卷異名一卷補遺一卷表一卷　（清）黃人編輯　清宣統三年（1911）上海國學扶輪社鉛印本　十五冊

330000－1751－0000289　255－1　集部/總集類/尺牘之屬
歷代名人書札二卷　吳曾祺輯　清宣統元年（1909）上海商務印書館鉛印本　二冊

330000－1751－0000290　456－4　集部/別集類/唐五代別集

杜工部集二十卷附録一卷年譜一卷唱酬題詠附録一卷諸家詩話一卷　(唐)杜甫撰　(清)錢謙益箋註　清宣統三年(1911)時中書局石印本　八册

330000－1751－0000291　462－6　子部/藝術類/書畫之屬/畫録

虚齋名畫録十六卷　龐元濟輯　清宣統元年(1909)烏程龐氏申江刻本　二十册

330000－1751－0000294　226－3　子部/工藝類/日用器物之屬/器具

湖船録一卷　(清)厲鶚撰　清刻本　一册

330000－1751－0000295　164－1　集部/別集類/唐五代別集

唐陸宣公集二十二卷　(唐)陸贄撰　清雍正元年(1723)年龔堯刻本　六册

330000－1751－0000309　424－2　類叢部/叢書類/彙編之屬

咫進齋叢書三十七種　(清)姚覲元編　清光緒九年(1883)歸安姚氏刻本　一册　存一種

330000－1751－0000311　465－2　子部/雜著類/雜考之屬

困學紀聞注二十卷　(清)翁元圻撰　清道光五年(1825)餘姚翁氏守福堂刻本　十二册

330000－1751－0000312　441－1　集部/別集類/明別集

重刻張太岳先生文集四十七卷　(明)張居正撰　**太師張文忠公行實一卷　浩氣吟一卷**　(明)瞿式耜撰　清道光八年(1828)安化陶澍刻本　十册

330000－1751－0000313　451－18　子部/雜著類/雜考之屬

癸巳類稿十五卷　(清)俞正燮撰　清道光十三年(1833)王藻求日益齋刻本　五册

330000－1751－0000314　566　類叢部/叢書類/彙編之屬

海山仙館叢書五十六種　(清)潘仕成編　清道光二十五年至咸豐元年(1845－1851)番禺潘氏刻光緒十一年(1885)增刻彙印本　一百二十册　存四十七種

330000－1751－0000315　334－1　史部/地理類/方志之屬/郡縣志

[光緒]餘姚縣志二十七卷首一卷末一卷　(清)周炳麟修　(清)邵友濂　(清)孫德祖纂　清光緒二十五年(1899)刻本　十六册

330000－1751－0000316　451－17　子部/雜著類/雜考之屬

癸巳存稿十五卷　(清)俞正燮撰　清光緒十年(1884)李宗煝武林刻本　六册

330000－1751－0000317　321－4　史部/地理類/方志之屬/郡縣志

光緒分水縣志十卷首一卷末一卷　(清)陳常鏵　(清)馮圻修　(清)臧承宣纂　清光緒三十二年(1906)刻本　六册

330000－1751－0000319　511－2　集部/別集類/清別集

茗柯文初編一卷二編二卷三編一卷四編一卷　(清)張惠言撰　清光緒七年(1881)刻本　二册

330000－1751－0000330　456－5　集部/別集類/唐五代別集

杜詩詳註二十五卷首一卷附編二卷　(唐)杜甫撰　(清)仇兆鰲輯注　清刻本　十四册

330000－1751－0000363　646－8　史部/金石類/錢幣之屬

泉布泉範不分卷　(清)張廷濟藏　清末石印本　二册

330000－1751－0000385　256－6　史部/雜史類/斷代之屬

炎徼紀聞四卷　(明)田汝成撰　明刻本　一册

330000－1751－0000406　355－12　史部/地理類/山川之屬/山志

莫愁湖志六卷首一卷　(清)馬士圖撰　清光緒八年(1882)、十七年(1891)刻本　二册

330000－1751－0000418　334－5　史部/地理類/山川之屬/山志

廣雁蕩山誌二十八卷首一卷末一卷　(清)曾唯輯　清乾隆五十五年(1790)曾唯依綠園刻本　八冊

330000－1751－0000426　443－15　集部/總集類/郡邑之屬

廬陽三賢集　(清)張樹聲編　清光緒元年(1875)合肥張氏毓秀堂刻本　一冊　存一種

330000－1751－0000427　462－10　類叢部/叢書類/自著之屬

疇隱廬叢書　丁福保撰　清光緒二十五年(1899)無錫竢實學堂刻本　一冊　存一種

330000－1751－0000428　325－4　史部/地理類/方志之屬/郡縣志

嘉靖海寧縣志九卷首一卷附録一卷　(明)蔡完修　(明)董穀纂　清光緒二十四年(1898)許仁沐刻本　四冊

德清縣博物館 古籍普查登記目録

全國古籍普查登記目録·浙江 湖州

國家圖書館出版社
National Library of China Publishing House

歌詩編第二

吳絲蜀桐張高秋空白凝雲頹不流

愁李憑中國彈箜篌崑山玉碎鳳凰叫芙蓉泣露香

蘭笑十二門前融冷光二十三絲動紫皇女媧鍊石

補天處石破天驚逗秋雨夢入神山教神嫗老魚跳

波瘦蛟舞吳質不眠倚桂樹露脚斜飛濕寒兎

殘絲曲

垂楊葉老鶯哺兒殘絲欲斷黃蜂歸綠鬢少年金釵

《德清縣博物館古籍普查登記目録》

編委會

主　　編： 俞友良

副 主 編： 施　蘭　沈松琴

編纂人員： 袁　華　朱佳飛

《德清縣博物館古籍普查登記目録》

前　言

德清縣博物館藏古籍(含民國綫裝書及碑帖)413部3303册,大部分爲1985年由德清縣文化館移交收藏,部分爲文物商店移交。德清縣博物館保管部工作人員對古籍的名稱、實際數量、來源等情况進行了初步登記。自2014年3月始,德清縣博物館開展對館藏古籍的整理、數據采集及信息平臺著録等工作,截至2015年6月,歷時一年多,圓滿完成了館藏古籍的普查工作。

本次古籍普查收録納入普查範圍的古籍信息總計358條,普查古籍358部3089册,其中,1912年以前的古籍數據224條2422册。德清縣博物館藏古籍具體可分爲經、史、子、集、類叢部、新學部、刻經等七類,内容涉及政治、歷史、地理、文學、書法、法律、農政、醫藥等。古籍版本主要以清代刻本、石印本、鉛印本爲主。

通過本次普查,德清縣博物館完成了對館藏古籍的梳理、編目與登録工作。古籍的基本數據、影像數據得到了全面完善,建立了古籍數據資料庫,可以全面瞭解縣博物館所藏古籍情况,有利於省市級古籍數據資料庫的形成,提高古籍藏書的利用價值。下一步德清縣博物館計劃對本次普查中發現的破損較爲嚴重的古籍開展修復工作,并加强對古籍文化内涵的挖掘。

本次普查因時間緊,專業性强,因此要特别感謝奮戰在古籍普查前綫,付出大量心血的年輕同志們及耐心指導、給予專業支持的老同志。

當然,因普查員能力所限,在古籍著録及審核中難免有不足之處,還請各位方家、同仁批評指正。

德清縣博物館

2017年4月12日

330000－1782－0000001　普 000001　史部/紀傳類/正史之屬

二十四史　清同治至光緒五省官書局據汲古閣本等合刻光緒五年(1879)湖北書局彙印本　五百四十六册

330000－1782－0000002　普 D0777　史部/紀傳類/正史之屬

二十四史　清同治至光緒五省官書局據汲古閣本等合刻光緒五年(1879)湖北書局彙印本　二十四册　存一種

330000－1782－0000004　普 D0778　史部/紀傳類/正史之屬

二十四史　清同治至光緒五省官書局據汲古閣本等合刻光緒五年(1879)湖北書局彙印本　六册　存一種

330000－1782－0000005　普 D0780　史部/紀傳類/正史之屬

二十四史　清同治至光緒五省官書局據汲古閣本等合刻光緒五年(1879)湖北書局彙印本　十六册　存一種

330000－1782－0000006　普 000003　史部/地理類/方志之屬/郡縣志

[光緒]烏程縣志三十六卷　(清)潘玉璿　(清)馮健修　(清)周學濬　(清)汪曰楨纂　清光緒七年(1881)刻本　十册　缺六卷(十三至十五、三十四至三十六)

330000－1782－0000007　普 000004　史部/政書類/通制之屬

通志略五十二卷　(宋)鄭樵撰　明刻本　十二册　存三十卷(天文畧一至二、地里畧一、禮畧一至四、謚畧一、器服畧二、樂畧一至二、選舉畧一至二、刑法畧一、氏族畧五至六、六書畧一至五、七音畧一至二、職官畧一至七)

330000－1782－0000008　普 000002　史部/地理類/輿圖之屬/郡縣

江蘇全省輿圖不分卷　(清)諸可寶編　清光緒二十一年(1895)江蘇書局刻本　三册

330000－1782－0000009　普 000005　集部/別集類/宋別集

林和靖詩集四卷拾遺一卷附録一卷　(宋)林逋撰　清同治十二年(1873)長洲朱氏抱經堂刻本　四册

330000－1782－0000010　普 000006　集部/別集類/清別集

漁洋山人詩集二十二卷　(清)王士禛撰　清康熙八年(1669)吳郡沂詠堂刻雍正印本　四册

330000－1782－0000011　普 000007　子部/藝術類/書畫之屬/畫録

嶽雪樓書畫録五卷　(清)孔廣陶編　清光緒十五年(1889)廣州三十三萬卷堂刻本　五册

330000－1782－0000012　善 0001　史部/史抄類

歷代史纂左編一百四十二卷　(明)唐順之撰　明嘉靖四十年(1561)胡宗憲刻本　四十八册　存七十七卷(一至六、十至十六、二十二至二十三、二十八至二十九、三十三至四十、四十九至五十、五十三至五十六、五十九至六十六、七十二至七十五、七十八至八十五、八十八、九十一至九十八、一百六至一百七、一百十至一百十一、一百二十一、一百二十三至一百二十五、一百二十八至一百二十九、一百三十二至一百三十八)

330000－1782－0000013　普 000008　史部/紀傳類/正史之屬

遼金元三史語解四十六卷　(清)高宗弘曆撰　清光緒四年(1878)江蘇書局刻本　十册

330000－1782－0000014　普 000009　史部/地理類/雜志之屬

吳縣畐圖不分卷　(清)金德鴻輯　清同治十三年(1874)刻本　五册

330000－1782－0000015　善 0003　史部/地理類/山川之屬/水志

西湖志八卷志餘十八卷　(明)田汝成撰　(清)姚靖增删　清康熙二十八年(1689)姚靖三鑒堂刻本　六册　存十三卷(志餘一至十三)

330000－1782－0000017　普 000011　集部/總集類/選集之屬/通代

文選瀹註三十卷　(南朝梁)蕭統輯　(明)孫鑛評　(明)閔齊華注　明崇禎七年(1634)烏程閔齊華刻清康熙二十年(1681)嘉善柯維楨重修六十年(1721)徐善建再修印本　十四冊　缺二卷(二十九至三十)

330000－1782－0000018　普 0004　集部/詞類/詞譜之屬

詞律二十卷　(清)萬樹撰　清康熙二十六年(1687)萬氏堆絮園刻本　清張預批校　鄭道乾跋　二十冊

330000－1782－0000020　普 000013　子部/農家農學類/總論之屬

農政全書六十卷　(明)徐光啓撰　清道光刻本　二十四冊　存三十六卷(九至四十二、四十五至四十六)

330000－1782－0000021　普 000014　類叢部/叢書類/自著之屬

蘇齋叢書十八種　(清)翁方綱撰　清乾隆至嘉慶刻彙印本　五冊　存一種

330000－1782－0000022　普 000015　子部/天文曆算類/天文之屬

御製曆象考成上編十六卷下編十卷後編十卷表十六卷御製律呂正義五卷欽定儀象考成三十卷首二卷　(清)允祿等撰　清雍正元年(1723)刻乾隆二十一年(1756)增修本　十五冊　存二十六卷(上編一至十六、下編一至十)

330000－1782－0000023　普 000016　經部/春秋公羊傳類/傳說之屬

春秋公羊經傳解詁十二卷　(漢)何休撰　(唐)陸德明音義　**重刊宋紹熙公羊傳注附音本校記一卷**　(清)魏彥撰　清道光四年(1824)揚州汪氏問禮堂刻同治二年(1863)印本　二冊

330000－1782－0000024　普 000017　子部/天文曆算類/天文之屬

御製曆象考成後編十卷　(清)顧琮等輯　清乾隆刻本　十冊

330000－1782－0000025　普 000018　集部/總集類/選集之屬/斷代

宋百家詩存　(清)曹廷棟編　清乾隆六年(1741)嘉善曹氏二六書堂刻本　十二冊　存十二㢧(一、三、五至十二、十八至十九)

330000－1782－0000026　普 000020　經部/詩類/傳說之屬

詩經集傳八卷　(宋)朱熹撰　清刻本　四冊

330000－1782－0000027　普 000019　集部/別集類/明別集

自知堂集二十四卷　(明)蔡汝楠撰　明嘉靖三十七年(1558)刻四十三年(1564)衡陽朱炳如印本　五冊　存二十卷(五至二十四)

330000－1782－0000030　普 000023　經部/叢編

通志堂經解一百四十種　(清)納蘭成德輯　清同治十二年(1873)粵東書局刻本　四冊　存一種

330000－1782－0000031　普 000024　集部/總集類/選集之屬/通代

古詩源十四卷　(清)沈德潛輯　清康熙五十八年(1719)竹嘯軒刻本　三冊

330000－1782－0000032　普 000034　史部/地理類/山川之屬/水志

西湖志四十八卷　(清)李衛　(清)程元章修　(清)傅王露撰　清雍正十二年(1734)刻本　四十冊

330000－1782－0000033　普 000025　史部/編年類/通代之屬

資治通鑑彙刻八種　(宋)司馬光撰　清同治至光緒江蘇書局刻本　十冊　存一種

330000－1782－0000034　普 000026　史部/地理類/輿圖之屬/坤輿

大清中外壹統輿圖(皇朝中外壹統輿圖)三十一卷首一卷　(清)鄒世詒　(清)晏啟鎮編　(清)李廷簫　(清)汪士鐸增訂　清同治二年(1863)湖北撫署刻本　十五冊　缺一卷(南

一)

330000－1782－0000036　普000029　子部/醫家類/醫案之屬

王氏醫案二卷　(清)王士雄撰　(清)周鑅輯　**醫案續編八卷**　(清)王士雄撰　(清)張鴻輯　清道光三十年(1850)刻本　三册

330000－1782－0000037　普000043　史部/地理類/總志之屬/斷代

大清一統志四百二十四卷　(清)和珅等纂修　清末石印本　五十五册　存三百八十三卷(二十四至四十八、五十八至一百五十五、一百六十五至四百十七、四百十八至四百二十四)

330000－1782－0000040　普000028　史部/金石類/郡邑之屬/文字

常山貞石志二十四卷　(清)沈濤撰　清道光二十二年(1842)刻本　四册

330000－1782－0000041　普000032　史部/編年類/通代之屬

資治通鑑二百九十四卷　(宋)司馬光撰　(元)胡三省音注　**目録三十卷**　(宋)司馬光撰　清同治十年(1871)湖北崇文書局刻本　三十一册　存九十三卷(三十七至八十四、一百九至一百十一、一百六十至一百八十、一百八十四至二百四)

330000－1782－0000042　普000031　集部/别集類/明别集

王文成公全書三十八卷　(明)王守仁撰　清刻本　二十四册

330000－1782－0000043　普000033　集部/總集類/選集之屬/斷代

皇朝經世文續編一百二十卷　(清)葛士濬輯　清光緒十四年(1888)上海圖書集成局鉛印本　二十九册　存一百七卷(一至四十七、六十一至一百二十)

330000－1782－0000044　普000035　集部/總集類/選集之屬/斷代

皇朝經世文新編二十一卷　麥仲華輯　清光緒二十四年(1898)上海譯書局石印本　五册　存四卷(二、十上、十三至十四)

330000－1782－0000045　普000036　史部/地理類/遊記之屬/紀勝

滬游雜記四卷　(清)葛元煦編　清光緒二年(1876)刻本　三册　缺一卷(四)

330000－1782－0000046　普000038　集部/小説類/長篇之屬

四大奇書第一種六十卷一百二十回首一卷　(明)羅本撰　(清)毛宗崗評　清末文德堂刻本　二十册

330000－1782－0000047　普000039　經部/詩類/詩譜之屬

詩經古譜二卷　學部圖書局編　清光緒三十四年(1908)學部圖書局石印本　一册

330000－1782－0000048　普000040　經部/詩類/詩譜之屬

詩經古譜二卷　學部圖書局編　清光緒三十四年(1908)學部圖書局石印本　一册

330000－1782－0000053　普000047　類叢部/叢書類/彙編之屬

古香齋袖珍十種　清同治至光緒南海孔氏刻本　九册　存一種

330000－1782－0000055　普000048　集部/總集類/課藝之屬

大題文府不分卷　(清)退菴居士輯　清光緒十二年(1886)上海書局石印本　二十册

330000－1782－0000056　普000049　史部/紀事本末類/斷代之屬

聖武記十四卷　(清)魏源撰　清道光二十二年(1842)刻本　四册　存五卷(四至六、十二至十三)

330000－1782－0000057　普000050　經部/春秋左傳類/傳説之屬

春秋左傳(校經山房左傳杜林合註)五十卷　(晉)杜預　(宋)林堯叟註釋　(唐)陸德明音義　(明)鍾惺　(明)孫鑛　(明)韓范評點　清光緒三十一年(1905)上海校經山房石

印本　四册　存二十六卷(一至七、二十一至三十三、三十九至四十四)

330000－1782－0000058　普 000051　史部/政書類/通制之屬
欽定續三通目録十四卷　清光緒二十九年(1903)圖書集成局石印本　二册　存七卷(一至四、八至十)

330000－1782－0000059　普 000052　史部/金石類/總志之屬
日本金石志三卷金石年表二卷　(清)傅雲龍撰　清光緒十五年(1889)德清傅氏日本石印本　四册　缺一卷(日本金石志二)

330000－1782－0000060　普 000053　子部/兵家類/兵法之屬
虎鈐經二十卷　(宋)許洞撰　清刻本　四册

330000－1782－0000061　普 000054　新學/史志/戰記
普法戰紀二十卷　(清)張宗良口譯　(清)王韜撰輯　清光緒二十一年(1895)弢園王氏鉛印本　九册

330000－1782－0000062　普 000055　子部/天文曆算類/算書之屬
新編筭學啓蒙三卷　(元)朱世傑撰　**筭學啓蒙識誤一卷**　(清)羅士琳撰　清同治十年(1871)江南製造局刻本　三册

330000－1782－0000063　普 000056　子部/宗教類/道教之屬/经
七注陰符經一卷　(北周)姜尚注　(漢)張良解　(三國蜀)諸葛亮釋　清咸豐五年(1855)刻本　一册

330000－1782－0000064　普 000057　集部/别集類/清别集
犢山文稿不分卷　(清)周鎬撰　清光緒十九年(1893)尚德山房刻本　四册

330000－1782－0000065　普 000058　子部/兵家類/兵法之屬
火龍經全集六種　(明)□□編　清咸豐五年(1855)刻本　四册　存三種

330000－1782－0000066　普 000059　新學/兵制
自強軍西法類編十八卷首一卷　(清)沈敦和撰　(清)洪恩波參訂　清光緒二十四年(1898)上海順成書局石印本　十三册　缺五卷(十三至十四、十六至十八)

330000－1782－0000068　普 000061　史部/職官類/官箴之屬
在官法戒録摘抄四卷　(清)陳弘謀撰　清同治七年(1868)楚北崇文書局刻本　二册

330000－1782－0000070　普 000063　史部/紀傳類/正史之屬
二十四史　清同治至光緒五省官書局據汲古閣本等合刻光緒五年(1879)湖北書局彙印本　四册　存一種

330000－1782－0000072　普 000065　史部/紀傳類/正史之屬
四史　清光緒十四年(1888)上海蜚英館石印本　十二册　存一種

330000－1782－0000075　普 000068　集部/别集類/清别集
簡學齋試帖輯注一卷　(清)陳沆著　(清)張熙宇輯評　(清)王植桂輯注　清刻本　一册

330000－1782－0000076　普 000069　類叢部/叢書類/彙編之屬
學津討原一百七十三種　(清)張海鵬編　清嘉慶十年(1805)虞山張氏照曠閣刻本　四册　存一種

330000－1782－0000080　普 000071　集部/别集類/清别集
西樓遺稿二卷　(清)江憲撰　清光緒二十八年(1902)元和江氏一㴲齋刻本　一册

330000－1782－0000081　普 000072　史部/編年類/通代之屬
御批歷代通鑑輯覽一百二十卷　(清)傅恆等編纂　清光緒九年(1883)上海同文書局石印本　十六册

330000－1782－0000083　普 000073　史部/

地理類/防務之屬/海防
防海輯要十八卷首一卷　(清)俞昌會撰　清道光二十二年(1842)刻本　十二册

330000－1782－0000084　普000074　史部/金石類/石之屬/文字
石鼓文釋存一卷補注一卷　(清)張燕昌撰　清光緒二十八年(1902)貴池劉世珩刻本　一册

330000－1782－0000086　普000076　史部/金石類/總志之屬
金石續編二十一卷首一卷　(清)陸耀遹撰　清光緒十九年(1893)上海醉六堂石印本　六册

330000－1782－0000087　普000079　子部/宗教類/道教之屬/戒律
太上寶筏圖說八卷首一卷　(清)黄正元纂　(清)毛金蘭補　清光緒十八年(1892)上海同文書局石印本　八册

330000－1782－0000089　普000078　史部/雜史類/斷代之屬
本朝史政事大要不分卷　清末石印本　一册

330000－1782－0000090　普000080　經部/詩類/傳說之屬
詩經旁訓辨體合訂四卷　(清)徐立綱輯　清光緒二十三年(1897)浙甯汲綆齋鉛印本　三册　存二卷(一至二)

330000－1782－0000091　普000081　類叢部/叢書類/彙編之屬
香艷叢書三百二十六種　(清)蟲天子輯　清宣統上海國學扶輪社鉛印本　一册　存一種

330000－1782－0000093　普000083　經部/叢編
皇清經解一千四百二十一卷　(清)阮元輯　清光緒十三年(1887)上海書局石印本　六十四册

330000－1782－0000094　普000084　經部/書類/傳說之屬
欽定書經傳說彙纂二十一卷首二卷書序一卷　(清)王頊齡等撰　清刻本　一册　存二卷(首一至二)

330000－1782－0000095　普000085　史部/傳記類/總傳之屬/通代
尚友録二十二卷補遺一卷　(明)廖用賢輯　(清)張伯琮補輯　清刻本　八册　存十二卷(八、十至十六、十八至二十一)

330000－1782－0000096　普000086　子部/兵家類/操練之屬
練兵實紀九卷雜集六卷　(明)戚繼光撰　清光緒京都琉璃廠刻本　六册

330000－1782－0000097　普000087　集部/别集類/唐五代别集
新刊五百家註音辯昌黎先生文集四十卷　(唐)韓愈撰　(宋)魏仲舉輯注　清刻本　二册　存六卷(三十五至四十)

330000－1782－0000098　普000088　類叢部/叢書類/自著之屬
春在堂全書三十六種　(清)俞樾撰　清同治至光緒刻本　二册　存一種

330000－1782－0000099　普000089　史部/地理類/遊記之屬/紀勝
鴻雪因緣圖記一集二卷二集二卷三集二卷　(清)麟慶撰　清光緒十年(1884)上海點石齋石印本　六册

330000－1782－0000100　普000090　集部/總集類/課藝之屬
小題三萬選不分卷　(清)求是齋主人輯　清光緒十六年(1890)上洋袖海山房書局石印本　三十八册　存大學、中庸、上論、下論、上孟、中孟、下孟

330000－1782－0000101　普000091　子部/儒家類/儒學之屬/禮教
陳文恭公五種遺規節要　(清)陳弘謀編　清光緒十八年(1892)刻本　七册

330000－1782－0000102　普000092　史部/紀傳類/别史之屬
南天痕二十六卷附録一卷　(清)凌雪撰　清

宣統二年(1910)復古社鉛印本　六冊

330000－1782－0000104　普000094　子部/儒家類/儒學之屬/禮教

陳文恭公五種遺規節要　(清)陳弘謀編　清光緒十八年(1892)刻本　四冊　存三種

330000－1782－0000107　普000097　史部/目録類/總録之屬

九通目録四十卷　(清)雷君彥輯　清光緒二十九年(1903)圖書集成局石印本　三冊　存九卷(正三通目録一至九)

330000－1782－0000108　普000098　史部/政書類/通制之屬

六通訂誤六卷　(清)席裕福編　清光緒上海圖書集成局鉛印本　二冊

330000－1782－0000110　普000100　史部/史抄類

史記選六卷　(清)儲欣選評　清光緒九年(1883)靜遠堂刻本　三冊

330000－1782－0000112　普000102　類叢部/叢書類/彙編之屬

白芙堂算學叢書　(清)丁取忠輯　清同治至光緒長沙古荷花池精舍刻本　二十五冊　存十九種

330000－1782－0000113　普000103　集部/總集類/選集之屬/通代

評選古詩源四卷　(清)沈德潛評選　清光緒二十年(1894)上海圖書集成印書局鉛印本　四冊

330000－1782－0000117　普000107　經部/春秋左傳類/傳說之屬

東萊博議四卷增補虛字註釋一卷　(宋)吕祖謙撰　清光緒三十一年(1905)上海文盛堂石印本　一冊

330000－1782－0000119　普000109　史部/傳記類/總傳之屬/技藝

無聲詩史七卷　(清)姜紹書撰　清宣統二年(1910)杭州雲林閣石印本　六冊

330000－1782－0000122　普000113　子部/叢編

二十二子(二十二子彙函)　(清)浙江書局編　清光緒元年至三年(1875－1877)浙江書局刻本　一冊　存一種

330000－1782－0000125　普000116　經部/春秋左傳類/傳說之屬

左傳事緯十二卷　(清)馬驌撰　清光緒三十四年(1908)上海文瑞樓石印本　六冊

330000－1782－0000126　普000117　集部/別集類/清別集

胡文忠公遺集十卷首一卷　(清)胡林翼撰　(清)閻敬銘　(清)厲雲官　(清)盛康輯　清同治三年(1864)武昌節署刻本　八冊

330000－1782－0000127　普000118　子部/叢編

二十二子(二十二子彙函)　(清)浙江書局編　清光緒元年至三年(1875－1877)浙江書局刻本　一冊　存一種

330000－1782－0000128　普000119　史部/雜史類/斷代之屬

明季稗史彙編十六種　(清)留雲居士輯　清光緒二十二年(1896)上海圖書集成印書局鉛印本　六冊

330000－1782－0000129　普000120　經部/叢編

十三經讀本十六種　(清)□□編　清同治金陵書局刻本　二冊　存一種

330000－1782－0000131　普000123　類叢部/叢書類/彙編之屬

南菁書院叢書四十一種　王先謙　繆荃孫編　清光緒十四年(1888)江陰南菁書院刻本　十五冊　存二十三種

330000－1782－0000132　普000122　史部/傳記類/總傳之屬/郡邑

兩浙名賢録六十二卷　(明)徐象梅撰　清光緒二十六年(1900)浙江書局刻本　六十二冊

330000－1782－0000134　普000125　史部/

政書類/通制之屬
西漢會要七十卷 (宋)徐天麟撰 清光緒十年(1884)江蘇書局刻本 九冊 存六十五卷(一至六十五)

330000－1782－0000135 普000126 類叢部/叢書類/自著之屬
曾文正公全集十六種 (清)曾國藩撰 清同治至光緒傳忠書局刻本 十六冊 存一種

330000－1782－0000136 普000127 史部/地理類/外紀之屬
日本國志四十卷首一卷 (清)黃遵憲輯 清光緒十六年(1890)羊城富文齋刻二十年(1894)重修本 十冊

330000－1782－0000137 普000128 子部/天文曆算類/算書之屬
游藝齋算學課藝初集一卷 (清)朱仁積編 清光緒二十六年至二十七年(1900－1901)刻本 一冊

330000－1782－0000138 普000130 類叢部/叢書類/彙編之屬
文林綺繡五種五十九卷 (明)淩迪知編 清光緒十九年(1893)上洋鴻寶齋石印本 六冊

330000－1782－0000139 普000129 史部/傳記類/總傳之屬/斷代
昭代名人尺牘小傳二十四卷 (清)吳修撰 清道光六年(1826)刻本 二冊

330000－1782－0000140 普000131 史部/傳記類/總傳之屬/斷代
昭代名人尺牘小傳二十四卷 (清)吳修撰 清道光六年(1826)刻本 冊 存十卷(至十)

330000－1782－0000141 普000132 子部/雜著類/雜說之屬
盛世危言六卷 (清)鄭觀應輯撰 清末石印本 六冊

330000－1782－0000142 普000133 子部/叢編
二十二子(二十二子彙函) (清)浙江書局編 清光緒元年至三年(1875－1877)浙江書局刻本 六冊 存一種

330000－1782－0000143 普000134 史部/金石類/總志之屬
金石萃編一百六十卷 (清)王昶撰 清光緒十九年(1893)上海醉六堂石印本 十八冊

330000－1782－0000144 普000135 子部/雜著類/雜說之屬
盛世危言續編四卷 (清)鄭觀應撰 清光緒二十四年(1898)煥文書局石印本 四冊

330000－1782－0000145 普000136 經部/易類/傳說之屬
周易本義四卷附圖說一卷新增圖說一卷卦歌一卷筮儀一卷 (宋)朱熹撰 清光緒三年(1877)永康胡氏退補齋刻本 二冊

330000－1782－0000148 普000139 經部/群經總義類/傳說之屬
經學文鈔十五卷首三卷 梁鼎芬撰 曹元弼校補 清光緒三十四年(1908)江蘇存古學堂木活字印本 六冊 存三卷(經學文鈔一至三)

330000－1782－0000151 普000142 史部/政書類/通制之屬
九通 (清)□□輯 清光緒二十七年(1901)上海圖書集成局鉛印本 一百七冊 存二種

330000－1782－0000152 普000143 經部/群經總義類/傳說之屬
經學文鈔十五卷首三卷 梁鼎芬撰 曹元弼校補 清光緒三十四年(1908)江蘇存古學堂木活字印本 四冊 存二卷(經學文鈔一至二)

330000－1782－0000154 普000145 經部/群經總義類/傳說之屬
經學文鈔十五卷首三卷 梁鼎芬撰 曹元弼校補 清光緒三十四年(1908)江蘇存古學堂木活字印本 二冊 存二卷(經學文鈔一至二)

330000－1782－0000156 普000147 新學/

商務/商學
原富八卷中西年表一卷 （英國）斯密亞丹撰 嚴復譯 清光緒二十九年（1903）上海南洋公學譯書院鉛印本 八冊

330000－1782－0000158 普000149 經部/小學類/訓詁之屬/爾雅
爾雅三卷 （晉）郭璞注 （唐）陸德明音釋 清光緒三年（1877）永康胡氏退補齋刻本 三冊

330000－1782－0000159 普000150 史部/金石類/郡邑之屬/文字
兩浙金石志十八卷補遺一卷 （清）阮元撰 清光緒十六年（1890）浙江書局刻本 十一冊 缺二卷（三至四）

330000－1782－0000160 普000151 經部/叢編
重刊宋本十三經注疏四百十六卷附十三經注疏校勘記四百十六卷 （清）阮元撰 （清）盧宣旬摘録 **校勘記識語四卷** （清）汪文臺撰 清嘉慶二十年（1815）南昌府學刻道光六年（1826）盱江朱華臨重校同治十二年（1873）江西書局重修本 四冊 存一種

330000－1782－0000161 普000152 類叢部/類書類/專類之屬
子史精華一百六十卷 （清）吳士玉 （清）吳襄等輯 清光緒十五年（1889）上海蜚英館石印本 八冊

330000－1782－0000162 普000153 史部/傳記類/總傳之屬/釋道
金蓋心燈八卷 （清）閔苕旉撰 （清）鮑廷博注 （清）鮑錕評 **金蓋山純陽宮古今蹟畧一卷** （清）閔苕旉述 清光緒二年（1876）雲巢古書隱樓刻本 六冊

330000－1782－0000164 普000155 子部/醫家類/綜合之屬/通論
醫宗必讀十卷 （明）李中梓撰 清刻本 三冊 存四卷（五至八）

330000－1782－0000165 普000157 子部/宗教類/道教之屬
金仙証論（華陽金仙證論）十八卷 （清）柳華陽撰 清同治九年（1870）棲霍山館刻本 一冊

330000－1782－0000166 普000156 集部/別集類/唐五代別集
杜詩鏡銓二十卷諸家論杜一卷 （清）楊倫撰 **讀書堂杜工部文集註解二卷** （清）張溍撰 清同治十一年（1872）盱眙吳棠望三益齋刻本 十二冊

330000－1782－0000167 普000158 子部/醫家類/溫病之屬/其他溫疫病證
溫熱經緯五卷 （清）王士雄撰 清刻本 三冊 存三卷（三至五）

330000－1782－0000168 普000159 子部/儒家類/儒學之屬/禮教
陳文恭公五種遺規節要 （清）陳弘謀編 清光緒十八年（1892）刻本 一冊 存一種

330000－1782－0000169 普000160 史部/傳記類/總傳之屬/儒林
學案小識十四卷首一卷末一卷 （清）唐鑑撰 清光緒十年（1884）刻本 十三冊 缺三卷（一至二、首）

330000－1782－0000170 普000161 子部/天文曆算類/算書之屬
九章算術細草圖說九卷海島算經細草圖說一卷 （三國魏）劉徽注 （唐）李淳風等注釋 （清）李潢細草 （清）沈欽裴補草 清嘉慶二十五年（1820）語鴻堂刻本 七冊 缺一卷（二）

330000－1782－0000171 普000162 子部/宗教類/道教之屬
經懺集成五種 （清）劉沅輯 清同治七年（1868）同善堂刻本 一冊 存一種

330000－1782－0000172 普000163 新學/算學/數學
格物入門七卷 （美國）丁韙良撰 清同治七年（1868）京都同文館刻本 六冊 缺一卷

（四）

330000－1782－0000173　普 000164　子部/藝術類/篆刻之屬/印論

篆刻鍼度八卷　（清）陳克恕撰　清末鉛印本　二冊

330000－1782－0000174　普 000165　經部/小學類/音韻之屬/古今韻說

聲韻攷四卷　（清）戴震撰　清潮陽縣署刻本　一冊

330000－1782－0000175　普 000166　史部/紀傳類/正史之屬

遼史拾遺二十四卷　（清）厲鶚撰　清道光元年（1821）錢塘汪氏振綺堂刻本　五冊　存十六卷（九至二十四）

330000－1782－0000176　普 000167　集部/別集類/清別集

劫火紀焚一卷　（清）何桂笙撰　清光緒十九年（1893）刻本　一冊

330000－1782－0000177　普 000168　類叢部/叢書類/自著之屬

船山遺書四十五種補遺一種　（清）王夫之撰　清同治四年（1865）湘鄉曾國荃金陵刻本　二十二冊　存一種

330000－1782－0000181　普 000172　經部/叢編

五經要義五種　（宋）魏了翁撰　清光緒江蘇書局刻本　二冊　存一種

330000－1782－0000182　普 000173　史部/政書類/通制之屬

三國會要二十二卷首一卷　楊晨撰　清光緒二十六年（1900）江蘇書局刻本　六冊

330000－1782－0000183　普 000174　類叢部/叢書類/自著之屬

振綺堂遺書五種　（清）汪遠孫撰　清道光刻民國十一年（1922）錢唐汪氏彙印本　二冊　存一種

330000－1782－0000184　普 000175　類叢部/叢書類/自著之屬

漢孳室箸書　（清）陶方琦撰　清光緒湘南使院刻本　二冊　存一種

330000－1782－0000186　普 000177　集部/總集類/選集之屬/通代

唐宋八大家類選十四卷　（清）儲欣輯　清光緒九年（1883）靜遠堂刻本　十冊

330000－1782－0000189　普 000180　經部/孝經類/傳說之屬

孝經學七卷　（清）曹元弼撰　清光緒三十四年（1908）江蘇存古學堂木活字印本　一冊

330000－1782－0000190　普 000181　子部/宗教類/其他宗教之屬/基督教

路得改教紀略一卷　（美國）林樂知譯　清光緒二十五年（1899）上海廣學會鉛印本　一冊

330000－1782－0000191　普 000182　集部/別集類/清別集

漁洋山人精華録訓纂十卷目録二卷年譜注補二卷附録一卷補十卷首一卷　（清）王士禛撰　（清）惠棟注補　清刻本　十三冊　缺三卷（二、目録一至二）

330000－1782－0000192　普 000183　史部/傳記類/總傳之屬/技藝

古今楹聯彙刻小傳十二卷首集一卷外集一卷　吳隱輯　清光緒三十二年（1906）西泠印社刻本　二冊

330000－1782－0000194　普 000184　集部/總集類/氏族之屬

寧都三魏全集三種附三種　（清）林時益編　清刻本　二十二冊　存一種

330000－1782－0000195　普 000186　經部/叢編

重刊宋本十三經注疏四百十六卷附十三經注疏校勘記四百十六卷　（清）阮元撰　（清）盧宣旬摘録　**十三經注疏校勘記識語四卷**　（清）汪文臺撰　清光緒十三年（1887）點石齋鉛印本　十六冊　存十種

330000－1782－0000198　普 000189　史部/

政書類/通制之屬
東漢會要四十卷 (宋)徐天麟撰 清光緒十年(1884)江蘇書局刻本 八册

330000－1782－0000199 普000190 集部/曲類/彈詞之屬
天雨花三十回 (清)陶貞懷撰 清同治八年(1869)文富堂刻本 二十八册 缺二回(三、十三)

330000－1782－0000201 普000192 史部/雜史類/通代之屬
戰國策三十三卷 (漢)高誘注 **重刻剡川姚氏本戰國策札記三卷** (清)黄丕烈撰 清光緒三年(1877)永康胡氏退補齋刻本 四册 存三十三卷(一至三十三)

330000－1782－0000202 普000193 史部/傳記類/總傳之屬/儒林
宋元學案一百卷首一卷考畧一卷 (清)黄宗羲撰 (清)全祖望修定 (清)王梓材 (清)馮雲濠校並考 清光緒五年(1879)長沙寄廬刻本 三十六册

330000－1782－0000203 普000194 史部/雜史類/通代之屬
戰國策三十三卷 (漢)高誘注 **重刻剡川姚氏本戰國策札記三卷** (清)黄丕烈撰 清刻本 一册 存九卷(十至十八)

330000－1782－0000204 普000195 集部/別集類/唐五代別集
李太白文集三十二卷 (唐)李白撰 (清)王琦輯注 清乾隆寶笏樓刻本 十册

330000－1782－0000205 普000196 經部/叢編
重刊宋本十三經注疏四百十六卷附十三經注疏校勘記四百十六卷 (清)阮元撰 (清)盧宣旬摘録 **校勘記識語四卷** (清)汪文臺撰 清嘉慶二十年(1815)南昌府學刻道光六年(1826)盱江朱華臨重校同治十二年(1873)江西書局重修本 七十二册 存十種

330000－1782－0000206 普000197 新學/地學/地志學
寶藏興焉十二卷 (英國)費而奔撰 (英國)傅蘭雅口譯 (清)徐壽筆述 清末刻本 十六册

330000－1782－0000207 普000198 新學/報章
湘學報類編不分卷 (清)湘督學使署編 清光緒二十四年(1898)刻本 八册

330000－1782－0000208 普000199 經部/易類/傳說之屬
易例二卷 (清)惠棟撰 清乾隆四十年(1775)張錦芳校刻本 一册

330000－1782－0000209 普000200 類叢部/叢書類/自著之屬
曾文正公四種 (清)曾國藩撰 清光緒三十一年(1905)上海商務印書館鉛印本 三册 存三種

330000－1782－0000210 善0005 經部/春秋左傳類/傳說之屬
左傳評三卷 (清)李文淵撰 清乾隆四十年(1775)潮陽縣衙刻本 一册

330000－1782－0000211 普000201 新學/醫學/藥品
西藥大成十卷首一卷 (英國)海得蘭撰 清光緒十年(1884)江南製造總局刻本 十四册

330000－1782－0000212 善0006 經部/春秋左傳類/傳說之屬
春秋左傳補註六卷 (清)惠棟撰 清乾隆三十八年(1773)潮陽縣衙刻本 二册

330000－1782－0000214 普000203 史部/金石類/石之屬/通考
石刻鋪敘二卷 (宋)曾宏父撰 清乾隆三十四年(1769)刻本 一册

330000－1782－0000215 普000204 類叢部/叢書類/彙編之屬
貸園叢書初集十二種 (清)周永年編 清乾隆五十四年(1789)歷城周氏竹西書屋據益都李文藻刻板重編印本 二册 存一種

330000－1782－0000217　普 000221　集部/別集類/清別集

讀十年書齋隨筆手稿不分卷　(清)□□撰　稿本　四冊

330000－1782－0000218　普 000206　新學/天學

天文揭要二卷　(美國)赫士口譯　(清)周文源筆述　清光緒二十三年(1897)上海美華書館鉛印本　二冊

330000－1782－0000219　普 000207　史部/金石類/金之屬/文字

歷代鐘鼎彝器款識法帖二十卷　(宋)薛尚功撰　清嘉慶二年(1797)儀徵阮元小琅環僊館刻本　四冊

330000－1782－0000220　普 000208　經部/春秋左傳類/傳說之屬

左繡三十卷首一卷　(清)馮李驊　(清)陸浩評輯　(清)范允斌　(清)沈乃文　(清)陸偲參評　(清)馮張孫等校輯　**春秋經傳集解三十卷**　(晉)杜預原本　(宋)林堯叟附註　(唐)陸德明音釋　(清)馮李驊增訂　清刻本　十冊　存三十八卷(左繡十二至三十、春秋經傳集解十二至三十)

330000－1782－0000221　普 000209　集部/別集類/清別集

有正味齋駢體文二十四卷詩集十六卷詞集八卷　(清)吴錫麒撰　清嘉慶十三年(1808)刻本　七冊　存三十六卷(駢體文一至六、十三至十八,詩集一至十六,詞集一至八)

330000－1782－0000223　普 000211　經部/儀禮類/傳說之屬

儀禮十七卷　(漢)鄭玄注　(唐)陸德明音義　清光緒三年(1877)永康胡氏退補齋刻本　四冊

330000－1782－0000225　普 000213　新學/史志/別國史

日本維新三十年史十二編附録一卷　(日本)博文館輯　(清)上海廣智書局譯　清光緒二十九年(1903)上海廣智書局鉛印本　六冊

330000－1782－0000226　普 000214　子部/法家類

自警編二卷　(清)江毓撰　清咸豐十年(1860)稿本　一冊

330000－1782－0000227　普 000215　史部/地理類/雜志之屬

都門紀略四卷　(清)楊靜亭編　清同治三年(1864)榮録堂刻本　四冊

330000－1782－0000228　普 000216　集部/總集類/選集之屬/通代

御選唐宋文醇五十八卷目録一卷　(清)高宗弘曆輯　清光緒三年(1877)浙江書局刻本　二十冊

330000－1782－0000230　普 000218　集部/別集類/清別集

惕庵詩鈔一卷　(清)沈荃輯　清抄本　一冊

330000－1782－0000231　普 000219　新學/雜著/雜記

二百年後之吾人一卷　(日本)加藤弘之撰　上海文明書局譯　清光緒二十八年(1902)上海文明書局鉛印本　一冊

330000－1782－0000232　普 000220　經部/書類/傳說之屬

欽定書經傳說彙纂二十一卷首二卷書序一卷　(清)王頊齡等撰　清刻本　十冊　缺四卷(十七至十八、首一至二)

330000－1782－0000238　普 000227　史部/目録類/總録之屬/私撰

書目答問五卷別録一卷國朝著述諸家姓名略一卷　(清)張之洞撰　清光緒四年(1878)四明味海閣刻本　四冊

330000－1782－0000240　普 000229　史部/地理類/方志之屬/郡縣志

[同治]湖州府志九十六卷首一卷　(清)宗源瀚　(清)楊榮緒　(清)郭式昌修　(清)周學濬　(清)陸心源　(清)汪曰楨纂　清同治十一年至十三年(1872－1874)愛山書院刻本　二冊　存五卷(三十一至三十三、八十至八

十一)

330000－1782－0000241　普 000232　集部/别集類/清别集
賓萌集五卷外集四卷　(清)俞樾撰　清同治十年(1871)刻德清俞蔭甫所著書本　二册

330000－1782－0000243　普 000230　子部/宗教類/道教之屬
古書隱樓藏書　(清)閔一得輯　清吳興金蓋山純陽宫刻本　十四册

330000－1782－0000247　普 000236　集部/總集類/選集之屬/斷代
唐人萬首絶句選七卷　(清)王士禛輯　清永康胡氏退補齋刻本　二册

330000－1782－0000248　普 000237　類叢部/叢書類/自著之屬
春在堂全書三十六種　(清)俞樾撰　清同治至光緒刻本　十五册　存一種

330000－1782－0000254　普 000243　類叢部/叢書類/自著之屬
春在堂全書三十六種　(清)俞樾撰　清同治至光緒刻本　二十七册　存七種

330000－1782－0000279　普 000267　集部/别集類/唐五代别集
杜詩詳註二十五卷首一卷附編二卷　(唐)杜甫撰　(清)仇兆鰲輯註　清康熙刻本　二十册

330000－1782－0000280　普 000268　子部/藝術類/書畫之屬/畫譜
馬駘畫寶　(清)馬駘繪　清刻本　七册　存四種

330000－1782－0000282　普 000270　子部/醫家類/婦科之屬/產科
大生要旨五卷　(清)唐千頃撰　清同治五年(1866)刻本　一册

330000－1782－0000284　普 000272　類叢部/類書類/專類之屬
古今秘苑十五卷續録十三卷　(清)墨磨山人編　清清雅軒刻本　一册　存十四卷(一至五、續録五至十三)

330000－1782－0000286　普 000274　史部/地理類/方志之屬/郡縣志
[乾隆]湖州府志四十八卷首一卷　(清)李堂纂修　清乾隆二十三年(1758)刻本　四册　存九卷(一至四、十六至十九,首)

330000－1782－0000287　普 000275　子部/醫家類/綜合之屬/通論
醫宗損益附餘一卷　(朝鮮)黄度淵輯　清武橋贊化堂刻本　一册

330000－1782－0000288　普 000276　經部/小學類/音韻之屬/韻書
洪武正韵十六卷　(明)樂韶鳳　(明)宋濂等撰　明刻本　唐鑑清題記　一册　存三卷(七至九)

330000－1782－0000289　普 000277　子部/藝術類/篆刻之屬/印譜
趙次閑印譜不分卷　(清)趙之琛篆刻　清鈐拓本　四册

330000－1782－0000291　普 000279　史部/傳記類/總傳之屬
圖繪寶鑑八卷補遺一卷　(元)夏文彦撰　(明)毛大倫增補　清刻本　六册

330000－1782－0000292　普 000280　經部/小學類/文字之屬/說文
繫傳四十卷　(南唐)徐鍇撰　(南唐)朱翱反切　**校勘記三卷**　(清)苗夔等撰　清道光十九年(1839)祁寯藻刻本　十二册

330000－1782－0000295　普 000283　集部/别集類/唐五代别集
韓子粹言一卷　(唐)韓愈撰　(清)李光地輯　清康熙五十二年(1713)教忠堂刻本　四册

330000－1782－0000296　普 000284　子部/雜著類/雜說之屬
金華子二卷　(南唐)劉崇遠撰　清文珍樓抄本　二册

330000－1782－0000297　善 0007　集部/詩文評類/詩評之屬

苕溪漁隱叢話前集六十卷後集四十卷　(宋)胡仔撰　清乾隆五年至六年(1740－1741)楊佑啟耘經樓刻本　四册　存四十卷(後集一至四十)

330000－1782－0000298　普 000286　經部/書類/分篇之屬

夏書一卷　唐鑑清撰　清抄本　一册

330000－1782－0000299　普 000285　子部/醫家類/醫理之屬/病源病機

靈素合纂□□卷　(清)岳昌源撰　清抄本　一册　存一卷(四)

330000－1782－0000301　普 000288　史部/地理類/輿圖之屬/全國

皇朝一統輿地全圖一卷　(清)六承如輯　(清)馮焌光增補　(清)欽乃軒主人續增　清光緒二十四年(1898)上海順成書局石印本　二册

330000－1782－0000302　普 000289　子部/藝術類/書畫之屬/法帖

草字彙十二卷　(清)石梁輯　清乾隆五十二年(1787)刻本　四册

330000－1782－0000303　普 000301　子部/藝術類/書畫之屬/畫譜

芥子園畫傳初集六卷二集九卷三集六卷　(清)王槩　(清)王蓍　(清)王臬輯　清光緒十六年(1890)上海鴻寶齋石印本　四册　存六卷(三集一至六)

330000－1782－0000304　普 000290　新學/交涉/公法

五大洲圖說萬國公法一卷　(清)朱克撰　**各國路程日記一卷**　(清)李圭撰　**括地畧一卷**　清光緒十六年(1890)石印本　一册

330000－1782－0000306　普 000293　史部/地理類/山川之屬/水志

西湖志四十八卷　(清)李衛　(清)程元章修　(清)傅王露撰　清雍正十三年(1735)兩浙鹽驛道庫刻本　二十册

330000－1782－0000307　普 000294　史部/傳記類/總傳之屬/家乘

[安徽休寧]古林黃氏重修族譜四卷　(明)黃文明纂修　清咸豐四年(1854)刻本　五册

330000－1782－0000310　普 000297　子部/藝術類/書畫之屬/畫法畫品

胡三橋仕女圖八幀　(清)胡三橋繪　(清)吳儁設色補景　清彩繪本　一册

330000－1782－0000324　普 000311　子部/醫家類/傷寒金匱之屬/傷寒論

傷寒論宗印八卷　(清)張志聰注　清抄本　一册　存二卷(一至二)

330000－1782－0000327　普 000314　集部/總集類/選集之屬/斷代

篋衍集十二卷　(清)陳維崧輯　清康熙三十六年(1697)宜興蔣國祥刻本　一册　存三卷(一至三)

330000－1782－0000328　普 000315　子部/醫家類/類編之屬

增訂本草備要三卷醫方集解六卷醫方湯頭歌括一卷經絡歌訣一卷續增日食菜物一卷　(清)汪昂撰　清刻本　五册　存十卷(增訂本草備要二至三、醫方集解二至六、醫方湯頭歌括、經絡歌訣、續增日食菜物)

330000－1782－0000330　普 000317　史部/地理類/山川之屬/水志

西湖志纂十五卷首一卷末一卷　(清)沈德潛　(清)傅王露等撰　清乾隆二十七年(1762)刻本　一册　存一卷(首)

330000－1782－0000331　普 000318　子部/醫家類/醫經之屬/内經

類經三十二卷　(明)張介賓類注　**類經圖翼十一卷附翼四卷**　(明)張介賓撰　明天啓四年(1624)會稽張介賓刻本　一册　存二卷(類經二十一至二十二)

330000－1782－0000333　普 000320　集部/別集類/清別集

香雪詩存六卷 （清）劉侃撰 清光緒四年(1878)刻本 一冊

330000－1782－0000334 普 000321 史部/雜史類/斷代之屬
國語選四卷 （清）儲欣評 清刻本 一冊 存二卷(三至四)

330000－1782－0000336 普 000323 史部/地理類/雜志之屬
藤陰雜記十二卷 （清）戴璐撰 清刻本 一冊 存六卷(七至十二)

330000－1782－0000337 普 000324 子部/兵家類/兵法之屬
兵法百戰經二卷 （明）王鳴鶴撰 （明）何仲叔輯 清刻本 一冊

330000－1782－0000338 普 000325 新學/雜著/叢編
江南製造局譯書 （清）江南製造局編 清光緒江南製造局鉛印本 三十一冊 存十二種

330000－1782－0000339 普 000326 集部/總集類/選集之屬/斷代
七家試帖輯註彙鈔 （清）張熙宇輯評 （清）王植桂輯注 清刻本 六冊 存五種

330000－1782－0000340 普 000327 類叢部/叢書類/自著之屬
春在堂全書三十六種 （清）俞樾撰 清同治至光緒刻本 一冊 存二種

330000－1782－0000344 普 000331 子部/雜著類/雜說之屬
蒿菴閒話二卷 （清）張爾岐撰 清乾隆四十年(1775)刻本 一冊

330000－1782－0000345 普 000332 類叢部/叢書類/彙編之屬
讀畫齋叢書四十六種 （清）顧修編 清刻本 一冊 存一種

330000－1782－0000347 普 000334 子部/藝術類/遊藝之屬/聯語
楹聯集錦八卷 （清）胡鳳丹輯 清同治六年(1867)退補齋刻本 一冊 存四卷(一至四)

330000－1782－0000348 普 000335 類叢部/叢書類/彙編之屬
漸西村舍彙刊(漸西村舍叢刻)四十四種 （清）袁昶編 清光緒十六年至二十四年(1890－1898)桐廬袁氏刻本 一冊 存二種

330000－1782－0000349 普 000336 史部/地理類/方志之屬/郡縣志
[嘉慶]重修揚州府志七十二卷首一卷 （清）阿克當阿修 （清）姚文田 （清）江藩等纂 清嘉慶十五年(1810)刻本 一冊 存二卷(五十七至五十八)

330000－1782－0000350 普 000337 類叢部/叢書類/自著之屬
古桐書屋六種續刻三種 （清）劉熙載撰 清同治至光緒刻本 一冊 存一種

330000－1782－0000351 普 000338 史部/紀事本末類/斷代之屬
聖武記十四卷 （清）魏源撰 清刻本 一冊 存一卷(一)

330000－1782－0000352 普 000339 經部/小學類/訓詁之屬/爾雅
爾雅註疏旁訓四卷 （清）周樽輯 （清）馬俊良增訂 **附録釋名一卷** （清）劉熙著 清嘉慶元年(1796)刻本 一冊

330000－1782－0000353 普 000340 史部/政書類/通制之屬
皇朝三通目録十四卷 （清）雷君彥編 清石印本 一冊 存三卷(十二至十四)

330000－1782－0000354 普 000341 子部/天文曆算類/算書之屬
董方立遺書八種 （清）董祐誠撰 清同治八年(1869)刻本 二冊 存二種

330000－1782－0000355 普 000342 類叢部/類書類/專類之屬
縮本精選經藝淵海不分卷 （清）常安室主人輯 清光緒十四年(1888)上海鴻寶齋石印本 八冊

330000－1782－0000356　普000343　經部/周禮類/傳說之屬
周禮節訓六卷　(清)黄叔琳輯　(清)姚培謙重訂　清刻本　一册　存四卷(三至六)

330000－1782－0000357　普000344　經部/孝經類/傳說之屬
孝經合參三種附刻一種　清道光七年(1827)刻本　二册

330000－1782－0000358　普000345　子部/天文曆算類/天文之屬
步天歌一卷　清刻本　一册

長興縣圖書館古籍普查登記目録

全國古籍普查登記目録·浙江 湖州

國家圖書館出版社
National Library of China Publishing House

《長興縣圖書館古籍普查登記目録》

編委會

主　　編： 朱煜峰

副 主 編： 李玉富

編纂人員： 金　舒　蔣伯良

《長興縣圖書館古籍普查登記目録》

前　言

長興縣位於浙江省西北部、太湖西岸，古爲魚米之鄉，素有耕讀傳家遺風，重視典藏著述。明正德間，學者吴琉建藏書樓環山樓，纂《三才廣志》被尊爲中國第一部私纂百科全書；萬曆間，元曲理論家臧懋循廣集天下雜劇，編成《元曲選百種曲》；民國期間，王修、金濤均愛典藏，并稱浙西兩大藏書家，後部分珍藏捐予浙江省圖書館。長興縣圖書館本屬古籍典藏重點單位，誰料"四清運動"時，長興縣的古籍文獻竟被集中焚毁，零星殘存也在1984年群文分建時，被當作文物撥予縣博物館，以致公共圖書館竟然鮮有收藏。2000年以來，爲傳承地方文化、弘揚著藏傳統，長興縣圖書館致力古籍建設，全體員工盡心竭力，傾心業務，修復、贖買、交換、捐贈，經十餘年努力，篳路藍縷，纍近千册，小有成就，形成以"長興縣地方文化名人著述"爲專題的特色典藏，其中又以曾任長興縣丞吴承恩專著《西游記》的各種版本典藏最豐。

2013年，長興縣圖書館認真學習執行浙江省古籍保護中心工作布置，開展對全館古籍的系統普查，館長朱煜峰出任組長，員工李玉富、金舒負責基本普查工作。經兩年努力，全面完成館藏的著録工作。2017年，長興縣圖書館執行浙江省古籍保護中心"關於要求各單位古籍普查登記目録編輯出版"的工作計劃，積極籌備，并簡述原委以志。

長興縣圖書館
2017年9月

330000－4711－0000006　R24/6030　子部/醫家類/綜合之屬/通論

御纂醫宗金鑑三十卷首一卷　(清)吳謙等撰　清文選樓刻本　三十冊　缺二卷(十九至二十)

330000－4711－0000008　R276.7/5511　子部/醫家類/眼科之屬

傅氏眼科審視瑤函六卷首一卷　(明)傅仁宇撰　(明)林長生校補　清宣統元年(1909)上海會文書局石印本　二冊　存三卷(一至二、首)

330000－4711－0000009　I213.912/6040　集部/總集類/彙編之屬

漢魏六朝一百三家集(漢魏六朝百三名家集)　(明)張溥編　清光緒三年(1877)滇南唐氏壽考堂刻本　二冊　存二種

330000－4711－0000010　R24/4733　子部/醫家類/類編之屬

柳選四家醫案四種　(清)柳寶詒編　清光緒上海文瑞樓石印本　二冊

330000－4711－0000011　R272/3310　子部/醫家類/兒科之屬/通論

鼎鍥幼幼集成六卷　(清)陳復正輯　清光緒二十八年(1902)上海醉六堂石印本　四冊　存四卷(一至三、五)

330000－4711－0000012　Z225/7414　類叢部/類書類/專類之屬

格致鏡原一百卷　(清)陳元龍撰　清康熙五十六年(1717)刻雍正十三年(1735)印本　一冊　存四卷(二十八至三十一)

330000－4711－0000013　R277/0028　子部/醫家類/外科之屬/通論

瘍科臨證心得集三卷瘍科心得集方彙三卷家用膏丹丸散方一卷　(清)高秉鈞撰輯　**景岳新方歌不分卷**　(清)吳辰燦　(清)高秉鈞等撰　清光緒二十七年(1901)無錫日升山房刻本　二冊　存三卷(臨證心得集一至三)

330000－4711－0000014　I264.9/7191　類叢部/叢書類/彙編之屬

海山仙館叢書五十六種　(清)潘仕成編　清道光二十五年至咸豐元年(1845－1851)番禺潘氏刻光緒十一年(1885)增刻彙印本　一冊　存一種

330000－4711－0000015　/00067　經部/禮記類/傳說之屬

全本禮記體註十卷　(清)徐瑄撰　清兩儀堂刻本　七冊　存七卷(一至三、五、七至九)

330000－4711－0000018　/00064　集部/總集類/選集之屬/通代

重訂文選集評十五卷首一卷末一卷　(清)于光華輯　清末刻本　七冊　存七卷(四、六至十一)

330000－4711－0000023　/00062　史部/編年類/通代之屬

御批歷代通鑑輯覽一百二十卷　(清)傅恒等撰　清光緒二十九年(1903)上海商務印書館鉛印本　八冊　存十九卷(六十一至六十九、七十六至八十五)

330000－4711－0000024　I249.2/1053　類叢部/叢書類/自著之屬

王船山先生經史論八種七十四卷　(清)王夫之撰　清光緒三十一年(1905)上海環地福書局石印本　十四冊

330000－4711－0000026　I264.4/7530　類叢部/叢書類/自著之屬

陸放翁全集六種　(宋)陸游撰　明末海虞毛氏汲古閣刻清初毛扆增刻彙印本　二冊　存二種

330000－4711－0000027　/00068　史部/編年類/斷代之屬

東華録天命朝一卷天聰朝二卷崇德朝一卷順治朝七卷康熙朝二十一卷雍正朝十三卷東華續録乾隆朝四十八卷嘉慶朝十四卷道光朝十三卷　王先謙編　清光緒上海圖書集成印書局鉛印本　十一冊　存二十卷(東華録雍正朝五、東華續録乾隆朝十至二十八)

330000－4711－0000028　I222.749/4040　集部/別集類/清別集
山野散詩不分卷　(清)王士禛撰　清抄本　一冊

330000－4711－0000029　/00066　集部/小說類/長篇之屬
新出八劍七俠十六義平蠻演義前傳四卷六十回後傳四卷六十回　清末上海廣益書局石印本　四冊　存四卷(前傳一至四)

330000－4711－0000030　I214.92/4430　類叢部/叢書類/輯佚之屬
雜花生樹齋讀本　(清)黃澧輯　清末抄本　一冊　存一種

330000－4711－0000031　B942/3011　子部/宗教類/佛教之屬/經
地藏菩薩本願經三卷　(唐)釋實叉難陀譯　清刻本　一冊

330000－4711－0000032　R289/1693　子部/醫家類/方書之屬/單方驗方
重刊孫真人備急千金要方三十卷　(唐)孫思邈撰　明正德十六年(1521)劉氏慎獨齋影元刻本　十二冊　存十二卷(一、八至十一、十三至十六、二十八至三十)

330000－4711－0000033　K225.04/6033　經部/春秋左傳類/傳說之屬
東萊博議四卷增補虛字註釋一卷　(宋)呂祖謙撰　清末刻本　二冊　存二卷(三至四)

330000－4711－0000034　I264.9/7433　集部/別集類/清別集
陳文恭公手劄節要一卷　(清)陳弘謀撰　清同治三年(1864)四川藩署刻本　一冊

330000－4711－0000042　B22/7430　子部/雜著類/雜纂之屬
諸子品節五十卷　(明)陳深輯　明萬曆刻本　一冊　存一卷(三)

330000－4711－0000046　K225.04/2550　經部/春秋左傳類/傳說之屬
重訂批點春秋左傳詳節句解六卷首一卷　(宋)朱申注釋　(明)孫鑛批點　清道光十六年(1836)繡谷三讓堂刻本　六冊

330000－4711－0000049　K244.066/4454　類叢部/叢書類/彙編之屬
寶顏堂祕笈二百二十八種　(明)陳繼儒編　明萬曆至泰昌繡水沈氏刻本　一冊　存二種

330000－4711－0000050　K892.9/7430　經部/禮記類/傳說之屬
禮記集說十卷　(元)陳澔撰　清光緒十二年(1886)寶興堂刻本　十冊

330000－4711－0000052　I213.912/7423　集部/總集類/彙編之屬
漢魏六朝一百三家集(漢魏六朝百三名家集)　(明)張溥編　清光緒十八年(1892)善化章經濟堂刻本　二冊　存二種

330000－4711－0000053　I213.912/0031　集部/總集類/彙編之屬
漢魏六朝一百三家集(漢魏六朝百三名家集)　(明)張溥編　清光緒三年(1877)滇南唐氏壽考堂刻本　十二冊　存十種

330000－4711－0000054　Z121.5/2714　類叢部/叢書類/彙編之屬
知不足齋叢書一百九十六種　(清)鮑廷博編　(清)鮑士恭續編　清乾隆三十七年至道光三年(1772－1823)長塘鮑氏刻彙印本　四冊　存三種

330000－4711－0000055　I213.912/4420　集部/總集類/彙編之屬
漢魏六朝名家集初刻四十一種　丁福保輯　清宣統三年(1911)無錫丁氏鉛印本　四冊　存五種

330000－4711－0000056　K239/7748　史部/史抄類
南北史捃華八卷　(清)周嘉猷輯　清光緒六年(1880)廣州翰墨園刻本　一冊　存二卷(五至六)

330000－4711－0000057　I207.62/2213　集部/總集類/選集之屬/斷代

南北朝文鈔二卷　(清)彭兆蓀輯　清光緒八年(1882)紫雲室刻本　二册

330000－4711－0000058　I213.912/2870　集部/别集類/漢魏六朝别集
徐孝穆全集六卷　(南朝陳)徐陵撰　(清)吴兆宜箋注　**備考一卷**　(清)徐文炳撰　清善化經濟書堂刻本　三册

330000－4711－0000060　I211/4420　集部/總集類/選集之屬/通代
文選六十卷　(南朝梁)蕭統輯　(唐)李善注　清刻本　二册　存二卷(九、十九)

330000－4711－0000061　H164/1215　類叢部/類書類/專類之屬
佩文韻府一百六卷　(清)張玉書　(清)蔡升元等輯　**韻府拾遺一百六卷**　(清)汪灝　(清)何焯等輯　清光緒十三年(1887)上海點石齋石印本　五十七册　存二百一卷(佩文韻府一至三十六、三十八至七十七、八十二至八十三、九十至一百六,韻府拾遺一至一百六)

330000－4711－0000063　R281.2/2740　子部/醫家類/類編之屬
周氏醫學叢書(周澂之評注醫書、周氏彙刻醫學叢書)初集十二種二集十一種三集六種　(清)周學海編　清光緒至宣統池陽周氏刻宣統三年(1911)福慧雙修館彙印本　十六册　存一種

330000－4711－0000065　/00032　經部/四書類/總義之屬/傳説
四書味根録三十七卷　(清)金澂撰　清刻本　二册　存七卷(論語十一至十五、孟子十三至十四)

330000－4711－0000070　/00033　史部/政書類/律令之屬/法驗
洗冤録集證二卷　(清)郎錦騏纂輯　清道光十五年(1835)刻本　一册　存一卷(下)

330000－4711－0000071　D929.44/4062　史部/政書類/律令之屬/法驗
洗冤録補註全纂六卷　(清)王又槐輯　(清)李觀瀾補輯　(清)阮其新補註　清道光十五年(1835)刻本　一册　存一卷(二)

330000－4711－0000074　H162.48/4803　經部/小學類/文字之屬/字書/字典
字彙十二集首一卷末一卷韻法直圖一卷　(明)梅膺祚撰　**韻法横圖一卷**　(明)李世澤撰　清雍正九年(1731)錢塘經德堂刻本　十四册

330000－4711－0000077　/00037　子部/醫家類/類編之屬
南雅堂醫書全集十六種　(清)陳念祖撰　清末石印本　二册　存一種

330000－4711－0000078　K225.04/3741　經部/春秋左傳類/傳説之屬
左繡三十卷首一卷　(清)馮李驊　(清)陸浩評輯　清紫文閣刻本　十六册

330000－4711－0000090　I214.92/4420　經部/書類/傳説之屬
書經體注大全合參六卷　(宋)蔡沈集傳　(清)錢希祥輯注　清光緒二十年(1894)寶書堂刻本　四册

330000－4711－0000095　R249.49/6440　子部/醫家類/醫案之屬
臨證指南醫案十卷種福堂續選臨證指南四卷　(清)葉桂撰　(清)徐大椿評　清道光二十四年(1844)蘇州經鉏堂刻朱墨套印本　一册　存一卷(八)

330000－4711－0000096　R285/0000　子部/醫家類/本草之屬/本草藥性
藥性辨要不分卷　清末抄本　一册

330000－4711－0000097　B222.1/2292　經部/四書類/總義之屬/傳説
四書衷一十九卷　(清)王基昌輯　清光緒十年(1884)成文堂刻本　六册

330000－4711－0000099　R26/7431　子部/醫家類/外科之屬/通論
外科正宗十二卷附録一卷　(明)陳實功撰

(清)徐大椿評　清咸豐十年(1860)海寧蔣光焴刻本　一册　存二卷(三至四)

330000－4711－0000100　R245/4723　子部/醫家類/針灸之屬/通論
鍼灸大成十卷　(明)楊繼洲撰　清大文堂刻本　十册

330000－4711－0000105　R249.49/64400　子部/醫家類/醫案之屬
臨證指南醫案十卷　(清)葉桂撰　(清)徐大椿評　清光緒二十二年(1896)寶善書局石印本　一册　存二卷(九至十)

330000－4711－0000108　R289.1/4712　子部/醫家類/方書之屬/成方藥目
胡慶餘堂丸散膏丹全集不分卷　(清)胡光墉編　清光緒三年(1877)杭州胡慶餘堂刻本　三册

330000－4711－0000109　/0072　集部/小説類/長篇之屬
閩都别記二十卷四百回　何求撰　清宣統三年(1911)藕根齋石印本　五册　存五卷(四至七、十)

330000－4711－0000110　R2－52/4024　子部/醫家類/綜合之屬/通論
醫宗必讀五卷首一卷　(明)李中梓撰　清寶翰樓刻本　一册　存二卷(一、首)

330000－4711－0000112　/00050　子部/儒家類/儒學之屬/禮教
齊魯講學編四卷　(清)尹銘綬編　清光緒三十年(1904)刻本　四册

330000－4711－0000117　/00001　經部/四書類/總義之屬/傳説
四書題鏡不分卷　(清)汪鯉翔撰　清敬書堂刻本　四册

330000－4711－0000121　/00023　集部/别集類/清别集
養雲山館試帖四卷　(清)許球撰　清刻本　一册　存一卷(四)

330000－4711－0000122　R281.3/2844　子部/醫家類/類編之屬
徐氏醫書六種　(清)徐大椿撰　清刻本　一册　存一種

330000－4711－0000123　/00055　集部/别集類/元别集
鐵厓樂府註十卷鐵厓咏史註八卷鐵厓逸編註八卷　(元)楊維楨撰　(清)樓卜瀍註　清上海掃葉山房石印本　六册　存十四卷(咏史註一至六、逸編註一至八)

330000－4711－0000125　/00013　集部/别集類/清别集
校訂定盦全集十卷　(清)龔自珍撰　**定盦年譜藁本一卷**　(清)黄守恆撰　清宣統二年(1910)上海時中書局鉛印本　一册　存一卷(十)

330000－4711－0000126　/00014　集部/别集類/清别集
雲悦山房偶存稿六卷　(清)楊維屏撰　清宣統二年(1910)楊氏刻本　一册　存一卷(二)

330000－4711－0000127　/00024　經部/小學類/音韻之屬/韻書
詩韻合璧五卷　(清)湯祥瑟輯　清咸豐七年(1857)三益齋刻本　一册　存一卷(一)

330000－4711－0000128　/00025　子部/工藝類/文房四寶之屬/硯
冬心齋研銘一卷　(清)金農撰　清抄本　一册

330000－4711－0000130　/00049　經部/四書類/總義之屬/傳説
張九達先生四書尊註會意解三十六卷　(清)張庸德增補　清刻本　三册　存八卷(十三至十六、十九至二十二)

330000－4711－0000134　I207.22/4420　經部/詩類/傳説之屬
初刻黄維章先生詩經嫏嬛體註八卷　(明)黄文煥輯著　清光緒二十九年(1903)翰文齋刻本　四册

330000－4711－0000136　R281.31/4061　子部/醫家類/本草之屬/歷代綜合本草

本草綱目五十二卷附圖三卷　（明）李時珍撰　清刻本　三十六册　缺十一卷（四上、九至十、二十九至三十、三十九至四十、四十三、四十七至四十九）

330000－4711－0000137　R289/0000　子部/醫家類/方書之屬/單方驗方

驗方新編十八卷　（清）鮑相璈等輯　清光緒三十年（1904）上海洽記書局石印本　一册　存二卷（十一至十二）

330000－4711－0000144　I207.41/1016　集部/小說類/長篇之屬

西遊真詮一百回　（清）陳士斌詮解　清乾隆竹蘭軒刻本　二十册

長興縣博物館古籍普查登記目録

全國古籍普查登記目録·浙江 湖州

國家圖書館出版社
National Library of China Publishing House

《長興縣博物館古籍普查登記目録》

編委會

主　　編： 應　徵

副 主 編： 周鳳平　童善平

編纂人員： 梁奕建　毛　波　楊美英　胡秋凉　魏　瀾　何　煒

《長興縣博物館古籍普查登記目録》

前　言

長興，自吴王闔閭之弟夫概在太湖西岸築三城三圻始，開創出兩千五百餘年的建城史；自西晋太康三年（282）分烏程西鄉設長城縣，流衍出一千七百餘年的縣域文明史。古籍文獻，隨文明的流轉，在時代的脉搏中跳躍，作生命的記憶。長興，從陳朝開國皇帝陳霸先一脉，有陳伯智、陳叔慎書法選入的《淳化閣帖》，唐顔真卿書於長興的《竹山堂連句》帖、北宋施元之注的宋版《施注蘇詩》、元趙孟頫書的《長興州修建東嶽行宫記》碑、明臧懋循雕蟲館的《元曲選》、清邢澍的《嘉慶長興縣志》，書寫歷代古籍風流；至於入明以後，長興多構藏書樓。明吴琉的環山樓、王道明的笠澤堂，清王承湛的仁壽堂、朱步沆的五三樓，乃至民國王修的詒莊樓、金濤的面城樓，庋藏無盡宋槧元刻明版的風流。時光流逝，殺伐代有，風流之餘，古籍無多。時值第一次全國可移動文物普查及古籍普查，長興縣博物館成立普查小組，盤點庫房，整理編目，共得數據 373 種 1813 册，其中清及以前書目 191 種 1124 册。

此編雖僅千餘册，種不過二百，却是劫餘所幸。其中明刻 2 種，存得 7 册，清刻 189 種，存得 1117 册。此編涵蓋經、史、子、集、新學、類叢六部，抄本、木刻、石印、鉛印、影本諸類型，雖無入選國家名録，却亦有明汲古閣版《説文解字》、清康熙一隅草堂刻《白香山詩》等稍早刻本，另有明萬曆《七圩毛氏家乘》及清刻《長興縣志》《宜興縣志》《荆溪縣志》等家乘、方志可圈點。

此家底清查，古籍情况，一目瞭然。針對古籍藏品管理和保護的特殊性，在采集古籍數據時，做到先行規劃、合理安排、流水綫作業，數據信息一次性采集到位，儘量減少古籍提取次數，减輕對古籍藏品的損傷，保證古籍安全。在做好古籍總賬規範化和管理制度建立健全的前提下，通過本次普查，對所有古籍藏品的數據進行準確細緻采集，并將相關文字和圖片資料輸入電腦，實現藏品的數據化管理。這提高了保管的安全程度，節省了人力、物力、財力，將大大方便今後的管理與研究。在新館建成前，購置樟木書櫃，進行防潮、防蟲、防蛀的處理，新館建成後將規範恒温恒濕的保存環境。

古籍普查，特别是前期的古籍整理工作，古籍普查小組夜以繼日，在簡陋的庫房條件下，不畏艱辛，認真學習，通過制定《庫房古籍整理揀選歸類登記流水綫》《古籍著録交接注意事項》等流程制度，方便整理；古籍小組通過鑽研方法，《小日記大用場》還作爲古籍整理的亮點，登載在浙江文物網上。感謝周鳳平、毛波、魏瀾、馬鳳琴、王曉、梅亞龍、包扣林組成的古籍小組，另外還要感謝長興圖書館李玉富等同志的幫助，使得古籍普查如期完成。

百密一疏，古籍普查在浩瀚的書海中檢索，不免出現舛誤，還望方家斧正、指點，以期來日，長興古籍在後期纍積徵集的基礎上，推陳出新，多有輝煌。

長興縣博物館
2017 年 4 月 13 日

330000－1786－0000003　0002　史部/編年類/通代之屬

御批歷代通鑑輯覽一百二十卷　(清)傅恒等撰　清同治十一年(1872)湖北崇文書局刻本　五十五冊　存一百十卷(一至四、七至九、十八至一百二十)

330000－1786－0000005　0004　史部/地理類/方志之屬/郡縣志

[同治]長興縣志三十二卷　(清)趙定邦修　(清)周學濬　(清)丁寶書纂　清同治十三年至光緒元年(1874－1875)刻本　十六冊

330000－1786－0000006　0007　史部/史表類/通代之屬

歷代統系録六卷　(清)黄本騏撰　清光緒二十八年(1902)上海鴻寶齋石印本　一冊　存三卷(一至三)

330000－1786－0000008　0009　子部/醫家類/本草之屬/本草藥性

分經藥性賦不分卷　清抄本　二冊

330000－1786－0000010　0008　經部/叢編

重刊宋本十三經注疏四百十六卷附十三經注疏校勘記四百十六卷　(清)阮元撰　(清)盧宣旬摘録　**校勘記識語四卷**　(清)汪文臺撰　清光緒十三年(1887)點石齋鉛印本　八冊　存四種

330000－1786－0000012　0015　史部/地理類/方志之屬/郡縣志

[同治]長興縣志三十二卷　(清)趙定邦修　(清)周學濬　(清)丁寶書纂　清同治十三年至光緒元年(1874－1875)刻本　七冊　存七卷(八至九、二十三至二十六、三十)

330000－1786－0000013　0017　類叢部/類書類/專類之屬

詩學含英十四卷　(清)劉文蔚輯　清刻本　二冊

330000－1786－0000015　0019　史部/編年類/通代之屬

尺木堂綱鑑易知録九十二卷明鑑易知録十五卷　(清)吳乘權　(清)周之炯　(清)周之燦輯　清刻本　四十二冊　存九十二卷(綱鑑易知録一至九十二)

330000－1786－0000019　0016　史部/編年類/通代之屬

御批歷代通鑑輯覽一百二十卷　(清)傅恒等撰　清光緒十年(1884)同文書局石印本　十六冊

330000－1786－0000020　0018　經部/小學類/文字之屬/字書/字典

康熙字典十二集三十六卷總目一卷檢字一卷辨似一卷等韻一卷補遺一卷備考一卷　(清)張玉書等纂修　清刻本　四十冊

330000－1786－0000021　0023　集部/總集類/選集之屬/通代

涵芬樓古今文鈔一百卷　吳曾祺輯　清宣統三年(1911)上海商務印書館鉛印本　九十五冊　缺五卷(三十四、五十二、六十五、七十至七十一)

330000－1786－0000023　0027　經部/詩類/傳說之屬

詩經集傳八卷　(宋)朱熹撰　清宣統元年(1909)湖郡王文光三房刻本　四冊

330000－1786－0000024　0020　史部/紀傳類/正史之屬

四史　清光緒十四年(1888)上海蜚英館石印本　十二冊　存一種

330000－1786－0000025　0022　經部/小學類/文字之屬/字書/字典

康熙字典十二集三十六卷總目一卷檢字一卷辨似一卷等韻一卷補遺一卷備考一卷　(清)張玉書等纂修　清光緒三十年(1904)上海錦章書局石印本　六冊

330000－1786－0000026　0024　史部/編年類/通代之屬

御批歷代通鑑輯覽一百二十卷　(清)傅恒等撰　清光緒二十年(1894)上海書局石印本　二十四冊

330000－1786－0000028　0031　史部/政書類/公牘檔冊之屬

立分書不分卷　(清)陳洛文撰　清光緒十四年(1888)抄本　一冊

330000－1786－0000030　0033　史部/政書類/公牘檔冊之屬

簿後有賬不分卷　清末抄本　一冊

330000－1786－0000031　0028　子部/醫家類/綜合之屬/通論

慎疾芻言一卷　(清)徐大椿撰　清道光十八年(1838)蔡氏涵虚閣刻本　一冊

330000－1786－0000033　0030　經部/小學類/文字之屬/字書/字體

六書通十卷　(明)閔齊伋撰　(清)畢弘述篆訂　清光緒二十一年(1895)上海鴻寶齋石印本　二冊　存八卷(一至八)

330000－1786－0000037　0034　史部/紀事本末類

歷朝紀事本末九種　(清)陳如升　(清)朱記榮輯　(清)慎記主人增輯　清光緒二十八年(1902)上海捷記書局石印本　二十冊　存一種

330000－1786－0000038　0036　史部/紀事本末類

歷朝紀事本末九種　(清)陳如升　(清)朱記榮輯　(清)捷記主人增輯　清光緒二十八年(1902)上海捷記書局石印本　七冊　存一種

330000－1786－0000040　0042　史部/紀事本末類

九朝紀事本末(歷朝紀事本末)九種　(清)陳如升　(清)朱記榮輯　(清)捷記主人增輯　清光緒二十九年(1903)文盛書局石印本　四十冊

330000－1786－0000042　0046　史部/紀事本末類/斷代之屬

元史紀事本末二十七卷　(明)陳邦瞻編輯　(明)張溥論正　清光緒二十八年(1902)上海捷記書局石印本　一冊

330000－1786－0000043　0048　經部/孝經類/傳說之屬

孝經衍義一百卷首二卷　(清)葉方藹　(清)張英監修　(清)韓菼編纂　清刻本　九冊　存三十七卷(三十至三十四、五十八至八十三、八十七至八十九、九十三至九十五)

330000－1786－0000044　0050　史部/紀事本末類

歷朝紀事本末九種　(清)陳如升　(清)朱記榮輯　(清)慎記主人增輯　清光緒二十八年(1902)上海捷記書局石印本　六冊　存一種

330000－1786－0000045　0052　子部/醫家類/方書之屬/歷代方書

本草萬方鍼綫八卷　(清)蔡烈先輯　清光緒三十年(1904)上海經香閣書莊石印本　一冊

330000－1786－0000046　0054　子部/醫家類/眼科之屬

傅氏眼科審視瑤函六卷首一卷　(明)傅仁宇撰　(明)林長生校補　清石印本　四冊　存四卷(三至六)

330000－1786－0000047　0056　子部/醫家類/綜合之屬/通論

醫學從衆録八卷　(清)陳念祖撰　清末石印本　一冊

330000－1786－0000048　0058　子部/醫家類/綜合之屬/通論

醫學從衆録八卷　(清)陳念祖撰　清末石印本　一冊

330000－1786－0000049　0045　子部/醫家類/類編之屬

潛齋醫書五種　(清)王士雄撰　清光緒十八年(1892)上海醉六堂刻本　四冊　存二種

330000－1786－0000050　0043　經部/叢編

重刊宋本十三經注疏四百十六卷附十三經注疏校勘記四百十六卷　(清)阮元撰　(清)盧宣旬摘録　**十三經注疏校勘記識語四卷**　(清)汪文臺撰　清光緒十三年(1887)點石齋鉛印本　四冊　存二種

330000－1786－0000053　0062　子部/醫家類/醫經之屬/内經
醫經原旨六卷　(清)薛雪撰　清乾隆十九年(1754)薛氏掃葉莊刻本　六冊

330000－1786－0000057　0051　子部/醫家類/溫病之屬/其他溫疫病證
溫熱贅言一卷　(清)寄瓢子撰　清吳氏靈鶴山房刻本　一冊

330000－1786－0000059　0053　子部/醫家類/方書之屬/歷代方書
醫方集解三卷　(清)汪昂撰　清刻本　二冊　存二卷(二至三)

330000－1786－0000060　0055　子部/醫家類/綜合之屬/通論
醫宗必讀十卷首一卷　(明)李中梓撰　清三益堂刻本　六冊　存六卷(一至五、首)

330000－1786－0000063　0057　史部/地理類/雜志之屬
浙江楚湘忠義祠兩湖會館合編二卷　(清)趙瀚編輯　清光緒二年(1876)浙江書局鉛印本　一冊

330000－1786－0000066　0061　子部/儒家類/儒學之屬/蒙學
寄傲山房塾課新增幼學故事瓊林四卷首一卷　(明)程登吉撰　(清)鄒聖脈增補　清刻本　二冊　存三卷(一至二、首)

330000－1786－0000069　0067　類叢部/類書類/通類之屬
增廣試帖詩海三十二卷　(清)經訓堂主人選輯　清光緒十九年(1893)上海積山書局石印本　七冊　存二十三卷(一至六、十六至三十二)

330000－1786－0000073　0078　史部/紀事本末類/斷代之屬
遼史紀事本末四十卷首一卷　(清)李有棠撰　清光緒二十八年(1902)上海捷記書局石印本　一冊

330000－1786－0000076　0073　子部/儒家類/儒學之屬/蒙學
古鹽補留生精校新增繪圖幼學故事瓊林四卷首一卷　(清)程允升撰　(清)鄒聖脈增補　清末石印本　一冊

330000－1786－0000077　0082　子部/醫家類/養生之屬
隨息居飲食譜一卷　(清)王士雄撰　清光緒十八年(1892)上海醉六堂刻本　二冊

330000－1786－0000079　0077　子部/藝術類/書畫之屬/畫譜
芥子園畫傳五卷　(清)王槩輯　清刻本　一冊　存一卷(三)

330000－1786－0000080　0084　子部/醫家類/溫病之屬/瘟疫
隨息居重訂霍亂論四卷　(清)王士雄撰　清光緒十八年(1892)上海醉六堂刻本　二冊

330000－1786－0000081　0086　子部/醫家類/傷寒金匱之屬/傷寒論
增輯傷寒類方四卷　(清)潘霨增輯　(清)徐大椿編釋　清末刻本　四冊

330000－1786－0000084　0090　子部/醫家類/方書之屬/單方驗方
景岳新方歌不分卷　(清)吳辰燦　(清)高秉鈞　(清)姚志仁撰　清嘉慶十四年(1809)刻本　一冊

330000－1786－0000086　0094　子部/醫家類/外科之屬/通論
瘍科臨證心得集三卷瘍科心得集方彙三卷家用膏丹丸散方一卷　(清)高秉鈞撰輯　**景岳新方歌不分卷**　(清)吳辰燦　(清)高秉鈞等撰　清光緒二十七年(1901)無錫日升山房刻本　三冊　存五卷(臨證心得集一至二、方彙一至三)

330000－1786－0000089　0096　子部/醫家類/方書之屬/單方驗方
驗方新編十六卷　(清)鮑相璈輯　清光緒三十年(1904)上海洽記書局石印本　一冊　存三卷(一至三)

330000－1786－0000091　0098　子部/醫家類/方書之屬/單方驗方

校正增廣驗方新編十八卷　(清)鮑相璈等輯　清光緒三十三年(1907)上海圖書集成局鉛印本　七冊　缺一卷(十一)

330000－1786－0000094　0089　史部/傳記類/總傳之屬/仕宦

歷代名臣言行録二十四卷　(清)朱桓輯　清末石印本　一冊　存三卷(十三至十五)

330000－1786－0000095　0091　集部/總集類/課藝之屬

小題三萬選不分卷　(清)求是齋主人輯　清末石印本　一冊

330000－1786－0000097　0102　子部/醫家類/傷寒金匱之屬/金匱要略

金匱心典三卷　(清)尤怡撰　清光緒七年(1881)崇德書院刻本　三冊

330000－1786－0000098　0095　史部/編年類/通代之屬

綱鑑正史約三十六卷附記一卷　(明)顧錫疇撰　(清)陳弘謀增訂　**甲子紀元一卷**　(清)陳弘謀撰　清光緒二十八年(1902)上海古香閣石印本　一冊　存五卷(一至五)

330000－1786－0000104　0114　子部/醫家類/内科之屬

六氣析疑不分卷　(清)錢村錢氏撰　清抄本　一冊

330000－1786－0000105　0109　子部/宗教類/道教之屬

敬竈全书不分卷　(清)惕心憫世道人編　清末明善書局石印本　一冊

330000－1786－0000107　0101　集部/總集類/氏族之屬

三蘇策論十二卷　(宋)蘇洵　(宋)蘇軾　(宋)蘇轍撰　(清)張紹齡編　清末石印本　一冊　存六卷(七至十二)

330000－1786－0000108　0103　經部/小學類/文字之屬/字書/字典

字學舉隅不分卷　(清)黄本驥　(清)龍啓瑞撰　清刻本　一冊

330000－1786－0000109　0105　史部/政書類/邦計之屬/貿易

通商約章類纂三十五卷首一卷　(清)張開運等編　清末石印本　一冊

330000－1786－0000114　0112　子部/儒家類/儒學之屬/蒙學

文正堂重訂幼學須知句解四卷　(明)錢元龍校梓　清刻本　一冊　存一卷(二)

330000－1786－0000115　0122　子部/醫家類/兒科之屬/通論

兒科要訣不分卷　清抄本　一冊

330000－1786－0000117　0113　子部/醫家類/綜合之屬/通論

御纂醫宗金鑑九十卷首一卷　(清)吴謙等撰　清宣統元年(1909)簡青齋書局石印本　九冊　存四十七卷(二至六、八至二十、三十至三十四、五十一至七十四)

330000－1786－0000118　0115　子部/醫家類/綜合之屬/通論

御纂醫宗金鑑九十卷首一卷　(清)吴謙等撰　清宣統元年(1909)簡青齋書局石印本　一冊　存四卷(五十五至五十八)

330000－1786－0000119　0124　集部/總集類/尺牘之屬

八賢手札(名賢手札)八卷　(清)曾國藩等撰　(清)郭慶藩輯　清岵瞻堂刻本　一冊　存四卷(五至八)

330000－1786－0000120　0117　經部/四書類/總義之屬/傳説

四書典林三十卷　(清)江永輯　清養正堂刻本　五冊　存十一卷(一至四、八至十二、十五至十六)

330000－1786－0000126　0126　子部/雜著類/雜纂之屬

勸戒續録六卷三録六卷四録六卷　(清)梁恭辰撰　清光緒二十七年(1901)湖州施氏刻本

五册　缺三卷(三録四至六)

330000－1786－0000133　0133　集部/小説類/長篇之屬

雲遊記四卷七十六回　(清)鄧定一宣述　(清)陳錦文修輯　清光緒石印本　二册　存二卷(二、四)

330000－1786－0000134　0140　集部/總集類/選集之屬/通代

文選六十卷　(南朝梁)蕭統輯　(唐)李善注　**文選考異十卷**　(清)胡克家撰　清光緒十八年(1892)上海古香閣石印本　六册

330000－1786－0000141　0139　集部/别集類/唐五代别集

白香山詩長慶集二十卷後集十七卷别集一卷補遺二卷　(唐)白居易撰　(清)汪立名編訂　清康熙四十一年至四十二年(1702－1703)汪立名一隅草堂刻本　十一册　存二十卷(長慶集一至三、後集一至十七)

330000－1786－0000142　0146　子部/醫家類/方書之屬/歷代方書

醫方集解二十一卷　(清)汪昂撰　清光緒十三年(1887)蘇州掃葉山房刻本　十三册

330000－1786－0000145　0150　經部/禮記類/傳説之屬

禮記集説十卷　(元)陳澔撰　清刻本　一册　存一卷(九)

330000－1786－0000146　0152　集部/别集類/明别集

震川先生别集十卷附録一卷　(明)歸有光撰　清刻本　四册

330000－1786－0000147　0154　子部/醫家類/本草之屬/歷代綜合本草

本草綱目五十二卷附圖三卷瀕湖脈學一卷脈訣攷證一卷奇經八脈攷一卷　(明)李時珍撰　**本草萬方鍼綫八卷**　(清)蔡烈先輯　**本草綱目拾遺十卷**　(清)趙學敏輯　清光緒十九年(1893)上海鴻寶齋石印本　十五册　缺四卷(本草綱目九至十二)

330000－1786－0000150　0147　集部/别集類/宋别集

蘇文忠詩合註五十卷首一卷目録一卷　(宋)蘇軾撰　(清)馮應榴輯　清乾隆五十八年(1793)桐鄉馮氏踵息齋刻同治九年(1870)補修本　二十册

330000－1786－0000155　0151　集部/别集類/漢魏六朝别集

陶淵明文集十卷　(晉)陶潛撰　清宣統元年(1909)上海著易堂書局石印本　四册

330000－1786－0000157　0155　集部/總集類/課藝之屬

考卷雋快三編不分卷小題雋快新編不分卷　清刻本　一册

330000－1786－0000158　0157　子部/醫家類/本草之屬/歷代綜合本草

本草從新十八卷　(清)吴儀洛輯　清光緒六年(1880)掃葉山房刻本　六册

330000－1786－0000159　0159　子部/藝術類/書畫之屬/書法書品

隸法彙纂十卷　(清)項懷述編　清乾隆五十一年(1786)小西山房刻本　四册

330000－1786－0000162　0163　史部/傳記類/别傳之屬/年譜

歸震川先生[有光]年譜一卷　(清)孫岱編　清末刻本　一册

330000－1786－0000165　0165　子部/醫家類/類編之屬

徐靈胎醫學全書　(清)徐大椿撰　清光緒二十一年至三十三年(1895－1907)上海章福記書局石印本　十四册

330000－1786－0000170　0168　史部/紀事本末類

歷朝紀事本末九種　(清)陳如升　(清)朱記榮輯　(清)捷記主人增輯　清光緒二十八年(1902)上海捷記書局石印本　一册　存一種

330000－1786－0000172　0170　子部/醫家類/針灸之屬/經絡腧穴

奇經八脈攷一卷校正瀕湖脈學一卷 （明）李時珍撰　清末鴻寶齋書局石印本　一冊

330000－1786－0000173　0177　子部/醫家類/方書之屬/單方驗方

種福堂公選良方四卷 （清）葉桂撰　清刻本　一冊　存二卷（三至四）

330000－1786－0000174　0179　子部/農家農學類/獸醫之屬

元亨療馬集四卷 （明）喻仁　（明）喻傑撰　清刻本　四冊

330000－1786－0000176　0172　子部/醫家類/診法之屬/脈經脈訣

瀕湖脈學一卷奇經八脈攷一卷 （明）李時珍撰　清刻本　一冊

330000－1786－0000177　0174　子部/雜著類/雜纂之屬

勸戒近録六卷 （清）梁恭辰撰　清光緒二十七年（1901）湖州施氏刻本　二冊

330000－1786－0000180　0189　史部/地理類/雜志之屬

日下尊聞録五卷 （清）□□撰　清光緒十七年（1891）同文書局石印本　一冊

330000－1786－0000182　0185　子部/醫家類/傷寒金匱之屬/傷寒論

傷寒指掌四卷 （清）吴貞撰　清抄本　一冊　存二卷（一至二）

330000－1786－0000184　0193　集部/總集類/選集之屬/斷代

唐詩諧律二卷 （清）沈寶青輯　清光緒十六年（1890）溧陽沈氏刻本　一冊　存一卷（下）

330000－1786－0000188　0201　子部/醫家類/方書之屬/歷代方書

醫方湯頭歌訣一卷經絡歌訣一卷 （清）汪昂撰　清同治八年（1869）醉六堂刻本　一冊　存一卷（醫方湯頭歌訣）

330000－1786－0000190　0180　子部/醫家類/婦科之屬

女科輯要八卷附單養賢胎產全書一卷 （清）周紀常撰　清末石印本　一冊　存三卷（七至八、單養賢胎產全書）

330000－1786－0000192　0205　子部/醫家類/方書之屬/歷代方書

醫方湯頭歌訣一卷 （清）汪昂撰　清末刻本　一冊

330000－1786－0000194　0184　子部/醫家類/綜合之屬/通論

醫方論四卷 （清）費伯雄撰　清末刻本　一冊　存二卷（一至二）

330000－1786－0000195　0186　子部/醫家類/溫病之屬

時病論八卷 （清）雷豐撰　清刻本　一冊　存二卷（七至八）

330000－1786－0000196　0188　史部/編年類/斷代之屬

御撰資治通鑑綱目三編六卷 （清）張廷玉等編　**御批增補了凡綱鑑四十卷首一卷** （宋）司馬光通鑑　（宋）朱熹綱目　（明）袁黄編纂　清光緒三十年（1904）上海同文升記書局鉛印本　十八冊　缺五卷（增補了凡綱鑑三至五、二十五至二十六）

330000－1786－0000198　0192　經部/易類/傳說之屬

周易本義四卷附圖説一卷卦歌一卷筮儀一卷 （宋）朱熹撰　清光緒七年（1881）浙湖王文光齋刻本　一冊　存三卷（二至四）

330000－1786－0000199　0211　經部/小學類/文字之屬/字書/字典

字彙十二集首一卷末一卷 （明）梅膺祚撰　清刻本　十三冊　缺一卷（末）

330000－1786－0000200　0209　史部/紀傳類/正史之屬

二十四史 清同治至光緒五省官書局據汲古閣本等合刻光緒五年（1879）湖北書局彙印本　十一冊　存一種

330000－1786－0000201　0194　集部/别集

類/清別集

飲冰室壬寅文集十六卷　梁啓超撰　清光緒二十八年(1902)日本東京新智學社石印本　一册　存二卷(一至二)

330000－1786－0000202　0213　子部/醫家類/方書之屬/歷代方書

千金翼方三十卷　(唐)孫思邈撰　清光緒四年(1878)影元大德刻本　六册

330000－1786－0000203　0215　子部/醫家類/綜合之屬/通論

詳校醫宗必讀十卷　(明)李中梓撰　清光緒二十年(1894)掃葉山房刻本　六册

330000－1786－0000204　0196　集部/詩文評類/制藝之屬

增選加註能與集不分卷　(清)李秬香改本　(清)金研香評　清王文光齋刻本　一册

330000－1786－0000207　0221　史部/傳記類/總傳之屬/家乘

[浙江長興]章氏宗譜九卷　(清)章桐生纂修　清光緒二十五年(1899)敔佑堂木活字印本　九册

330000－1786－0000210　0223　史部/傳記類/總傳之屬/家乘

夏家地李氏宗譜四卷　(清)李杪秋輯　清道光十年(1830)刻本　四册

330000－1786－0000211　0202　史部/地理類/方志之屬/郡縣志

宜興荆溪舊志五種　(清)□□輯　清光緒八年(1882)刻本　二册　存一種

330000－1786－0000212　0204　史部/地理類/方志之屬/郡縣志

宜興荆溪舊志五種　(清)□□輯　清光緒八年(1882)刻本　二册　存一種

330000－1786－0000215　0206　史部/紀傳類/正史之屬

四史　清光緒十四年(1888)上海蜚英館石印本　十五册　存一種

330000－1786－0000218　0210　子部/醫家類/傷寒金匱之屬/傷寒論

醫效秘傳三卷　(清)程林撰　清刻本　二册　存二卷(二至三)

330000－1786－0000219　0212　經部/四書類/孟子之屬/傳說

孟子七卷　(宋)朱熹集注　清刻本　二册　存四卷(四至七)

330000－1786－0000220　0231　史部/傳記類/總傳之屬/家乘

[□□□□]七圩毛氏家乘□□卷　明萬曆刻本　一册　存一卷(一)

330000－1786－0000221　0233　史部/傳記類/總傳之屬/家乘

毛氏宗譜六卷　清木活字印本　六册

330000－1786－0000222　0214　經部/四書類/論語之屬/傳說

論語集註十卷　(宋)朱熹撰　清王文光齋刻本　二册　存四卷(一至二、七至八)

330000－1786－0000224　0235　史部/傳記類/總傳之屬/家乘

孫氏家乘十卷　(清)孫錦鏞等纂　清光緒二十五年(1899)木活字印本　十册

330000－1786－0000226　0218　經部/春秋左傳類/傳說之屬

春秋左傳五十卷　(晉)杜預　(宋)林堯叟註釋　(唐)陸德明音義　(明)鍾惺　(明)孫鑛　(明)韓范評點　清末李光明家刻本　十四册　存四十六卷(五至五十)

330000－1786－0000227　0220　子部/醫家類/醫案之屬

李翁醫記二卷　(清)焦循撰　清刻本　一册

330000－1786－0000228　0239　史部/傳記類/總傳之屬/家乘

[浙江長興]午山李氏宗譜七卷　(清)李義發等纂修　清道光二十七年(1847)木活字印本　五册

330000－1786－0000231　0224　經部/小學類/文字之屬/説文/傳説
説文解字注十五卷附六書音韻表五卷　(清)段玉裁撰　**説文部目分韻一卷**　(清)陳焕編　清乾隆至嘉慶段氏經韻樓刻本　六册　存十一卷(一至六、九至十二、十五)

330000－1786－0000234　0226　經部/小學類/文字之屬/説文/傳説
説文解字十五卷標目一卷　(漢)許慎撰　(宋)徐鉉等校定　明汲古閣刻本　六册

330000－1786－0000235　0247　史部/傳記類/總傳之屬/家乘
[浙江長興]李氏午山宗譜七卷　(清)李義發纂修　清道光二十七年(1847)德生堂木活字印本　七册

330000－1786－0000237　0249　史部/傳記類/總傳之屬/家乘
[浙江長興]欽氏宗譜二卷　(清)欽學泮等纂修　清咸豐三年(1853)敦睦堂木活字印本　二册

330000－1786－0000240　0230　子部/術數類/陰陽五行之屬
參星秘要諏吉便覽不分卷　(清)俞榮寬輯　清光緒十五年(1889)古香山館刻朱墨套印本　一册

330000－1786－0000243　0232　子部/醫家類/溫病之屬/其他溫疫病證
溫熱經緯五卷　(清)王士雄撰　清刻本　四册

330000－1786－0000245　0234　子部/醫家類/溫病之屬/其他溫疫病證
問心堂溫病條辨六卷首一卷　(清)吴瑭撰　清光緒三十一年(1905)掃葉山房刻本　六册

330000－1786－0000246　0236　經部/春秋左傳類/傳説之屬
春秋左傳五十卷　(晉)杜預　(宋)林堯叟註釋　(唐)陸德明音義　(明)鍾惺　(明)孫鑛　(明)韓范評點　清刻本　九册　缺二十卷(一至六、十五至十七、二十五至二十六、四十二至五十)

330000－1786－0000247　0238　經部/四書類/孟子之屬/傳説
孟子章句七卷　(宋)朱熹集注　清刻本　三册

330000－1786－0000249　0240　子部/醫家類/醫案之屬
臨證指南醫案十卷　(清)葉桂撰　(清)徐大椿評　清同治三年(1864)刻本　十册

330000－1786－0000250　0263　史部/傳記類/總傳之屬/家乘
[上徐]上徐徐氏宗譜九卷　(清)徐鳳全修　清光緒二十年(1894)刻本　五册　存七卷(一、四至九)

330000－1786－0000254　0271　類叢部/叢書類/自著之屬
潛園總集十七種　(清)陸心源撰　清同治至光緒刻本　四册　存一種

330000－1786－0000257　0244　子部/醫家類/醫經之屬/内經
素問靈樞類纂約註三卷　(清)汪昂撰　清刻本　二册　存二卷(中、下)

330000－1786－0000259　0277　史部/政書類/公牘檔册之屬
文契不分卷　(清)啟珍訂　清宣統元年(1909)抄本　一册

330000－1786－0000261　0281　史部/政書類/公牘檔册之屬
公堂簿(大夫第王)不分卷　清光緒三十二年(1906)抄本　一册

330000－1786－0000263　0246　子部/醫家類/類編之屬
保赤彙編七種　(清)朱之榛編　清光緒五年(1879)蘇州刻本　一册　存一種

330000－1786－0000264　0248　子部/醫家類/醫經之屬/内經

素問靈樞類纂約註三卷　(清)汪昂撰　清光緒十三年(1887)掃葉山房刻本　三冊

330000－1786－0000266　0287　經部/易類/傳說之屬

周易本義四卷附圖說一卷卦歌一卷筮儀一卷　(宋)朱熹撰　清光緒七年(1881)浙湖王文光齋刻本　二冊　缺一卷(四)

330000－1786－0000267　0289　史部/政書類/公牘檔冊之屬

立分書議不分卷　(清)李彬　(清)韓越方訂　清咸豐四年(1854)抄本　一冊

330000－1786－0000269　0250　子部/醫家類/本草之屬/歷代綜合本草

增補本草備要八卷醫方湯頭歌訣一卷經絡歌訣一卷　(清)汪昂撰　清光緒三十年(1904)上海章福記書局石印本　一冊

330000－1786－0000273　0293　子部/術數類/相宅相墓之屬

心眼指要四卷　(清)章仲山輯　清同治十二年(1873)刻本　一冊　存一卷(四)

330000－1786－0000274　0258　集部/別集類/清別集

三餘檢韻不分卷　(清)笠西撰　清抄本　一冊

330000－1786－0000276　0295　集部/小說類/長篇之屬

封神演義全傳□□卷　(明)許仲琳撰　(明)鍾惺評　清刻本　一冊　存一卷(十一)

330000－1786－0000280　0301　史部/政書類/公牘檔冊之屬

立分書不分卷　(清)陳洛文撰　清光緒十四年(1888)抄本　一冊

330000－1786－0000281　0303　子部/醫家類/方書之屬/成方藥目

胡慶餘堂丸散膏丹全集十四卷　(清)胡光墉編　清光緒三年(1877)杭州胡慶餘堂刻本　一冊

330000－1786－0000284　0307　史部/政書類/公牘檔冊之屬

分授產簿不分卷　(清)李鴻昌等記　清光緒二十八年(1902)抄本　一冊

330000－1786－0000288　0313　史部/金石類/石之屬/文字

石鼓文釋存一卷補注一卷　(清)張燕昌撰　清光緒二十八年(1902)貴池劉氏刻本　一冊

330000－1786－0000289　0317　子部/醫家類/醫案之屬

三家醫案合刻　(清)吳金壽編　清刻本　一冊　存二種

330000－1786－0000293　0323　子部/醫家類/綜合之屬/通論

醫貫砭二卷　(清)徐大椿撰　清刻本　一冊

330000－1786－0000294　0268　史部/金石類/金之屬/文字

積古齋鐘鼎彝器款識十卷　(清)阮元　(清)朱為弼撰　清光緒八年(1882)常熟抱芳閣刻本　三冊　存七卷(一至四、八至十)

330000－1786－0000295　0325　史部/地理類/方志之屬/郡縣志

[同治]長興縣志三十二卷　(清)趙定邦修　(清)周學濬　(清)丁寶書纂　**[光緒]長興志拾遺二卷首一卷**　(清)朱鎮纂　清同治十三年至光緒元年(1874－1875)刻光緒十八年(1892)邵同珩、孫德祖增補重校刻本([光緒]長興志拾遺為清光緒二十三年刻本)　十五冊　缺一卷(十)

330000－1786－0000300　0272　史部/傳記類/科舉録之屬

江左校士録六卷　(清)黃體芳輯　清石印本　一冊　存一卷(三)

330000－1786－0000301　0274　集部/總集類/選集之屬/通代

古文辭類纂七十四卷　(清)姚鼐輯　**續古文辭類纂三十四卷**　王先謙輯　清末商務印書館鉛印本　三冊　存二十六卷(古文辭類纂十一至二十、續古文辭類纂一至十六)

330000－1786－0000303　0276　集部/小説類/長篇之屬
註釋燕山外史八卷　(清)陳球撰　(清)若騻子輯注　清掃葉山房石印本　一册

330000－1786－0000305　0337　子部/藝術類/書畫之屬/畫法畫品
新羅山人畫册不分卷　(清)劃嵒繪　清宣統影印本　一册

330000－1786－0000309　0343　史部/金石類/石之屬/文字
滎陽鄭文公之碑一卷　(清)趙之謙編　清同治八年(1869)影印本　一册

330000－1786－0000310　0280　子部/醫家類/醫經之屬/内經
黄帝内經靈樞十二卷附素問遺篇一卷　清光緒十年(1884)刻本　四册

330000－1786－0000313　0290　集部/總集類/課藝之屬
目耕齋讀本初集不分卷二刻不分卷　(清)徐楷評註　(清)沈叔眉選刊　清汲綆齋刻本　四册

330000－1786－0000314　0292　集部/總集類/課藝之屬
小題正鵠初集不分卷二集不分卷三集不分卷四集不分卷　(清)李元度輯　清光緒二十一年(1895)上海煥文書局石印本　四册

330000－1786－0000316　0294　集部/別集類/清別集
道生堂小題制藝初集二卷二集一卷三集一卷　(清)鍾聲撰　清光緒二十一年(1895)上海寶善書局石印本　四册

330000－1786－0000317　0296　子部/醫家類/診法之屬/其他診法
傷寒舌鑑不分卷　(清)張登輯　清刻本　一册

330000－1786－0000318　0351　經部/叢編
皇清經解一千四百八卷　(清)阮元輯　清道光九年(1829)廣東學海堂刻咸豐十一年(1861)補刻本　一册　存二卷(五百六十五至五百六十六)

330000－1786－0000320　0298　經部/小學類/文字之屬/字書/字典
康熙字典十二集三十六卷總目一卷檢字一卷辨似一卷等韻一卷補遺一卷備考一卷　(清)張玉書等纂修　清光緒十三年(1887)上海積山書局石印本　六册

330000－1786－0000322　0300　經部/小學類/文字之屬/字書/字典
康熙字典十二集三十六卷總目一卷檢字一卷辨似一卷等韻一卷補遺一卷備考一卷　(清)張玉書等纂修　清光緒十一年(1885)上海同文書局石印本　六册

330000－1786－0000323　0357　類叢部/類書類/通類之屬
五經擬題集解三十八卷續集三十七卷　(清)姜嶷　(清)朱怡亭輯　清刻本　十一册

330000－1786－0000324　0302　經部/小學類/文字之屬/字書/字典
康熙字典十二集三十六卷總目一卷檢字一卷辨似一卷等韻一卷補遺一卷備考一卷　(清)張玉書等纂修　清光緒十一年(1885)上海同文書局石印本　五册　缺九卷(寅集上中下、卯集上中下、辰集上中下)

330000－1786－0000325　0304　經部/小學類/文字之屬/字書/字典
康熙字典十二集三十六卷總目一卷檢字一卷辨似一卷等韻一卷補遺一卷備考一卷　(清)張玉書等纂修　清末石印本　六册

330000－1786－0000326　0306　經部/小學類/文字之屬/字書/字典
康熙字典十二集三十六卷總目一卷檢字一卷辨似一卷等韻一卷補遺一卷備考一卷　(清)張玉書等纂修　清末石印本　五册　缺五卷(亥集上中下、補遺、備考)

330000－1786－0000327　0308　經部/小學類/文字之屬/字書/字典

康熙字典十二集三十六卷總目一卷檢字一卷辨似一卷等韻一卷補遺一卷備考一卷　（清）張玉書等纂修　清末石印本　六冊

330000－1786－0000331　0314　經部/小學類/文字之屬/字書/字典
康熙字典十二集三十六卷總目一卷檢字一卷辨似一卷等韻一卷補遺一卷備考一卷　（清）張玉書等纂修　清光緒十三年（1887）上海積山書局石印本　二冊　存十五卷（子集上中下、丑集上中下、亥集上中下，總目，檢字，辨似，等韻，補遺，備考）

330000－1786－0000332　0316　經部/小學類/文字之屬/字書/字典
康熙字典十二集三十六卷總目一卷檢字一卷辨似一卷等韻一卷補遺一卷備考一卷　（清）張玉書等纂修　清光緒二十年（1894）上海點石齋石印本　四冊　缺十五卷（寅集上中下、卯集上中下、辰集上中下、未集上中下、申集上中下）

330000－1786－0000337　0318　經部/小學類/文字之屬/字書/字典
康熙字典十二集三十六卷總目一卷檢字一卷辨似一卷等韻一卷補遺一卷備考一卷　（清）張玉書等纂修　清道光七年（1827）刻本　三十九冊　缺一卷（申集下）

330000－1786－0000338　0320　經部/小學類/文字之屬/字書/字典
康熙字典十二集三十六卷總目一卷檢字一卷辨似一卷等韻一卷補遺一卷備考一卷　（清）張玉書等纂修　清刻本　七冊　存七卷（寅集上下、辰集中、午集下、未集中，補遺，備考）

330000－1786－0000339　0322　經部/小學類/文字之屬/字書/字典
康熙字典十二集三十六卷總目一卷檢字一卷辨似一卷等韻一卷補遺一卷備考一卷　（清）張玉書等纂修　清刻本　十九冊　存十九卷（丑集上、寅集上中、卯集上中、巳集上、午集中下、申集上中、酉集上中下、戌集上中下、亥集上，等韻，補遺）

330000－1786－0000341　0324　史部/編年類/斷代之屬
御撰資治通鑑綱目三編二十卷　（清）張廷玉等撰　清光緒二十八年（1902）上海古香閣石印本　一冊

330000－1786－0000345　0375　子部/醫家類/醫案之屬
種福堂續選臨證指南四卷　（清）葉桂撰　（清）徐大椿評　清文盛堂刻本　二冊

330000－1786－0000346　0328　集部/總集類/課藝之屬
目耕齋初集不分卷二集不分卷　（清）徐楷評註　（清）沈叔眉選刊　清末石印本　二冊

330000－1786－0000347　0377　史部/傳記類/科舉録之屬
科舉案卷不分卷　（清）吳觀樂等撰　清刻本　一冊

330000－1786－0000348　0379　類叢部/類書類/通類之屬
藝林類擷十六卷　（清）謝輔坫輯　清刻本　一冊　存二卷（十一至十二）

330000－1786－0000349　0330　子部/醫家類/針灸之屬/通論
鍼灸大成十卷　（明）楊繼洲撰　清光緒六年（1880）掃葉山房刻本　十冊

330000－1786－0000350　0381　經部/小學類/文字之屬/字書/字典
字彙十二集首一卷末一卷韻法直圖一卷　（明）梅膺祚撰　**韻法橫圖一卷**　（明）李世澤撰　清同治七年（1868）文正堂刻本　十四冊

330000－1786－0000351　0383　經部/小學類/文字之屬/字書/字典
字彙十二集首一卷末一卷韻法直圖一卷　（明）梅膺祚撰　**韻法橫圖一卷**　（明）李世澤撰　清刻本　二冊　存三卷（亥集、韻法直圖、韻法橫圖）

330000－1786－0000352　0385　經部/小學類/文字之屬/字書/字典

字彙十二集首一卷末一卷韻法直圖一卷　(明)梅膺祚撰　**韻法橫圖一卷**　(明)李世澤撰　清同治七年(1868)文正堂刻本　十四册

330000－1786－0000354　0387　子部/醫家類/本草之屬/歷代綜合本草
本草綱目五十二卷　(明)李時珍撰　清刻本　二十七册　存三十卷(一至十一、十七、二十二至二十五、三十二至三十五、三十九、四十二至四十六、四十九至五十二)

330000－1786－0000356　0389　子部/醫家類/方書之屬/歷代方書
本草萬方鍼綫八卷　(清)蔡烈先輯　清刻本　二册　存五卷(二至六)

330000－1786－0000357　0391　子部/天文曆算類/天文之屬
管窺輯要八十卷　(清)黄鼎撰　清刻本　三册　存十卷(六十八至七十、七十二至七十八)

330000－1786－0000359　0395　子部/醫家類/醫案之屬
三家醫案合刻　(清)吳金壽編　清掃葉山房刻本　二册

330000－1786－0000360　0336　子部/醫家類/醫案之屬
洄溪醫案一卷慎疾芻言一卷　(清)徐大椿撰　清石印本　一册

330000－1786－0000361　0397　集部/别集類/明别集
震川先生集三十卷别集十卷附録一卷補編一卷　(明)歸有光撰　(清)錢謙益　(清)歸玠輯　清光緒六年(1880)常熟歸氏刻本　十二册　缺十卷(别集一至十)

330000－1786－0000364　0403　經部/四書類/總義之屬/傳説
新訂四書補註備旨十卷　(明)鄧林撰　(清)杜定基增訂　清刻本　三册　存五卷(論語一至二,孟子一至二、四)

330000－1786－0000365　0338　子部/醫家類/醫案之屬
洄溪醫案一卷　(清)徐大椿撰　清刻本　一册

330000－1786－0000366　0340　子部/醫家類/診法之屬/脈經脈訣
删註脈訣規正二卷　(清)沈鏡删註　清刻本　一册　存一卷(下)

330000－1786－0000367　0405　經部/群經總義類/文字音義之屬
十三經集字摹本不分卷　(清)彭玉雯撰　清刻本　八册

330000－1786－0000370　0342　子部/醫家類/方書之屬/歷代方書
醫方集解三卷　(清)汪昂撰　清刻本　一册　存一卷(上)

330000－1786－0000372　0411　經部/四書類/論語之屬/傳説
論語集註十卷　(宋)朱熹撰　清刻本　二册

330000－1786－0000373　0346　經部/四書類/總義之屬/傳説
四書論義二卷　繆荃孫輯　清光緒二十七年(1901)上海醉六堂石印本　三册

330000－1786－0000374　0348　經部/四書類/論語之屬/傳説
論語集註十卷　(宋)朱熹撰　清石印本　一册　存五卷(一至五)

安吉縣博物館古籍普查登記目録

全國古籍普查登記目録·浙江 湖州

國家圖書館出版社
National Library of China Publishing House

《安吉縣博物館古籍普查登記目録》

編委會

主　　編： 朱清清

副 主 編： 黄衛琴　樓志强

編纂人員： 周意群　張秋華　江　玘　馬海鷹　章誠路　沈林霞

《安吉縣博物館古籍普查登記目録》

前　言

古籍是中華傳統文化的重要載體，然由於年代久遠、保存不當等客觀原因，幸免厄運而流傳至今的百不及一，尤其珍貴。安吉縣博物館認真貫徹國務院、文化部有關精神，按照文化部古籍普查的範圍和要求，於 2014 年 5 月起，積極開展古籍普查工作，至 2015 年 6 月底已圓滿完成古籍普查工作。

我館所藏古籍因原館保存條件有限，且未經系統整理，受潮黴變、酸化絮化、蟲蛀鼠咬現象較爲嚴重。我館在做好古籍普查工作的同時，强化團隊協作，重點開展了館藏古籍的保護工作，建立古籍保護制度，改善古籍保護條件，加强古籍保護人才培養。經過一年多的努力，在古籍普查、古籍利用等方面取得了顯著成效，全面完成古籍普查任務。

實施全國古籍普查的一個重要目的，就是弄清我國目前現存古籍的破損情况，制訂統一、有效的古籍修復計劃，儘可能地延長現存古籍的保存時間。根據全國古籍普查平臺統計，本館普查著録館藏古籍及民國時期綫裝本 1194 部 10334 册。主要版本以清代刻本、清代石印本、民國刻本、民國石印本爲主；裝幀形式主要是以綫裝爲主；年代分布有明代古籍 9 部，清代古籍 759 部，其餘爲民國時期；二級古籍有 2 部 13 册，三級級別的有 76 部 1037 册，四級有 1104 部 8983 册，其他的 12 部 301 册；一級破損的有 28 部，二級破損的有 47 部，三級破損的有 208 部，四級破損的有 261 部，五級破損的有 328 部，未破損的有 320 部，其他 2 部。通過古籍整理與普查，發現館藏古籍中藏有一批特色文獻，包括各類抄本、家族譜牒、地方文獻等。如清同治刻本《安吉縣志》和清光緒刻本《孝豐縣志》，是安吉歷史文化研究的珍貴文獻資料。

《安吉縣博物館古籍普查登記目録》的出版得到了安吉縣政府的高度重視，得到了浙江省古籍保護中心、安吉縣文廣新局、安吉縣第一次全國可移動文物普查辦公室的大力支持以及各級專家老師的指導幫助，在本書付梓之際，謹向爲出版本書付出辛勤努力的所有人員表示衷心的感謝。

由於時間倉促、編者水平有限，本書難免有疏漏、錯誤的存在，敬請專家、讀者諒解、指正。

安吉縣博物館
2017 年 9 月

330000－1783－0000001　普 0078　史部/地理類/方志之屬/郡縣志

[同治]孝豐縣志十卷首一卷　(清)劉濬修　(清)潘宅仁等纂　清光緒五年(1879)刻本　九冊　存十卷(一至十)

330000－1783－0000002　普 0060　史部/紀傳類/正史之屬

二十四史　清光緒二十九年(1903)五洲同文局石印本　八冊　存一種

330000－1783－0000003　普 0231　類叢部/叢書類/自著之屬

春在堂全書三十六種　(清)俞樾撰　清光緒二十三年(1897)石印本　十七冊　存二十四種

330000－1783－0000005　普 0241　類叢部/叢書類/彙編之屬

藝苑捃華四十八種　(清)顧之逵編　清乾隆刻本　十九冊　存四十三種

330000－1783－0000006　普 0239　類叢部/類書類/通類之屬

策學備纂續集四卷　(清)宋徽猷等輯　清光緒二十年(1894)上海點石齋石印本　十冊

330000－1783－0000008　普 0292、普 0300　經部/叢編

十三經古注十三種　(明)金蟠　(明)葛鼒輯　明崇禎十二年(1639)序葛氏永懷堂刻清同治八年(1869)浙江書局補刻印本　六冊　存二種

330000－1783－0000009　普 1038　子部/醫家類/方書之屬/歷代方書

名醫方論四卷　(清)羅美　(清)柯琴輯並評　清康熙十四年(1675)古懷堂刻本　三冊　存三卷(一、三至四)

330000－1783－0000010　普 0688　史部/雜史類/通代之屬

戰國策三十三卷　(漢)高誘注　**重刻剡川姚氏本戰國策札記三卷**　(清)黃丕烈撰　清光緒二十二年(1896)上海鴻寶齋石印本　五冊

330000－1783－0000012　普 1049　經部/小學類/文字之屬/說文/傳說

說文解字注十五卷附六書音韻表五卷　(清)段玉裁撰　**說文通檢十四卷首一卷末一卷**　(清)黎永椿編　**說文解字注匡謬八卷**　(清)徐承慶撰　清光緒十四年(1888)上海蜚英館石印本　六冊

330000－1783－0000016　普 0278　經部/叢編

重刊宋本十三經注疏四百十六卷附十三經注疏校勘記四百十六卷　(清)阮元撰　(清)盧宣旬摘録　**校勘記識語四卷**　(清)汪文臺撰　清嘉慶二十年(1815)南昌府學刻本　二十冊　存一種

330000－1783－0000019　普 0234　類叢部/叢書類/彙編之屬

元和江氏靈鶼閣叢書五十六種　(清)江標輯　清光緒元和江氏湖南使院刻蘇州振新書社印本　四十三冊　缺十一卷(三至九、十六、三十八至三十九、七十六)

330000－1783－0000021　普 0877　子部/藝術類/書畫之屬

吴昌碩臨石鼓文一卷　吴昌碩書　清宣統二年(1910)碧梧山莊石印本　一冊

330000－1783－0000023　普 0232　類叢部/叢書類/郡邑之屬

金華文萃(金華叢書)六十八種　(清)胡鳳丹編　清同治七年至光緒八年(1868－1882)永康胡氏退補齋刻民國補刻本　六冊　存一種

330000－1783－0000024　普 0204　史部/雜史類/斷代之屬

湘軍水陸戰紀十六卷　(清)曾國藩撰　(清)鮑叔衡輯　清光緒十一年(1885)京都同文堂石印本　一冊　存九卷(八至十六)

330000－1783－0000027　普 0296　經部/叢編

五經備旨四十五卷　(清)鄒聖脈纂輯　清刻本　三冊　存五卷(書經一至五)

330000－1783－0000028　普 1059　史部/傳記類/總傳之屬/仕宦

歷代名臣言行録二十四卷　（清）朱桓輯　清光緒十五年（1889）上海廣百宋齋鉛印本　二冊　存四卷（五至八）

330000－1783－0000029　普 1061　史部/地理類/雜志之屬

城南樵唱一卷　（清）顧福仁撰　清光緒十七年（1891）養心光室刻本　一冊

330000－1783－0000030　普 0326－3　經部/四書類/總義之屬/傳說

四書集註十九卷　（宋）朱熹撰　清刻本　一冊　存二卷（孟子六至七）

330000－1783－0000031　普 0203　史部/地理類/山川之屬/水志

中國江海險要圖誌二十二卷首一卷補編五卷附圖五卷　（英國）海軍海圖官局編　陳壽彭譯　清光緒二十七年（1901）經世文社石印本　一冊　存一卷（圖誌三）

330000－1783－0000033　普 0072　史部/地理類/方志之屬/郡縣志

［同治］湖州府志九十六卷首一卷　（清）宗源瀚　（清）楊榮緒　（清）郭式昌修　（清）周學濬　（清）陸心源　（清）汪曰楨纂　清同治十一年至十三年（1872－1874）愛山書院刻光緒九年（1883）印本（卷二十至二十三、三十五至四十、五十四至五十五、七十至七十五、九十四至九十六配抄本）　四十八冊　存九十二卷（三至四十二、四十五至九十六）

330000－1783－0000036　普 0199　子部/雜著類/雜考之屬

十駕齋養新録二十卷餘録三卷　（清）錢大昕撰　清嘉慶十六年（1811）錢師康刻本　五冊　缺三卷（餘録一至三）

330000－1783－0000037　普 0251　類叢部/類書類/專類之屬

子史精華一百六十卷　（清）吳士玉　（清）吳襄等輯　清光緒二十二年（1896）上海賓文書局石印本　八冊

330000－1783－0000038　普 0202　子部/農家農學類/蠶桑之屬

泰西育蠶新法十卷附一卷　（清）張坤德譯　清光緒二十四年（1898）強齋石印本　一冊

330000－1783－0000039　普 0872　子部/農家農學類/蠶桑之屬

泰西育蠶新法十卷附一卷　（清）張坤德譯　清光緒二十四年（1898）強齋石印本　一冊

330000－1783－0000040　普 0873　子部/農家農學類/蠶桑之屬

泰西育蠶新法十卷附一卷　（清）張坤德譯　清光緒二十四年（1898）強齋石印本　一冊

330000－1783－0000041　普 0284　經部/叢編

重刊宋本十三經注疏四百十六卷附十三經注疏校勘記四百十六卷　（清）阮元撰　（清）盧宣旬摘録　**校勘記識語四卷**　（清）汪文臺撰　清嘉慶二十年（1815）南昌府學刻本　四冊　存一種

330000－1783－0000042　普 0874　子部/農家農學類/蠶桑之屬

泰西育蠶新法十卷附一卷　（清）張坤德譯　清光緒二十四年（1898）強齋石印本　一冊

330000－1783－0000043　普 0006　類叢部/叢書類/彙編之屬

武英殿聚珍版書（武英殿聚珍版叢書）一百三十八種　清乾隆浙江刻本　二冊　存一種

330000－1783－0000044　普 0017　經部/四書類/孟子之屬/文字音義

孟子七卷　（宋）朱熹集注　清刻本　三冊

330000－1783－0000045　普 0876　子部/農家農學類/蠶桑之屬

泰西育蠶新法十卷附一卷　（清）張坤德譯　清光緒二十四年（1898）強齋石印本　一冊

330000－1783－0000046　普 0875　子部/農家農學類/蠶桑之屬

泰西育蠶新法十卷附一卷　（清）張坤德譯　清光緒二十四年（1898）強齋石印本　一冊

330000－1783－0000047　普 0001　經部/小學類/文字之屬/字書/字體
鐘鼎字源五卷附録一卷　(清)汪立名撰　清刻本　四冊　缺一卷(附録)

330000－1783－0000049　普 0008－0009　經部/叢編
十三經註疏附考證　(清)□□輯　清乾隆四年(1739)武英殿刻本　七冊　存二種

330000－1783－0000050　普 0009　集部/總集類/彙編之屬
秦漢文歸三十卷　(明)鍾惺輯並評　明末古香齋刻本　十冊　存二十卷(漢文歸一至二十)

330000－1783－0000053　普 0018　經部/四書類/總義之屬/傳説
四書章句集註十九卷　(宋)朱熹撰　清光緒三年(1877)永康胡氏退補齋刻本　一冊　存二卷(大學、中庸)

330000－1783－0000055　普 0013　經部/易類/傳説之屬
周易本義四卷附圖説一卷新增圖説一卷卦歌一卷筮儀一卷　(宋)朱熹撰　清光緒三年(1877)永康胡氏退補齋刻本　二冊

330000－1783－0000056　普 0326－2　經部/四書類/總義之屬/傳説
四書集註十九卷　(宋)朱熹撰　清掃葉山房刻本　二冊　存三卷(中庸、孟子六至七)

330000－1783－0000057　普 0008　集部/總集類/選集之屬/斷代
唐人萬首絶句選七卷　(清)王士禛輯　清康熙刻本　四冊

330000－1783－0000059　普 0012　集部/別集類/清別集
曝書亭集八十卷附録一卷　(清)朱彝尊撰
笛漁小稾十卷　(清)朱昆田撰　清康熙五十三年(1714)朱稻孫刻雍正印本　十二冊　存八十一卷(曝書亭集一至八十、附録)

330000－1783－0000062　普 0001－0007、普 0010－0011　經部/叢編
十三經注疏附考證　(清)□□輯　清乾隆四年(1739)武英殿刻本　九十八冊　存九種

330000－1783－0000064　普 0991　子部/天文曆算類/算書之屬
幾何原本十五卷　(意大利)利瑪竇　(英國)偉烈亞力口譯　(明)徐光啟　(清)李善蘭筆受　清刻本　八冊

330000－1783－0000066　普 0014　經部/禮記類/傳説之屬
禮記集説十卷　(元)陳澔撰　清光緒三年(1877)永康胡氏退補齋刻本　十冊

330000－1783－0000067　普 0005　子部/農家農學類/園藝之屬/總志
二如亭群芳譜三十卷首一卷　(明)王象晉撰　明末刻清重修本　二十七冊　存二十九卷(一至二十一、二十三至三十)

330000－1783－0000068　普 0117－0119　類叢部/叢書類/家集之屬
洪氏晦木齋叢書二十一種　(清)洪汝奎編　清同治八年至宣統元年(1869－1909)刻本　八冊　存二種

330000－1783－0000070　普 0123　子部/雜著類/雜纂之屬
百家類纂四十卷　(明)沈津輯　明隆慶元年(1567)含山縣儒學刻本　一冊　存一卷(三十二)

330000－1783－0000072　普 0257　類叢部/叢書類/自著之屬
孫夏峯全集十二種附一種　(清)孫奇逢撰　清康熙刻道光至光緒遞刻重印本　十二冊　存一種

330000－1783－0000073　普 0297　經部/書類/傳説之屬
書經集傳六卷　(宋)蔡沈撰　清王文光齋刻本　二冊　存三卷(二至四)

330000－1783－0000074　普 0298　經部/書類/傳説之屬

書經集傳六卷 (宋)蔡沈撰 清王文光齋刻本 二冊 存三卷(四至六)

330000－1783－0000076 普0010－0011 集部/總集類/選集之屬/斷代
唐詩品彙九十卷拾遺十卷詩人爵里詳節一卷 (明)高棅輯 (明)張恂訂 明末關中張恂刻本 十四冊

330000－1783－0000077 普0007 集部/總集類/彙編之屬
鍾譚二先生古唐詩歸五十一卷 清康熙吳郡寶翰樓刻本 二十八冊

330000－1783－0000078 普0134 集部/總集類/選集之屬/斷代
全唐詩鈔八十卷補遺十六卷 (清)吳成儀輯 清嘉慶十三年(1808)刻本 十冊 缺十六卷(補遺一至十六)

330000－1783－0000079 普0081 史部/地理類/山川之屬/水志
西湖志四十八卷 (清)李衛 (清)程元章修 (清)傅王露撰 清雍正十三年(1735)兩浙鹽驛道庫刻本 十九冊 缺二卷(一至二)

330000－1783－0000083 普0124 史部/金石類/金之屬
西清古鑑四十卷錢録十六卷 (清)梁詩正 (清)蔣溥等纂修 清光緒十四年(1888)上海鴻文書局影印本 一冊 存一卷(西清古鑑二十九)

330000－1783－0000084 普0147 集部/別集類/清別集
漁洋山人詩集二十二卷 (清)王士禛撰 清康熙八年(1669)吳郡沂詠堂刻乾隆重修本 四冊

330000－1783－0000085 普1220 子部/宗教類/佛教之屬/經
妙法蓮華經七卷 (後秦)釋鳩摩羅什譯 清刻本 一冊 存二卷(四至五)

330000－1783－0000086 普0089 史部/政書類/邦計之屬/漕運
浙江海運全案重編初編八卷續編四卷新編八卷 (清)馬新貽修 (清)蔣益澧等纂 清同治六年(1867)糧儲道庫刻本 十二冊

330000－1783－0000087 普0499－0511 集部/總集類/選集之屬/通代
全上古三代秦漢三國六朝文七百四十一卷 (清)嚴可均輯 清光緒二十年(1894)黃岡王毓藻刻本 八十七冊 缺一百三卷(全後漢文十五至二十八、八十二至八十九,全晉文十二至二十四、二十一至二十七,全梁文十四至七十四)

330000－1783－0000093 普0683 史部/金石類/總志之屬
金石萃編一百六十卷 (清)王昶撰 **金石續編二十一卷首一卷** (清)陸耀遹撰 清光緒十九年(1893)上海醉六堂石印本 十冊 存八十七卷(一至九、二十六至三十五、五十七至七十五、一百十二至一百四十三、一百五十二至一百六十,續編一至七、首)

330000－1783－0000094 普0184 集部/別集類/清別集
枚卿詩稿不分卷 (清)許賡藻撰 清抄本 四冊

330000－1783－0000095 普0341 經部/叢編
皇清經解一千四百卷首一卷 (清)阮元輯 清道光九年(1829)廣東學海堂刻本 二百九十六冊 存一千二百七十九卷(一至二十二、三十三至一百八十六、二百一至三百五十八、三百九十九至六百五十五、六百六十一至六百七十六、六百九十二至九百三十二、九百四十九至九百七十七、九百九十一至一千二百二十一、一千二百二十八至一千二百五十四、一千二百五十七至一千四百)

330000－1783－0000096 普0342 經部/叢編
皇清經解續編一千四百三十卷 王先謙輯 清光緒十四年(1888)江陰南菁書院刻本(卷三十原缺) 三百十一冊 存一千三百八十

四卷(一至四百九十五、五百十六至七百四十六、七百五十一至七百五十四、七百七十至一千三十七、一千四十二至一千三百七十七、一千三百八十一至一千四百三十)

330000－1783－0000097　普0469　子部/雜著類/雜說之屬

墨子閒詁十五卷目録一卷附録一卷後語二卷　(清)孫詒讓撰　清宣統二年(1910)瑞安孫氏刻本　七册　存十五卷(四至十五、附録、後語一至二)

330000－1783－0000098　普0348　經部/小學類/文字之屬/字書/字典

字彙十四卷　(明)梅膺祚音釋　清刻本　十二册　存十二卷(二至十三)

330000－1783－0000100　普0687　史部/雜史類/斷代之屬

國語二十一卷　(三國吳)韋昭注　**校刊明道本韋氏解國語札記一卷**　(清)黄丕烈撰　清光緒二十二年(1896)上海鴻寶齋石印本　三册

330000－1783－0000101　普0125　史部/金石類/金之屬

西清續鑑甲編二十卷附録一卷　(清)王杰等纂修　清宣統二年(1910)上海涵芬樓影印本　三十八册

330000－1783－0000102　普0621　集部/總集類/尺牘之屬

歷代名賢手札八卷　(清)蕭士珂輯　清光緒二十二年(1896)學古齋石印本　七册　存七卷(一至七)

330000－1783－0000104　普0708　新學/史志/别國史

日本維新三十年史十二編附録一卷　(日本)博文館輯　(清)上海廣智書局譯　清光緒二十八年(1902)上海廣智書局鉛印本　四册　存十編(三至十二)

330000－1783－0000106　普0494　子部/藝術類/書畫之屬

桐陰論畫三卷附録一卷桐陰畫訣一卷續桐陰論畫一卷二編二卷三編二卷　(清)秦祖永撰　清同治三年至光緒八年(1864－1882)刻朱墨套印本　三册　缺二卷(桐陰論畫一至二)

330000－1783－0000107　普0477　子部/藝術類/書畫之屬/總論

清河書畫舫十二卷　(明)張丑輯　清乾隆二十八年(1763)池北草堂刻本　四册　存四卷(三至四、六、九)

330000－1783－0000108　普0481　子部/藝術類/書畫之屬/畫録

國朝畫識十七卷墨香居畫識十卷　(清)馮金伯撰　清刻本　四册　存十四卷(國朝畫識四至十七)

330000－1783－0000109　普0476　史部/政書類/考工之屬/營造

新鐫工師雕斲正式魯班木經匠家鏡三卷　(明)午榮　(明)章嚴撰　清刻本　二册

330000－1783－0000111　普0486　史部/傳記類/總傳之屬/技藝

國朝畫徵録三卷續録二卷　(清)張庚撰　**明人附録一卷**　(明)黎遂球　(明)袁樞撰　清刻本　五册

330000－1783－0000114　普0484　類叢部/叢書類/彙編之屬

十萬卷樓叢書五十一種　(清)陸心源編　清光緒歸安陸氏刻本　一册　存一種

330000－1783－0000118　普1064　史部/地理類

鄦鄦學廬地理叢刊四種　(清)施世杰輯　清光緒二十三年(1897)會稽施氏鄦鄭學廬刻本　二册　存一種

330000－1783－0000119　普0480　類叢部/類書類/專類之屬

佩文韻府一百六卷　(清)張玉書　(清)蔡升元等輯　**韻府拾遺一百六卷**　(清)汪灝　(清)何焯等輯　清光緒十三年(1887)上海點石齋石印本　十册　存一百六卷(韻府拾遺

一至一百六）

330000－1783－0000121　普 0488－0489　類叢部/叢書類/彙編之屬

榆園叢刻十五種附一種　（清）許增編　清同治至光緒刻本　二册　存二種

330000－1783－0000122　普 0490　子部/藝術類/書畫之屬/題跋

習苦齋畫絮十卷　（清）戴熙撰　清光緒十九年（1893）刻民國九年（1920）印本　四册

330000－1783－0000123　普 1005　子部/雜著類/雜纂之屬

意林五卷　（唐）馬總撰　**補一卷　補遺一卷**　（清）張海鵬增訂　清光緒三年（1877）湖北崇文書局刻本（補一卷配民國錢珍抄本）　二册

330000－1783－0000124　普 0403－0411　史部/政書類/通制之屬

九通　（清）□□輯　清光緒八年至二十二年（1882－1896）浙江書局刻本　九百五册　存八種

330000－1783－0000125　普 0483　子部/藝術類/書畫之屬/總論

書畫鑑影二十四卷　（清）李佐賢撰　清同治十年（1871）利津李氏刻本　三册　存六卷（五至六、十三至十四、十九至二十）

330000－1783－0000126　普 0248　集部/別集類/清別集

天岳山館文鈔四十卷　（清）李元度撰　清光緒六年（1880）爽谿精舍刻本　十九册　存三十七卷（一至十、十四至四十）

330000－1783－0000130　普 0690　類叢部/叢書類/彙編之屬

士禮居叢書二十種　（清）黄丕烈編　清嘉慶至道光黄氏士禮居刻本　三册　存一種

330000－1783－0000132　普 0495　類叢部/叢書類/彙編之屬

海山仙館叢書五十六種　（清）潘仕成編　清道光二十五年至咸豐元年（1845－1851）番禺潘氏刻光緒十一年（1885）增刻彙印本　一册　存二種

330000－1783－0000133　普 0671　集部/總集類/酬唱之屬

西泠酬倡集五卷二集五卷三集五卷　（清）秦緗業等撰　清光緒刻本　三册　存七卷（西泠酬倡集一至五、二集一至二）

330000－1783－0000135　普 0485　類叢部/叢書類/自著之屬

觀象廬叢書十八種　（清）呂調陽撰　清光緒十四年（1888）葉長高刻本　三册　存一種

330000－1783－0000136　普 1006　新學/算學/形學

形學備旨十卷開端一卷　（美國）狄考文選譯　（清）鄒立文筆述　清光緒二十六年（1900）鉛印本　二册

330000－1783－0000137　普 0176　子部/雜著類/雜説之屬

池北偶談二十六卷　（清）王士禛撰　清康熙三十九年（1700）臨汀郡署刻重修本　八册

330000－1783－0000140　普 0177　集部/別集類/漢魏六朝別集

徐孝穆全集六卷　（南朝陳）徐陵撰　（清）吳兆宜箋注　**備考一卷**　（清）徐文炳撰　清揚州藝古堂刻本　六册

330000－1783－0000144　普 1007　新學/算學/三角八綫

八綫備旨四卷　（美國）羅密士撰　（美國）潘慎文選譯　清光緒三十年（1904）上海美華書館鉛印本　一册

330000－1783－0000145　普 0188　集部/詞類/總集之屬

湖州詞徵二十四卷　朱祖謀輯　清宣統三年（1911）朱祖謀刻本　四册

330000－1783－0000146　普 0080　史部/地理類/方志之屬/郡縣志

[光緒]桐鄉縣志二十四卷首四卷　（清）嚴辰纂　**附楊園淵源録四卷**　（清）沈曰富輯　清

光緒十三年(1887)蘇州陶漱藝齋刻本　二十四册

330000－1783－0000147　普 0593　集部/別集類/清別集

誰與庵文鈔二卷孫氏先德傳一卷　(清)孫士均撰　清光緒十五年(1889)歸安孫氏守恆堂刻本　一册

330000－1783－0000149　普 0591　集部/詞類/別集之屬

曝書亭集詞註七卷　(清)朱彝尊撰　(清)李富孫注　清嘉慶十九年(1814)嘉興李氏校經廎刻道光九年(1829)補刻本　六册　存六卷(一至五、七)

330000－1783－0000150　普 0594　子部/雜著類/雜考之屬

無邪堂答問五卷　(清)朱一新撰　清光緒二十一年(1895)廣東順德龍氏葆真堂刻本　五册

330000－1783－0000151　普 0175　集部/總集類/選集之屬/通代

古詩箋三十二卷　(清)王士禛輯　(清)聞人倓箋　清乾隆三十一年(1766)芷蘭堂刻本　二十册

330000－1783－0000152　普 1003　史部/政書類/律令之屬/法驗

洗冤録詳義四卷首一卷　(清)許槤輯　**洗冤録摭遺二卷**　(清)葛元煦輯　清光緒五年(1879)刻本　五册

330000－1783－0000155　普 0590　集部/別集類/清別集

曝書亭集外稿八卷　(清)朱彝尊撰　(清)馮登府　(清)朱墨林輯　清嘉慶二十二年(1817)刻道光二年(1822)印本　四册

330000－1783－0000157　普 1000　史部/編年類/通代之屬

御批歷代通鑑輯覽一百二十卷　(清)傅恒等撰　清石印本　二十三册　存一百十五卷(六至一百二十)

330000－1783－0000158　普 0189　集部/詞類/總集之屬

詞綜三十六卷　(清)朱彝尊輯　(清)汪森增定　(清)柯崇樸編次　(清)周篔辨譌　清康熙十七年(1678)汪氏求杼樓刻三十年(1691)增刻本　二十册

330000－1783－0000159　普 0131　集部/總集類/選集之屬/斷代

全唐詩九百卷目録十二卷　(清)曹寅等輯　清刻本　六十册

330000－1783－0000160　普 0190　類叢部/叢書類/彙編之屬

古逸叢書二十六種　(清)黎庶昌編　清光緒八年至十年(1882－1884)黎庶昌日本東京使署影刻本(漢書食貨志卷下、玉燭寶典卷九原缺)　四十九册

330000－1783－0000163　普 0344　經部/小學類/文字之屬/說文/傳說

說文解字三十二卷　(清)段玉裁撰　**說文部目分韻一卷**　(清)陳煥編　清乾隆至嘉慶段氏經韻樓刻同治六年至十一年(1867－1872)蘇州保息局修補本　十四册　存三十卷(一至十九、二十三至三十二,說文部目分韻)

330000－1783－0000165　普 0198　集部/別集類/清別集

翁松禪手札不分卷　(清)翁同龢撰　清宣統三年(1911)上海有正書局石印本　十册

330000－1783－0000166　普 0141　集部/別集類/唐五代別集

王子安集註二十卷首一卷末一卷　(唐)王勃撰　(清)蔣清翊注　清光緒九年(1883)吳縣蔣氏雙唐碑館刻本　六册

330000－1783－0000167　普 0884　史部/金石類/金之屬/圖像

亦政堂重修宣和博古圖録三十卷　(宋)王黼等撰　(清)黃晟輯　**亦政堂重修考古圖十卷**　(宋)呂大臨撰　**亦政堂重考古玉圖二卷**　(元)朱德潤撰　明萬曆三十一年(1603)吳萬化刻清乾隆十八年(1753)天都黃晟重修本

五册　存十卷(考古圖三至十、古玉圖一至二)

330000－1783－0000168　普0728　集部/别集類/清别集

胡文忠公遺集十卷首一卷　(清)胡林翼撰　(清)閻敬銘　(清)厲雲官　(清)盛康輯　清同治七年(1868)吴氏醉六堂刻本　八册

330000－1783－0000169　普0261　經部/群經總義類/文字音義之屬

經典釋文三十卷　(唐)陸德明撰　**攷證三十卷**　(清)盧文弨撰　清光緒十五年(1889)湘南書局刻本　十三册　缺十二卷(十九至二十、二十五至二十八,攷證十九至二十、二十五至二十八)

330000－1783－0000171　普0885　新學/雜著/叢編

萬國政治藝學全書四十一種　(清)朱大文　(清)淩賡揚編　清光緒二十八年(1902)上海鴻文書局石印本　十二册　存四種

330000－1783－0000174　普0183　集部/别集類/漢魏六朝别集

徐孝穆全集六卷　(南朝陳)徐陵撰　(清)吴兆宜箋注　**備考一卷**　(清)徐文炳撰　清揚州藝古堂刻本　二册　缺一卷(備考)

330000－1783－0000175　普0513　集部/總集類/彙編之屬

漢魏六朝一百三家集(漢魏六朝百三名家集)　(明)張溥編　清光緒十八年(1892)善化章經濟堂刻本　一百二十册

330000－1783－0000178　普0083、普0148、普0150－0154、普0156－0174、普0984　類叢部/叢書類/自著之屬

王漁洋遺書三十八種　(清)王士禛撰　清刻本　五十册　存三十二種

330000－1783－0000181　普0180　集部/總集類/選集之屬/通代

六朝文絜四卷　(清)許槤評選　清光緒三年(1877)馮焌光刻朱墨套印本　二册　存三卷(二至四)

330000－1783－0000182　普0178、普0173　集部/别集類/清别集

秣陵集六卷金陵歷代紀年事表一卷圖考一卷　(清)陳文述撰　清光緒十年(1884)淮南書局刻本　七册　存七卷(一至六、圖考)

330000－1783－0000183　普0179　集部/總集類/選集之屬/通代

歷朝名媛詩詞十二卷　(清)陸昶輯　清乾隆三十八年(1773)吴門陸昶紅樹樓刻本　三册　存六卷(五至八、十一至十二)

330000－1783－0000184　普0185　類叢部/叢書類/彙編之屬

函海一百五十二種　(清)李調元編　清乾隆綿州李氏萬卷樓刻本　六册　存一種

330000－1783－0000186　普0379、普0382　史部/紀傳類/正史之屬

二十四史　清光緒二十四年(1898)上海點石齋石印本　八册　存二種

330000－1783－0000187　普0374　史部/紀傳類/正史之屬

二十四史　清光緒十四年(1888)上海蜚英館石印本　十一册　存一種

330000－1783－0000188　普0888　類叢部/類書類/專類之屬

韻府拾遺一百六卷　(清)汪灝　(清)何焯等輯　清康熙刻本　十六册　存八十八卷(一至四、八至十六、二十二至三十四、四十二至九十七、一百一至一百六)

330000－1783－0000189　普0888－0889　類叢部/類書類/專類之屬

欽定佩文韻府一百六卷拾遺一百六卷　(清)張玉書等彙閲　(清)蔡升元等纂修兼校勘　(清)孫致彌等纂修　清光緒十八年(1892)上海鴻寶齋石印本　一百八十册　缺二十四卷(佩文韻府三、三十二至三十三、六十九、七十一、七十五,拾遺五至七、十七至二十一、三十五至四十一、九十八至一百)

330000－1783－0000190　普 0840　經部/小學類/文字之屬/字書/字典

康熙字典十二集三十六卷總目一卷檢字一卷辨似一卷等韻一卷補遺一卷備考一卷　（清）張玉書等纂修　清光緒三十年（1904）上海錦章書局石印本　六冊

330000－1783－0000191　普 0466　子部/宗教類/佛教之屬

法苑珠林一百卷　（唐）釋道世撰　清道光七年（1827）蔣氏燕園刻本　二十四冊

330000－1783－0000192　普 0726　史部/詔令奏議類/奏議之屬

公車上書記一卷　康有為撰　清光緒二十一年（1895）上海石印書局石印本　一冊

330000－1783－0000193　普 0725　史部/傳記類/總傳之屬/仕宦

歷代名臣言行録二十四卷首一卷　（清）朱桓輯　清光緒三十年（1904）上海商務印書館鉛印本　四冊　存十四卷（一至十、十四至十六，首）

330000－1783－0000194　普 0714　史部/政書類/邦計之屬/荒政

籌濟編三十二卷首一卷　（清）楊景仁撰　清光緒四年（1878）楊氏詒硯齋刻本　六冊

330000－1783－0000195　普 0176、普 0891　集部/總集類/選集之屬/斷代

文粹一百卷　（宋）姚鉉輯　**補遺二十六卷**（清）郭麐輯　清光緒十六年（1890）杭州許增榆園刻本　二十冊

330000－1783－0000198　普 0468　子部/叢編

子書二十三種　（清）浙江書局編　清光緒二十三年（1897）上海圖書集成局鉛印本　四十八冊

330000－1783－0000199　普 0533　集部/詞類/類編之屬

宋名家詞六十一種　（明）毛晉編　清光緒十四年（1888）錢塘汪氏刻本　三十二冊

330000－1783－0000200　普 0699　史部/傳記類/總傳之屬/斷代

國朝先正事略六十卷首一卷　（清）李元度撰　清光緒十二年（1886）鉛印本　十冊

330000－1783－0000202　普 0467　子部/叢編

十子全書　（清）王子興編　清嘉慶九年（1804）寶慶經綸堂刻本（荀子二十卷校勘補遺一卷配清乾隆五十一年嘉善謝墉刻本）三十六冊

330000－1783－0000204　普 0340　經部/群經總義類/傳說之屬

皇朝五經彙解二百七十卷　（清）朱鏡清輯　清光緒十四年（1888）上海鴻文書局石印本　三十一冊　存二百六十二卷（一至一百六十、一百六十九至二百七十）

330000－1783－0000205　普 0799　史部/地理類/雜志之屬

吳興合璧四卷首一卷　（清）陳文煜撰　清光緒五年（1879）玉照山房刻本　一冊

330000－1783－0000206　普 0735　史部/傳記類/總傳之屬/通代

歷代都江堰功小傳二卷　王人文等輯　清宣統三年（1911）成都刻本　一冊

330000－1783－0000207　普 0470　子部/法家類

韓非子集解二十卷首一卷　（清）王先慎撰　清光緒二十二年（1896）刻本　六冊

330000－1783－0000208　普 0722　史部/傳記類/總傳之屬/通代

補疑年録四卷　（清）錢椒編　清道光十八年（1838）刻本　一冊

330000－1783－0000209　普 0722　類叢部/叢書類/自著之屬

潛園總集十七種　（清）陸心源撰　清同治至光緒刻本　一冊　存一種

330000－1783－0000210　普 0544　集部/總集類/選集之屬/斷代

列朝詩集乾集二卷甲集前編十一卷甲集二十二卷乙集八卷丙集十六卷丁集十六卷閏集六卷 (清)錢謙益輯 清宣統二年(1910)上海神州國光社鉛印本 四十一冊 存五十五卷(乾集一至二,甲集前編一至五、十一,甲集一至四、十八、二十一至二十二,乙集一至八,丙集一至六、九至十六,丁集一至三、六至九、十二至十六,閏集一至六)

330000－1783－0000211 普0723 類叢部/叢書類/自著之屬
潛園總集十七種 (清)陸心源撰 清同治至光緒刻本 二冊 存一種

330000－1783－0000212 普0890 經部/四書類/總義之屬/傳說
四書體註合講十九卷 (清)翁復編 清光緒八年(1882)上海著易堂書局鉛印本 五冊 缺二卷(孟子六至七)

330000－1783－0000214 普0326－1 經部/四書類/總義之屬/傳說
四書集註十九卷 (宋)朱熹撰 清王文光齋刻本 一冊 存二卷(孟子六至七)

330000－1783－0000215 普0560 集部/詞類/詞譜之屬
詞律二十卷 (清)萬樹撰 **詞律拾遺八卷** (清)徐本立撰 **詞律補遺一卷** (清)杜文瀾撰 清同治十二年至光緒二年(1873－1876)吳下刻本 十六冊

330000－1783－0000216 普0897 史部/編年類/通代之屬
增評加批歷史綱鑑補三十九卷首一卷 (明)王世貞 (明)袁黃纂 **御撰資治通鑑綱目三編二十卷附資治明紀綱目三編一卷** (清)張廷玉等撰 清光緒二十八年(1902)上海富強齋石印本 八冊 存二十四卷(三至五、九至十七、二十一至二十六、三十一至三十三,御撰資治通鑑綱目三編一至三)

330000－1783－0000218 普0896 類叢部/叢書類/彙編之屬
風雨樓叢書二十三種 鄧實編 清宣統順德鄧氏鉛印本 三冊 存一種

330000－1783－0000219 普0365 經部/小學類/文字之屬/字書/字典
康熙字典十二集三十六卷總目一卷檢字一卷辨似一卷等韻一卷補遺一卷備考一卷 (清)張玉書等纂修 清道光七年(1827)刻本 三十六冊 缺四卷(寅集上、申集中下,等韻)

330000－1783－0000220 普0895 經部/春秋左傳類/傳說之屬
春秋左傳(狀元閣印左傳杜林)五十卷提要一卷列國圖說一卷 (晉)杜預 (宋)林堯叟註釋 (唐)陸德明音義 (明)鍾惺 (明)孫鑛 (明)韓范評點 清光緒南京李光明家刻本 九冊 存二十八卷(一至二、十一至十四、二十一至二十三、二十六至二十八、三十二至四十七)

330000－1783－0000221 普0894 子部/叢編
子書百家 (清)崇文書局編 清光緒元年(1875)湖北崇文書局刻民國元年(1912)鄂官書處重印本 三冊

330000－1783－0000222 普0315 經部/春秋左傳類/傳說之屬
左繡三十卷首一卷 (清)馮李驊 (清)陸浩評輯 清刻本 二冊 存四卷(十四至十五、二十二至二十三)

330000－1783－0000224 普0363 經部/小學類/文字之屬/字書/字典
康熙字典十二集三十六卷總目一卷檢字一卷辨似一卷等韻一卷補遺一卷備考一卷 (清)張玉書等纂修 清道光七年(1827)刻本 三十三冊 缺七卷(辰集中、午集中、戌集中下、亥集上中,等韻)

330000－1783－0000225 普0301 經部/詩類/傳說之屬
詩經集傳八卷 (宋)朱熹撰 清光緒元年(1875)王文光齋刻本 三冊 缺一卷(五)

330000－1783－0000229 普0299 經部/詩

類/傳說之屬

欽定詩經傳說彙纂二十一卷首二卷詩序二卷 （清）聖祖玄燁定 （清）王鴻緒 （清）揆敘總裁 清同治七年（1868）馬新貽刻本 十六冊

330000－1783－0000230 普 0322 類叢部/叢書類/郡邑之屬

湖州叢書十二種 （清）陸心源編 清光緒湖城義塾刻本 二冊 存一種

330000－1783－0000231 普 0323 經部/小學類/訓詁之屬/爾雅

爾雅疏十卷 （宋）邢昺等撰 清光緒四年（1878）吳興陸氏十萬卷樓刻本 二冊

330000－1783－0000233 普 0318 經部/書類/正文之屬

書經集傳六卷 （宋）蔡沈撰 清光緒三年（1877）永康退補齋胡氏刻本 三冊 存五卷（二至六）

330000－1783－0000234 普 0319 經部/詩類/傳說之屬

詩經集傳八卷 （宋）朱熹撰 清光緒三年（1877）永康退補齋胡氏刻本 四冊

330000－1783－0000235 普 0308 經部/詩類/傳說之屬

詩經集傳八卷 （宋）朱熹撰 清光緒三十一年（1905）掃葉山房刻本 二冊 存四卷（一至二、四至五）

330000－1783－0000236 普 0564 集部/別集類/唐五代別集

樊南文集詳註八卷 （唐）李商隱撰 （清）馮浩編訂 清乾隆德聚堂刻同治七年（1868）馮寶圻重修本 四冊

330000－1783－0000237 普 0563 集部/別集類/清別集

兩當軒集二十卷補遺二卷附録四卷 （清）黄景仁撰 **兩當軒集攷異二卷** （清）黄志述撰 清光緒二年（1876）武進黄氏家塾刻本 六冊

330000－1783－0000238 普 0335 集部/別集類/明別集

項太史全稿一卷 （明）項煜撰 清光緒十四年（1888）長沙經濟書局刻本 四冊

330000－1783－0000239 普 0732 史部/叢編

皇朝藩署輿地叢書六集二十八種 （清）浦□編 清光緒二十九年（1903）上海文瑞楼石印本 六冊 存二種

330000－1783－0000240 普 0186 類叢部/叢書類/彙編之屬

榆園叢刻十五種附一種 （清）許增編 清同治至光緒刻本 一冊 存一種

330000－1783－0000241 普 0903 經部/小學類/文字之屬/字書/字體

古籀拾遺三卷附宋政和禮器文字考一卷 （清）孫詒讓撰 清光緒十六年（1890）刻本 一冊

330000－1783－0000244 普 0731 史部/地理類/外紀之屬

漢西域圖考七卷首一卷 （清）李光廷撰 清光緒十二年（1886）上海文瑞樓石印本 四冊

330000－1783－0000245 普 0693 史部/雜史類/斷代之屬

明季稗史彙編十六種 （清）留雲居士輯 清光緒二十二年（1896）上海圖書集成印書局鉛印本 六冊

330000－1783－0000247 普 0730 史部/地理類/山川之屬/水志

水經注四十卷首一卷 （北魏）酈道元撰 王先謙校 **附録二卷** （清）趙一清輯 清光緒二十年（1894）寶善書局石印本 十九冊 存三十八卷（一至十三、十六至四十）

330000－1783－0000249 普 0449 子部/醫家類/方書之屬/歷代方書

醫方集解二十一卷 （清）汪昂撰 清光緒五年（1879）掃葉山房刻本 六冊

330000－1783－0000250 普 0448 子部/醫

家類/醫話議論之屬
吴醫彙講十一卷 (清)唐大烈輯 清乾隆五十七年(1792)刻嘉慶十九年(1814)唐慶耆印本 四册

330000－1783－0000251 普0447 子部/醫家類/本草之屬/神農本草經
本草三家合註六卷 (清)郭汝驄撰 **神農本草經百種録一卷** (清)徐大椿撰 清兩儀堂刻本 五册 缺二卷(五、神農本草經百種録)

330000－1783－0000252 普0445 子部/醫家類/本草之屬/歷代綜合本草
本草綱目五十二卷瀕湖脈學一卷奇經八脈攷一卷脈訣攷證一卷 (明)李時珍撰 **本草萬方鍼綫八卷** (清)蔡烈先輯 **本草綱目拾遺十卷** (清)趙學敏輯 清光緒二十年(1894)上海圖書集成印書局鉛印本 十册 存三十七卷(二十三至四十二、四十七至五十二,瀕湖脈學,奇經八脈攷,脈訣攷證,萬方鍼綫一至四,拾遺四至七)

330000－1783－0000253 普0138 集部/别集類/唐五代别集
杜工部集二十卷首一卷 (唐)杜甫撰 (清)盧坤輯評 清光緒二年(1876)粵東翰墨園刻五色套印本 十册

330000－1783－0000254 普0712 史部/編年類/通代之屬
袁王綱鑑合編三十九卷 (明)袁黄 (明)王世貞合編 清光緒三十年(1904)上海商務印書館鉛印本 十六册

330000－1783－0000255 普0025 類叢部/叢書類/郡邑之屬
永嘉叢書十二種 (清)孫衣言編 清咸豐十年(1860)瑞安孫氏盤谷草堂刻本 二十四册 存一種

330000－1783－0000256 普0031 經部/小學類/文字之屬/字書/字典
康熙字典十二集三十六卷總目一卷檢字一卷辨似一卷等韻一卷補遺一卷備考一卷 (清)張玉書等纂修 清刻本 三十七册 缺四卷(卯中、未集中、申集下、亥集中)

330000－1783－0000258 普0717 史部/傳記類/總傳之屬/通代
校正尚友録二十二卷 (明)廖用賢編纂 (清)張伯琮補輯 清光緒二十六年(1900)著易堂書局鉛印本 三册 存十卷(一至四、十七至二十二)

330000－1783－0000259 普0312 經部/春秋左傳類/傳説之屬
評點春秋綱目左傳句解彙雋六卷 (清)韓菼重訂 清光緒二十九年(1903)經元書室刻本 五册 存五卷(一至五)

330000－1783－0000260 普0716 史部/傳記類/總傳之屬/通代
校正尚友録二十二卷補遺一卷 (明)廖用賢輯 (清)張伯琮補輯 清光緒二十五年(1899)上海益記書莊石印本 三册 存十八卷(六至二十二、補遺)

330000－1783－0000261 普0415 史部/編年類/通代之屬
御批歷代通鑑輯覽一百二十卷 (清)傅恒等撰 清光緒三十一年(1905)上海商務印書館鉛印本 三十九册 缺三卷(三十三至三十五)

330000－1783－0000262 普0414 史部/編年類/通代之屬
御批歷代通鑑輯覽一百二十卷 (清)傅恒等撰 清同治十三年(1874)湖南書局刻本 六十三册 存一百十九卷(一至五十三、五十五至一百二十)

330000－1783－0000263 普0413 史部/編年類/通代之屬
御批歷代通鑑輯覽一百二十卷 (清)傅恒等撰 清光緒二十五年(1899)新化三味堂刻本 二十七册 存五十五卷(一至七、十七至十八、二十三至三十二、三十七至四十二、四十五至四十六、八十八至九十四、九十七至九十八、一百至一百一、一百四至一百二十)

330000－1783－0000264　普0436　子部/醫家類/綜合之屬/合刻、合抄

景岳全書六十四卷　(明)張介賓撰　清刻本　八冊　存十三卷(五十一至五十三、五十五至六十四)

330000－1783－0000265　普0437　子部/醫家類/類編之屬

徐氏醫書八種　(清)徐大椿撰　清光緒十五年至二十三年(1889－1897)江左書林刻本　九冊　存七種

330000－1783－0000267　普0451　子部/醫家類/傷寒金匱之屬/金匱要略

金匱要略淺註十卷　(漢)張機撰　(清)陳念祖注　清光緒二十七年(1901)新化三味書局刻本　五冊

330000－1783－0000269　普0145　史部/金石類/金之屬/圖像

泊如齋重修宣和博古圖録三十卷　(宋)王黼等撰　明萬曆十六年(1588)泊如齋刻本　十九冊　存十八卷(九至十、十二至十五、十七至二十二、二十五至三十)

330000－1783－0000270　普0474　類叢部/類書類/通類之屬

增補事類統編九十三卷首一卷　(清)黄葆真輯　清同治六年(1867)鴻漸書林刻本　三十九冊　存九十一卷(一至十五、十八至九十三)

330000－1783－0000273　普0309　經部/周禮類/傳說之屬

周禮正義八十六卷　(清)孫詒讓撰　清光緒三十一年(1905)鉛印本　二十二冊　存七十九卷(一至四十四、四十九至五十九、六十三至八十六)

330000－1783－0000276　普0531　集部/總集類/選集之屬/通代

御選唐宋文醇五十八卷　(清)高宗弘曆輯　清光緒三年(1877)浙江書局刻本　二十四冊

330000－1783－0000277　普0595　經部/詩類/三家詩之屬

詩古微上編三卷中編十卷下編二卷首一卷　(清)魏源撰　清道光邵陽魏氏刻光緒十三年(1887)席威掃葉山房重修本　十二冊

330000－1783－0000282　普0904　子部/儒家類/儒學之屬/俗訓

粗粗話不分卷　(明)陳彦脩撰　清光緒三年(1877)刻本　一冊

330000－1783－0000283　普0905　經部/叢編

重刊宋本十三經注疏四百十六卷附十三經注疏校勘記四百十六卷　(清)阮元撰　(清)盧宣旬摘録　**校勘記識語四卷**　(清)汪文臺撰　清光緒十三年(1887)上海脈望仙館石印本　三十冊　存十種

330000－1783－0000284　普0311　經部/儀禮類/傳說之屬

儀禮鄭註句讀十七卷附監本正誤一卷石本誤字一卷　(清)張爾岐撰　清光緒二十六年(1900)新化三味堂刻本　六冊

330000－1783－0000285　普0372　類叢部/類書類/專類之屬

佩文韻府一百六卷　(清)張玉書　(清)蔡升元等輯　**韻府拾遺一百六卷**　(清)汪灝　(清)何焯等輯　清刻本　四十五冊　存九十卷(佩文韻府四、八至十二、十四至三十八、四十四至八十五、九十至一百六)

330000－1783－0000288　普0334　經部/四書類/總義之屬/傳說

新訂四書補註備旨十卷　(明)鄧林撰　(清)杜定基增訂　清光緒十五年(1889)上海江左掃葉山房刻本　五冊　存八卷(大學、中庸、論語一至四、孟子三至四)

330000－1783－0000289　普0310　經部/周禮類/傳說之屬

周禮六卷　(漢)鄭玄注　(唐)陸德明音義　清光緒二十二年(1896)新化三味堂刻本　六冊

330000－1783－0000290　普0711　史部/編年類/通代之屬

尺木堂綱鑑易知録九十二卷明鑑易知録十五卷　(清)吳乘權　(清)周之炯　(清)周之燦輯　清羊城青雲樓刻本　三十二册　存七十四卷(八至十六、二十四至五十二、六十八至九十二,明鑑易知録一、五至九、十一至十五)

330000－1783－0000293　普0452－2　子部/醫家類/綜合之屬/通論

御纂醫宗金鑑九十卷首一卷　(清)吳謙等撰　清宣統元年(1909)簡青齋書局石印本　二册　存十一卷(二十四至二十九、六十四至六十八)

330000－1783－0000296　普0452－3　子部/醫家類/綜合之屬/通論

御纂醫宗金鑑九十卷首一卷　(清)吳謙等輯　清刻本　一册　存三卷(八十五至八十七)

330000－1783－0000297　普0640　集部/别集類/清别集

安般簃詩續鈔(安般簃集)十卷附春闈雜詠一卷　(清)袁昶撰　清光緒袁氏小漚巢刻本　一册　存四卷(四至七)

330000－1783－0000298　普0446　子部/醫家類/本草之屬/神農本草經

神農本草經百種録一卷　(清)徐大椿撰　清刻本　一册

330000－1783－0000299　普0438　子部/醫家類/針灸之屬/通論

鍼灸大成十二卷　(明)楊繼洲撰　清末石印本　三册　存四卷(五至八)

330000－1783－0000300　普0439　子部/醫家類/針灸之屬/通論

鍼灸大成十二卷　(明)楊繼洲撰　清末石印本　一册　存五卷(八至十二)

330000－1783－0000303　普0333　經部/四書類/總義之屬/傳說

四書記聞二卷　(清)管同撰　清光緒刻本　一册

330000－1783－0000304　普0727　史部/詔令奏議類/奏議之屬

彭剛直公奏稿八卷　(清)彭玉麟撰　(清)俞樾輯　清光緒十七年(1891)吳下刻本　四册

330000－1783－0000305　普0696　史部/史抄類

史記菁華録六卷　(清)姚祖恩輯　清刻本　三册　存三卷(三至五)

330000－1783－0000306　普0806－2　經部/三禮總義類/名物制度之屬

四禘通釋三卷　崔適撰　清光緒二十年(1894)刻本　一册

330000－1783－0000307　普0258　類叢部/叢書類/自著之屬

春在堂全書三十六種　(清)俞樾撰　清光緒九年(1883)刻本　十二册　存一種

330000－1783－0000308　普0806－4　經部/三禮總義類/名物制度之屬

四禘通釋三卷　崔適撰　清光緒二十年(1894)刻本　一册

330000－1783－0000309　普0806－3　經部/三禮總義類/名物制度之屬

四禘通釋三卷　崔適撰　清光緒二十年(1894)刻本　一册

330000－1783－0000310　普0806－1　經部/三禮總義類/名物制度之屬

四禘通釋三卷　崔適撰　清光緒二十年(1894)刻本　一册

330000－1783－0000311　普0793　子部/儒家類/儒學之屬/蒙學

小學六卷　(清)高愈注　**文公朱夫子年譜一卷**　題(宋)李方子撰　清同治十一年(1872)浙江書局刻本　二册

330000－1783－0000312　普0796　史部/傳記類/科舉録之屬/歷科鄉試録

[光緒癸卯恩科]浙江鄉試第叁房同門試卷不

分卷　清光緒二十九年(1903)刻本　一册

330000－1783－0000313　普0795　史部/傳記類/科舉録之屬/歷科鄉試録

[光緒癸卯恩科]浙江鄉試第拾壹房同門試卷不分卷　清光緒二十九年(1903)刻本　一册

330000－1783－0000314　普0797　子部/藝術類/遊藝之屬/博戲

漢官儀三卷　(宋)劉攽撰　清刻本　一册

330000－1783－0000315　普0799　類叢部/叢書類/自著之屬

潛園總集十七種　(清)陸心源撰　清同治至光緒刻本　四册　存一種

330000－1783－0000316　普0706－0707　史部/地理類/外紀之屬

海國圖志一百卷首一卷　(清)魏源撰　**續集二十五卷首一卷**　(英國)麥高爾撰　(美國)林樂知　(清)瞿昂來譯　清光緒二十一年(1895)上海書局石印本　十六册

330000－1783－0000317　普0641　集部/别集類/清别集

于湖小集六卷附金襍事詩一卷　(清)袁昶撰　清光緒二十年(1894)水明樓刻本　三册

330000－1783－0000318　普0652　集部/别集類/漢魏六朝别集

庾子山集十六卷總釋一卷　(北周)庾信撰　(清)倪璠註　**年譜一卷**　(清)倪璠撰　清同治八年(1869)刻本　十二册

330000－1783－0000319　普0645　集部/詞類/别集之屬

稻香館絫香詞四卷補遺一卷　(清)方受穀撰　清光緒十二年(1886)禾郡稻香館刻本　二册

330000－1783－0000320　普0302　經部/詩類/傳說之屬

詩經集傳八卷　(宋)朱熹撰　清光緒元年(1875)王文光齋刻本　四册

330000－1783－0000321　普0631　集部/詞類/别集之屬

夢窗甲稿一卷乙稿一卷丙稿一卷丁稿一卷補遺一卷　(宋)吴文英撰　**重校夢窗詞札記一卷**　朱祖謀撰　清光緒三十四年(1908)歸安朱祖謀無著盦刻本　二册

330000－1783－0000322　普0760　子部/術數類/相宅相墓之屬

地理山水正宗二卷　(清)顧正才撰　清光緒遞鋪一新印刷所石印本　二册

330000－1783－0000323　普0616　集部/别集類/宋别集

王臨川文集四卷　(宋)王安石撰　清宣統二年(1910)上海會文堂書局石印本　四册

330000－1783－0000325　普0614　集部/别集類/明别集

甫田集三十六卷目録一卷　(明)文徵明撰　清宣統三年(1911)上海千頃堂書莊、會文學社書莊鉛印本　十二册

330000－1783－0000326　普0705　史部/地理類/外紀之屬

西史綱目三十五卷　(清)周維翰撰　清光緒二十八年至二十九年(1902－1903)經世文社石印本　十八册

330000－1783－0000327　普0617　集部/詞類

詞苑精華不分卷　清抄本　清仲篪題簽　二册

330000－1783－0000328　普0678　經部/小學類/訓詁之屬/爾雅

爾雅直音二卷　(清)孫偘輯　清刻本　二册

330000－1783－0000329　普0648　集部/詩文評類

藝概六卷　(清)劉熙載撰　清同治十二年(1873)刻本　二册

330000－1783－0000330　普0647　集部/别集類/宋别集

東山詩選二卷　(宋)葛紹體撰　清光緒二十七年(1901)太平陳樹鈞刻本　一册

330000－1783－0000331　普 0679　經部/儀禮類/傳說之屬

儀禮章句十七卷　(清)吳廷華撰　清三讓堂刻本　六冊

330000－1783－0000332　普 0637、普 0824　集部/別集類/清別集

卷施閣文乙集八卷續編一卷更生齋文乙集四卷　(清)洪亮吉撰　清光緒二十一年(1895)善化章氏經濟堂刻本　五冊

330000－1783－0000333　普 0317　經部/四書類/論語之屬/傳說

論語二十卷　(三國魏)何晏集解　**孝經九卷**　(漢)鄭氏注　清永懷堂刻本　二冊

330000－1783－0000336　普 0440　子部/醫家類/類編之屬

吳氏醫學述第三種本草從新六卷　(清)吳儀洛輯　清刻本　一冊　存二卷(二至三)

330000－1783－0000337　普 0670　集部/詩文評類/文評之屬

全唐詩話六卷　(宋)尤袤撰　(明)毛晉訂　清宣統三年(1911)上海三樂堂石印本　五冊　存五卷(一至二、四至六)

330000－1783－0000338　普 0441　子部/醫家類/醫案之屬

三家醫案合刻　(清)吳金壽編　清刻本　一冊　存二種

330000－1783－0000339　普 0659　集部/詩文評類/詩評之屬

漁洋詩話二卷　(清)王士禛撰　清光緒十九年(1893)聚英堂刻本　二冊

330000－1783－0000340　普 0541　集部/詞類/總集之屬

宋七家詞選七卷　(清)戈載輯　清光緒十一年(1885)曼陀羅華閣刻本　四冊

330000－1783－0000341　普 0442　子部/醫家類/醫經之屬/內經

素問靈樞類纂約註三卷　(清)汪昂撰　清刻本　一冊　存一卷(二)

330000－1783－0000342　普 0443　子部/醫家類/方書之屬/歷代方書

經方例釋三卷附録一卷　(清)莫文泉撰　清光緒十年(1884)月河莫氏刻本　三冊　缺一卷(附録)

330000－1783－0000343　普 0416　史部/編年類/通代之屬

御批歷代通鑑輯覽一百二十卷　(清)傅恒等撰　清光緒二十七年(1901)上海經香閣石印本　十六冊

330000－1783－0000344　普 0642　類叢部/叢書類/彙編之屬

漸西村舍彙刻(漸西村舍叢刻)四十四種　(清)袁昶編　清光緒十六年至二十四年(1890－1898)桐廬袁氏刻本　五冊　存一種

330000－1783－0000345　普 0629　集部/總集類/選集之屬/斷代

唐律賦鈔一卷　(清)潘遵祁輯　清光緒十一年(1885)刻三松堂印本　二冊

330000－1783－0000346　普 0540　集部/別集類/宋別集

水心文集二十九卷補遺一卷　(宋)葉適撰　清光緒八年(1882)瑞安孫氏刻本　十二冊

330000－1783－0000347　普 0808　類叢部/叢書類/彙編之屬

振綺堂叢刊八種　(清)□□輯　清嘉慶至光緒汪氏振綺堂刻本　一冊　存一種

330000－1783－0000348　普 0425－普 0429　史部/紀事本末類/通代之屬

歷朝紀事本末九種　(清)陳如升　(清)朱記榮輯　(清)慎記主人增輯　清光緒二十四年(1898)上海文瀾書局石印本　二十冊　存六種

330000－1783－0000349　普 0646　集部/別集類/清別集

自然好學齋詩集七卷　(清)汪端撰　清同治十三年(1874)刻本　二冊

330000－1783－0000350　普 0604　集部/總

集類/選集之屬/斷代

七家試帖輯註彙鈔九卷 （清）張熙宇輯評（清）王植桂輯註 清光緒十六年（1890）石渠山房刻本 七冊 缺一卷（簡學齋試帖輯註）

330000－1783－0000351 普0700－普0704 史部/史評類/史論之屬

歷代史論十二卷宋史論三卷元史論一卷 （明）張溥撰 **明史論四卷** （清）谷應泰撰 **左傳史論二卷** （清）高士奇撰 清刻本 九冊 存十六卷（歷代史論六至十二，宋史論一、三，元史論，明史論一至四，左傳史論一至二）

330000－1783－0000352 普0548 子部/雜著類/雜考之屬

札迻十二卷 （清）孫詒讓撰 清光緒二十年（1894）籀廎刻二十一年（1895）重修本 四冊

330000－1783－0000354 普0465 子部/宗教類/佛教之屬/經

大般涅槃經四十卷 （北涼）釋曇無讖譯 **大般涅槃經後分二卷** （唐）釋若那跋陀羅（唐）釋會寧等譯 清刻本 六冊 存二十二卷（一至二十、後分一至二）

330000－1783－0000355 普0605 子部/雜著類/雜説之屬

退庵隨筆二十二卷附退庵［梁章鉅］自訂年譜一卷 （清）梁章鉅撰 清道光十七年（1837）刻同治十一年（1872）梁恭辰重修本 八冊

330000－1783－0000356 普0542 集部/總集類/選集之屬/斷代

明三十家詩選初集八卷二集八卷 （清）汪端輯 清同治十二年（1873）藴蘭吟館刻本 八冊

330000－1783－0000358 普0692 史部/編年類/斷代之屬

東華録天命朝四卷天聰朝十一卷崇德朝八卷順治朝三十六卷康熙朝一百十卷雍正朝二十六卷東華續録乾隆朝一百二十卷嘉慶朝五十卷道光朝六十卷咸豐朝一百卷同治朝一百卷 王先謙 潘頤福編 清光緒十八年（1892）上海圖書集成印書局鉛印本 八十五冊 存三百九十七卷（雍正朝八至十七、乾隆朝五至一百十七、嘉慶朝一至五十、道光朝一至六十、咸豐朝一至六十四、同治朝一至一百）

330000－1783－0000359 普0720 史部/傳記類/科舉録之屬/歷科鄉試録

［光緒癸卯恩科］浙江鄉試卷不分卷 （清）許乙藜等撰 清光緒刻本 二冊

330000－1783－0000360 普0698 類叢部/叢書類/彙編之屬

崇文書局彙刻書三十二種 （清）崇文書局編 清光緒元年（1875）湖北崇文書局刻本 四冊 存一種

330000－1783－0000362 普0814 子部/農家農學類/農藝之屬

齊民要術十卷雜説一卷 （北魏）賈思勰撰 清刻本 四冊

330000－1783－0000363 普0822 集部/別集類/清別集

陳檢討集二十卷 （清）陳維崧撰 （清）程師恭注 清康熙刻本 六冊

330000－1783－0000366 普0821 集部/總集類/選集之屬/通代

古文觀止十二卷 （清）吴乘權 （清）吴大職輯 清光緒六年（1880）上洋醉六堂刻本 三冊 存六卷（一至二、七至八、十一至十二）

330000－1783－0000367 普0689 類叢部/叢書類/彙編之屬

士禮居叢書二十種 （清）黄丕烈編 清嘉慶至道光黄氏士禮居刻本 二冊 存一種

330000－1783－0000368 普0464 子部/宗教類/佛教之屬/經

金剛般若波羅蜜經不分卷 （後秦）釋鳩摩羅什譯 清杭城弼教坊瑪瑙經房刻本 一冊

330000－1783－0000369 普0825、普0829－0830 史部/金石類

行素草堂金石叢書十九種 （清）朱記榮輯 清光緒吴縣朱氏刻十四年（1888）彙印本 五

册　存三種

330000－1783－0000371　普0636　集部/别集類/清别集
湘綺樓箋啟八卷　王闓運撰　清刻本　一册　存二卷(二至三)

330000－1783－0000374　普0785　集部/别集類/清别集
廣雅堂詩集不分卷　(清)張之洞撰　清末石印本　二册

330000－1783－0000375　普0456　子部/醫家類/婦科之屬/通論
濟陰綱目十四卷　(明)武之望撰　(清)汪淇箋釋　**保生碎事一卷**　(清)汪淇輯　清末石印本　三册　缺六卷(一至四、九至十)

330000－1783－0000376　普0657　集部/别集類/清别集
二曲集二十六卷　(清)李顒撰　清同治七年(1868)刻本　八册

330000－1783－0000377　普0906　集部/總集類/選集之屬/通代
樂府詩集一百卷目録二卷　(宋)郭茂倩輯　清同治十三年(1874)湖北崇文書局刻本　九册　缺五十卷(四十三至六十八、七十七至一百)

330000－1783－0000378　普0024　經部/禮記類/傳說之屬
禮記集說十卷　(元)陳澔撰　清光緒十四年(1888)汪氏振綺堂刻本　九册　存九卷(一至九)

330000－1783－0000379　普0790　史部/職官類/官制之屬
南省公餘録八卷　(清)梁章鉅撰　清乾隆刻本　一册　存四卷(五至八)

330000－1783－0000380　普0792　類叢部/叢書類/郡邑之屬
湖州叢書十二種　(清)陸心源編　清光緒湖城義塾刻本　二册　存一種

330000－1783－0000383　普0675　經部/禮記類/傳說之屬
禮記四十九卷　(漢)鄭玄注　(唐)陸德明音義　(明)金蟠訂　清永懷堂刻本　八册

330000－1783－0000384　普0786　類叢部/叢書類/家集之屬
德州田氏叢書十五種　(清)田同之編　清康熙至乾隆田氏家刻彙印本　一册　存一種

330000－1783－0000385　普0606　子部/小說家類/異聞之屬
情史類畧二十四卷　(明)馮夢龍輯　清道光二十八年(1848)經國堂刻本　十四册

330000－1783－0000386　普0534　集部/别集類/唐五代别集
杜詩鏡銓二十卷附録二卷　(清)楊倫撰　清光緒十八年(1892)鉛印本　六册

330000－1783－0000388　普0533　集部/詩文評類/文評之屬
四六叢話三十三卷選詩叢話一卷　(清)孫梅撰　清光緒七年(1881)吳下刻本　十二册

330000－1783－0000389　普0550　類叢部/叢書類/家集之屬
長洲彭氏家集九種　(清)彭啟豐撰　清同治至光緒刻本　六册　存一種

330000－1783－0000390　普0538　類叢部/叢書類/自著之屬
潛園總集十七種　(清)陸心源撰　清同治至光緒刻本　二十册　存一種

330000－1783－0000391　普0332　經部/四書類/總義之屬/文字音義
務本堂四書讀本四卷　(宋)朱熹集注　清光緒十四年(1888)刻本　五册

330000－1783－0000394　普0628　集部/總集類/選集之屬/通代
選註六朝唐賦二卷　(清)馬傳庚選注　清光緒十八年(1892)希樸齋刻本　二册

330000－1783－0000397　普0800－0803　史

部/傳記類/科舉録之屬/歷科鄉試録
[光緒癸卯恩科]浙江鄉試卷一卷 清光緒二十九年(1903)刻本 十冊

330000－1783－0000398 普0028、普0262、普0672 經部/叢編
十三經註疏 (明)□□輯 明崇禎元年至十二年(1628－1639)古虞毛氏汲古閣刻本 十二冊 存二種

330000－1783－0000400 普0673 經部/春秋左傳類/傳說之屬
春秋左傳五十卷提要一卷列國圖說一卷綱目一卷 (晉)杜預 (宋)林堯叟註釋 (唐)陸德明音義 (明)鍾惺 (明)孫曠 (明)韓范評點 清末李光明家刻本 十二冊

330000－1783－0000401 普0537 集部/詩文評類/詩評之屬
宋詩紀事一百卷 (清)厲鶚 (清)馬曰琯輯 清乾隆十一年(1746)厲氏樊榭山房刻本 四十八冊

330000－1783－0000402 普0565 集部/別集類/唐五代別集
玉谿生詩詳註三卷樊南文集詳註八卷附玉谿生[李商隱]年譜一卷 (唐)李商隱撰 (清)馮浩箋注 **首一卷** (清)馮浩輯 清乾隆四十五年(1780)桐鄉馮氏德聚堂刻本 四冊 存四卷(玉谿生詩詳註一至三、首)

330000－1783－0000403 普0745－1 子部/藝術類/書畫之屬/法帖
古鑑閣藏漢張遷碑集聯拓本一卷 秦文錦編集 清宣統三年(1911)上海藝苑真賞社影印本 一冊

330000－1783－0000406 普0630 類叢部/叢書類/自著之屬
潛園總集十七種 (清)陸心源撰 清同治至光緒刻本 二冊 存一種

330000－1783－0000407 普0566 子部/雜著類/雜考之屬
讀書叢録二十四卷 (清)洪頤煊撰 清光緒十三年(1887)吳氏醉六堂刻本 八冊

330000－1783－0000408 普0944 經部/春秋左傳類/傳說之屬
東萊博議四卷 (宋)呂祖謙撰 清掃葉山房刻本 一冊 存二卷(三至四)

330000－1783－0000410 普0597 集部/詞類/總集之屬
明詞綜十二卷 (清)王昶輯 清嘉慶七年(1802)三泖漁莊刻本 二冊

330000－1783－0000412 普0562 史部/史評類/詠史之屬
全史宮詞二十卷 (清)史夢蘭撰 清同治二年(1863)刻本 十二冊

330000－1783－0000416 普0316 經部/春秋左傳類/傳說之屬
評點春秋綱目左傳句解彙雋六卷 (清)韓菼重訂 清光緒十九年(1893)梁溪浦氏刻本 三冊 存三卷(一至三)

330000－1783－0000417 普0362 經部/小學類/文字之屬/字書/字典
康熙字典十二集三十六卷總目一卷檢字一卷辨似一卷等韻一卷補遺一卷備考一卷 (清)張玉書等纂修 清道光七年(1827)刻本 三十二冊 缺八卷(辰集下、午集上中下、未集上、酉集下、戌集下、亥集下)

330000－1783－0000418 普0364 經部/小學類/文字之屬/字書/字典
康熙字典十二集三十六卷總目一卷檢字一卷辨似一卷等韻一卷補遺一卷備考一卷 (清)張玉書等纂修 清刻本 三十四冊 缺八卷(申集中、酉集下,總目,檢字,辨似,等韻,補遺,備考)

330000－1783－0000420 普0649 集部/詩文評類/詩評之屬
閩川閨秀詩話四卷 (清)梁章鉅撰 清道光二十九年(1849)刻本 二冊

330000－1783－0000421 普0660 集部/別集類/清別集

王氏漁洋詩鈔十二卷　(清)王士禛撰　(清)邵長蘅選　清宣統二年(1910)上海時中書局影印本　七冊　存十卷(三至十二)

330000－1783－0000423　普0610　集部/總集類/課藝之屬
聽雨軒讀本前集二卷今集不分卷　(清)陳鍾麟輯　清道光二年(1822)芸香堂刻本　六冊

330000－1783－0000424　普0535　集部/別集類/唐五代別集
杜工部集二十卷首一卷　(唐)杜甫撰　**唱酬題詠附録一卷諸家詩話一卷**　清同治十三年(1874)刻本　八冊　存十八卷(一、五至六、九至二十,首,唱酬題詠附録、諸家詩話)

330000－1783－0000425　普0453　子部/醫家類/醫案之屬
臨證指南醫案十卷　(清)葉桂撰　(清)徐大椿評　清光緒十年(1884)文富堂刻本　七冊　存七卷(一、四、六至十)

330000－1783－0000427　普0576　集部/總集類/選集之屬/斷代
國朝駢體正宗評本十二卷補編一卷　(清)曾燠輯　(清)姚燮評　(清)張壽榮參　清光緒十年(1884)鎮海張氏花雨樓刻朱墨套印本　五冊　存十卷(一至四、七至十二)

330000－1783－0000428　普0577　集部/總集類/選集之屬/通代
駢體文鈔三十一卷　(清)李兆洛輯　清道光元年(1821)合河康氏家塾刻同治六年(1867)婁江徐氏補刻光緒三十四年(1908)蘇州振新書社印本　八冊

330000－1783－0000430　普0582　子部/雜著類/雜說之屬
潛書四卷　(清)唐甄撰　**西蜀唐圃亭先生行畧一卷**　(清)王聞遠撰　清光緒九年(1883)中江李氏刻本　四冊

330000－1783－0000432　普0314　經部/春秋左傳類/傳說之屬
太史張天如詳春秋綱目句解左傳彙雋六卷　(明)張溥重訂　(清)韓菼重編　清刻本　一冊

330000－1783－0000433　普0643　集部/詞類/別集之屬
詞林萬選四卷　(明)楊慎輯　清汲古閣刻本　一冊　存一卷(二)

330000－1783－0000434　普0596　集部/詞類/總集之屬
詞綜三十八卷　(清)朱彝尊輯　(清)汪森增定　(清)柯崇樸編次　(清)周篔辨譌　(清)王昶補纂　清刻本　九冊　存三十六卷(三至三十八)

330000－1783－0000435　普0789　集部/詞類/別集之屬
夢窗甲稿一卷乙稿一卷丙稿一卷丁稿一卷補遺一卷　(宋)吳文英撰　**校勘夢窗詞劄記一卷**　(清)王鵬運撰　清光緒二十五年(1899)臨桂王鵬運四印齋刻本　一冊

330000－1783－0000437　普0324　經部/四書類/總義之屬/傳說
四書集註十九卷　(宋)朱熹撰　清刻本　三冊　存三卷(孟子一至三)

330000－1783－0000438　普0472　子部/叢編
二十二子(二十二子彙函)　(清)浙江書局編　清光緒元年至三年(1875－1877)浙江書局刻本　一冊　存一種

330000－1783－0000439　普0473　子部/叢編
二十二子(二十二子彙函)　(清)浙江書局編　清光緒元年至三年(1875－1877)浙江書局刻本　一冊　存一種

330000－1783－0000443　普0471　子部/法家類
韓非子二十卷　識誤三卷　(清)顧廣圻撰　清嘉慶二十三年(1818)全椒吳鼒刻本　六冊

330000－1783－0000444　普0574　集部/別集類/清別集

曾文正公詩鈔四卷　(清)曾國藩撰　清光緒二年(1876)上海醉六堂刻本　二冊

330000－1783－0000445　普 0584　集部/詞類/别集之屬
地一生修梅花館詞六卷附録一卷香海棠館詞話一卷　況周頤撰　清光緒刻本　一冊

330000－1783－0000446　普 0583、普 0784　類叢部/叢書類/自著之屬
大鶴山房全書十種　鄭文焯撰　清光緒至民國刻民國九年(1920)蘇州交通圖書館彙印本　二冊　存二種

330000－1783－0000447　普 0791　類叢部/叢書類/彙編之屬
十萬卷樓叢書五十一種　(清)陸心源編　清光緒歸安陸氏刻本　一冊　存一種

330000－1783－0000448　普 0586　集部/詩文評類/詩評之屬
甌北詩話十卷續詩話二卷　(清)趙翼撰　清同治十三年(1874)舊學山房刻本　四冊

330000－1783－0000449　普 0313　經部/春秋左傳類/傳說之屬
評點春秋綱目左傳句解彙雋六卷　(清)韓菼重訂　清刻本　一冊　存一卷(三)

330000－1783－0000450　普 0587　類叢部/叢書類/彙編之屬
半厂叢書初編十種　(清)譚獻編　清同治至光緒仁和譚氏刻本　四冊　存一種

330000－1783－0000451　普 0607　集部/總集類/選集之屬/斷代
八家四六文注八卷首一卷補注一卷　(清)吳鼒輯　(清)許貞幹注　清光緒十七年至十八年(1891－1892)刻本　十冊

330000－1783－0000452　普 0573　子部/儒家類/儒學之屬/禮教
曾文正公雜著四卷　(清)曾國藩撰　(清)李瀚章輯　清光緒四年(1878)上海醉六堂刻本　三冊　存三卷(一、三至四)

330000－1783－0000453　普 0575　子部/儒家類/儒學之屬/禮教
五種遺規　(清)陳弘謀輯並撰　清光緒二十一年(1895)浙江書局刻本　九冊　缺一卷(訓俗遺規一)

330000－1783－0000456　普 0020　經部/叢編
十三經註疏附考證　(清)□□輯　清乾隆四年(1739)武英殿刻本　五冊　存一種

330000－1783－0000457　普 0543　集部/詞類/總集之屬
絕妙好詞箋七卷　(宋)周密輯　(清)查爲仁　(清)厲鶚箋　清刻本　五冊

330000－1783－0000459　普 0521　集部/别集類/明别集
李空同詩集三十三卷附録一卷　(明)李夢陽撰　清宣統二年(1910)掃葉山房石印本　十冊

330000－1783－0000460　普 0674　經部/春秋左傳類/傳說之屬
春秋左傳五十卷　(晉)杜預　(宋)林堯叟註釋　(唐)陸德明音義　(明)鍾惺　(明)孫鑛　(明)韓范評點　清李光明家刻本　九冊　存三十二卷(二至十一、二十九至五十)

330000－1783－0000464　普 0539　類叢部/叢書類/郡邑之屬
永嘉叢書十三種　(清)孫衣言編　清同治至光緒瑞安孫氏詒善祠塾刻本　四十冊　存十種

330000－1783－0000465　普 0555　集部/别集類/清别集
西泠閨詠十六卷　(清)陳文述撰　(清)龔玉晨編　清光緒十三年(1887)西泠翠螺閣刻本　四冊

330000－1783－0000466　普 0580　集部/總集類/選集之屬/斷代
諸暨詩存十六卷續編四卷附詩餘一卷　(清)酈滋德評選　(清)郭肇增編　**東埭詩鈔一卷**

（清）郭肇著　（清）戴蘭疇選　（清）酈琮編　清光緒十七年(1891)諸暨酈氏摭古堂刻本　十冊

330000 – 1783 – 0000468　普 0556 – 1　集部/別集類/清別集
何子清先生遺文二卷附録一卷　（清）何忠萬撰　清光緒八年(1882)金陵翁氏茹古閣刻本　一冊　缺一卷(附録)

330000 – 1783 – 0000469　普 0015　子部/叢編
桐城吳先生點勘諸子七種　（清）吳汝綸評點　清宣統二年(1910)衍星社鉛印本　六冊　存四種

330000 – 1783 – 0000470　普 0549　類叢部/叢書類/彙編之屬
心矩齋叢書八種　（清）蔣鳳藻編　清光緒九年至十四年(1883 – 1888)長洲蔣氏刻民國十四年(1925)蘇州文學山房重印本　八冊　存一種

330000 – 1783 – 0000471　普 0547　集部/總集類/選集之屬/斷代
國朝文録初編四十種　（清）李祖陶編　清道光十九年(1839)瑞州府鳳儀書院刻本　二十冊　存十三種

330000 – 1783 – 0000474　普 0027　經部/春秋左傳類/傳說之屬
左繡三十卷首一卷　（清）馮李驊　（清）陸浩評輯　清刻本　十一冊　存二十九卷(二至三十)

330000 – 1783 – 0000476　普 0035　子部/儒家類/儒學之屬/蒙學
幼學須知句解四卷　清光緒五年(1879)浙湖文光齋刻本　一冊　存一卷(三)

330000 – 1783 – 0000477　普 0598 – 0599　集部/詞類/總集之屬
國朝詞綜四十八卷二集八卷　（清）王昶輯　清嘉慶七年(1802)三泖漁莊刻本　十一冊　存五十二卷(五至四十八、二集一至八)

330000 – 1783 – 0000479　普 0556 – 2　集部/別集類/清別集
何子清先生遺文二卷附録一卷　（清）何忠萬撰　清光緒八年(1882)金陵翁氏茹古閣刻本　一冊　缺一卷(附録)

330000 – 1783 – 0000480　普 0034　集部/總集類/制藝之屬
瑞芝閣合選名文酌古集不分卷　（清）張鳳翼論次　清乾隆五十三年(1788)刻本　一冊

330000 – 1783 – 0000481　普 0581　集部/別集類/宋別集
岳忠武王文集八卷首一卷末一卷　（宋）岳飛撰　（宋）黄邦寧纂修　清光緒二年(1876)刻本　四冊

330000 – 1783 – 0000482　普 0036　集部/別集類/清別集
韞山堂時文初集不分卷二集不分卷三集不分卷　（清）管世銘撰　清刻本　一冊　存一集(三)

330000 – 1783 – 0000484　普 0021　經部/書類/傳說之屬
書經集傳六卷　（宋）蔡沈撰　清刻本　四冊

330000 – 1783 – 0000486　普 0532　集部/總集類/選集之屬/通代
唐宋八家文讀本三十卷　（清）沈德潛輯　清光緒十四年(1888)上海江左書林刻本　十五冊

330000 – 1783 – 0000487　普 0561　集部/別集類/唐五代別集
李長吉歌詩四卷外集一卷首一卷　（唐）李賀撰　清乾隆王氏寶笏樓刻本　六冊

330000 – 1783 – 0000488　普 0529　集部/別集類/清別集
初學集二十卷　（清）錢謙益撰　（清）錢曾箋注　**牧翁先生[錢謙益]年譜一卷**　（清）葛萬里編　清宣統三年(1911)上海國學扶輪社石印本　十二冊

330000 – 1783 – 0000489　普 0044　史部/紀

傳類/正史之屬

二十四史　清同治至光緒五省官書局據汲古閣本等合刻光緒五年(1879)湖北書局彙印本　六冊　存一種

330000－1783－0000490　普0579　類叢部/叢書類/自著之屬

潛園總集十七種　(清)陸心源撰　清同治至光緒刻本　一冊　存一種

330000－1783－0000491　普0559　集部/別集類/清別集

漁洋山人精華録訓纂十卷總目二卷訓纂補十卷　(清)王士禛撰　(清)惠棟訓纂　**金氏精華録箋註辯訛一卷**　(清)惠棟撰　清光緒十七年(1891)會稽徐氏述史樓刻本　十三冊

330000－1783－0000492　普0040　史部/紀傳類/正史之屬

十七史　(明)毛晉編　明崇禎元年至十七年(1628－1644)毛氏汲古閣刻本　二十二冊　存一種

330000－1783－0000494　普0578　集部/別集類/清別集

儀顧堂集二十卷　(清)陸心源撰　清光緒二十四年(1898)刻本　六冊

330000－1783－0000495　普0043　史部/紀傳類/正史之屬

續漢書八志三十卷　(南朝梁)劉昭注補　清韓江書局刻本　二冊

330000－1783－0000497　普0236　子部/小說家類/異聞之屬

太平廣記五百卷目録十卷　(宋)李昉等輯　清道光二十六年(1846)刻本　五十五冊　存四百四十二卷(八至四十五、五十六至七十、八十一至二百、二百六至三百四十七、三百五十八至三百七十四、三百八十一至三百八十五、三百九十三至四百十七、四百二十六至五百,目録一至五)

330000－1783－0000500　普0545　集部/別集類/清別集

漸西村人初集十三卷　(清)袁昶撰　清光緒十六年(1890)刻二十年(1894)印本　三冊

330000－1783－0000501　普0927　子部/儒家類/儒學之屬/蒙學

初學文引一卷　(清)葉廉鍔選注　清同治十二年(1873)慈南古草堂刻本　一冊

330000－1783－0000502　普0926　史部/紀傳類/正史之屬

續漢書八志三十卷　(南朝梁)劉昭注補　清上海點石齋鉛印本　一冊

330000－1783－0000503　普0925　集部/別集類/清別集

昔日賢文誨汝不分卷　(清)□□輯　清抄本　一冊

330000－1783－0000504　普0924　集部/詩文評類/詩評之屬

望之諸篇不分卷　(清)□□輯　清抄本　一冊

330000－1783－0000505　普0600　集部/詞類/總集之屬

國朝詞綜續編二十四卷　(清)黄燮清輯　清同治十二年(1873)武昌刻本　六冊　存十八卷(一至六、十至十五、十九至二十四)

330000－1783－0000506　普0558　集部/總集類/郡邑之屬

國朝天台詩存十四卷補遺一卷　(清)金文田輯　清光緒三十四年(1908)木活字印本　四冊

330000－1783－0000507　普0907　史部/傳記類/總傳之屬/列女

中國女史二十一卷正誤一卷　(清)金炳麟　(清)王以銓輯　清宣統元年(1909)杭州中合公司鉛印本　二冊　存七卷(三至七、十一至十二)

330000－1783－0000508　普0912　新學/理學/理學

質學新編六卷　(美國)衡得生　(美國)吳德赫撰　謝洪賚譯　清光緒三十年(1904)鉛印

本　二册

330000－1783－0000511　普0923　經部/詩類/正文之屬
伯夷伊尹於孔子不分卷　(清)浦謨輯　清抄本　一册

330000－1783－0000514　普0794　新學/商務/商學
原富八卷　(英國)斯密亞丹撰　嚴復譯　清光緒二十八年(1902)上海南洋公學譯書院鉛印本　七册　存七卷(甲一至二、乙一、丁一至二、戊一至二)

330000－1783－0000515　普0910　子部/兵家類/兵法之屬
歷代史事論海三十二卷　(清)王以鎮輯　清光緒二十八年(1902)石印本　三册　存三卷(二十、二十四至二十五)

330000－1783－0000517　普0546　集部/總集類/選集之屬/斷代
國朝六家詩鈔八卷　(清)劉執玉選編　清乾隆三十二年(1767)劉執玉詒燕樓刻本　六册

330000－1783－0000519　普0911　子部/宗教類/道教之屬
施食科不分卷　清光緒抄本　一册

330000－1783－0000520　普0871　類叢部/叢書類/自著之屬
潛園總集十七種　(清)陸心源撰　清同治至光緒刻本　六册　存一種

330000－1783－0000522　普0870　經部/小學類/文字之屬/說文/傳說
說文解字注十五卷附六書音韻表五卷　(清)段玉裁撰　**說文部目分韻一卷**　(清)陳煥編　清刻本　一册　存一卷(說文解字注五)

330000－1783－0000531　普0475　類叢部/類書類/通類之屬
增補事類統編九十三卷首一卷　(清)黄葆真輯　清光緒十四年(1888)上海積山書局石印本　六册　存四十三卷(一至四十二、首)

330000－1783－0000532　普0528　集部/別集類/清別集
錢牧齋文鈔不分卷　(清)錢謙益撰　清宣統元年(1909)國學扶輪社鉛印本　四册

330000－1783－0000533　普0530　集部/別集類/清別集
樊榭山房全集四十二卷　(清)厲鶚撰　清光緒十年(1884)汪氏振綺堂刻本　十册

330000－1783－0000536　普0514　集部/總集類/彙編之屬
十種唐詩選　(清)王士禛編　清康熙三十一年(1692)南芝堂刻本　一册　存二種

330000－1783－0000537　普0129　集部/楚辭類
楚辭燈四卷　(清)林雲銘撰　清康熙三十六年(1697)晉安林氏挹奎樓刻本　二册

330000－1783－0000538　普0285　經部/叢編
重刊宋本十三經注疏四百十六卷附十三經注疏校勘記四百十六卷　(清)阮元撰　(清)盧宣旬摘録　**校勘記識語四卷**　(清)汪文臺撰　清光緒十三年(1887)上海脈望仙館石印本　十六册　存九種

330000－1783－0000541　普0611　子部/雜著類/雜考之屬
讀書雜志八十二卷餘編二卷　(清)王念孫撰　清光緒二十年(1894)上海醉六堂石印本　八册　缺九卷(漢書雜志八至十六)

330000－1783－0000542　普0914　集部/詩文評類/詩評之屬
梅村詩話一卷　(清)吴偉業撰　清宣統三年(1911)上海掃葉山房石印本　一册

330000－1783－0000544　普0931　史部/政書類/通制之屬
欽定大清會典一百卷　(清)允祹等總裁　清光緒刻本　七册　存七十七卷(一至八、三十二至一百)

330000－1783－0000546　普0932　史部/政書類/儀制之屬/專志/科舉校規

教育芻言三卷 (清)陳玉澍撰 清光緒三十一年(1905)鉛印本 二冊

330000－1783－0000548 普0919 類叢部/叢書類/彙編之屬
知不足齋叢書一百九十六種 (清)鮑廷博編 (清)鮑志祖續編 清乾隆四十五年(1780)歙西長塘鮑氏知不足齋刻本 一冊 存一種

330000－1783－0000549 普0075 史部/地理類/方志之屬/郡縣志
[同治]安吉縣志十八卷首一卷 (清)汪榮 (清)劉蘭敏修 (清)張行孚 (清)丁寶書纂 清同治十三年(1874)刻本 六冊 存六卷(一、八、十、十五至十六,首)

330000－1783－0000550 普0933 集部/總集類/課藝之屬
磐山課蓺不分卷 清抄本 一冊

330000－1783－0000551 普0930 子部/儒家類/儒學之屬/蒙學
幼學須知句解四卷首一卷 清光緒五年(1879)浙湖文光齋刻本 二冊

330000－1783－0000552 普0934 史部/地理類/方志之屬/郡縣志
[同治]孝豐縣志十卷首一卷 (清)劉濬修 (清)潘宅仁等纂 清光緒刻本 七冊 存八卷(三至十)

330000－1783－0000553 普0929 子部/儒家類/儒學之屬/蒙學
幼學須知句解四卷首一卷 清光緒五年(1879)浙湖文光齋刻本 二冊 存二卷(一至二)

330000－1783－0000554 普0928 子部/儒家類/儒學之屬/蒙學
育正堂重訂幼學須知句解四卷 (明)錢元龍校梓 清光緒二年(1876)醉六堂刻本 一冊 存一卷(一)

330000－1783－0000555 普0935 集部/總集類/選集之屬/通代
桐城吴氏古文讀本十三卷 (清)吳汝綸評選 清光緒二十九年(1903)上海文明書局鉛印本 一冊 存一卷(十一)

330000－1783－0000556 普0918 經部/小學類/文字之屬
月令問答一卷月令章句一卷 (漢)蔡邕撰 **字林考逸八卷** (清)任大椿輯 **倉頡篇三卷** (清)孫星衍學 **玉篇一卷** (清)黎庶昌輯 清刻本 一冊

330000－1783－0000557 普0927 史部/政書類/律令之屬/律例
大清光緒新法令十三卷附録一卷 商務印書館編譯所編纂 清宣統元年(1909)上海商務印書館鉛印本 九冊

330000－1783－0000558 普0924 經部/春秋左傳類/傳說之屬
增批輯註東萊博議四卷 (宋)吕祖謙撰 (清)劉鍾英輯注 清宣統三年(1911)上海書局石印本 四冊

330000－1783－0000560 普0937 子部/雜著類/雜纂之屬
格言聯璧一卷 (清)金纓輯 清刻本 一冊

330000－1783－0000562 普0926 史部/目録類/專録之屬
大清光緒宣統新法令分類總目一卷 商務印書館編譯所編纂 清宣統二年(1910)上海商務印書館鉛印本 一冊

330000－1783－0000563 普0939 子部/叢編
桐城吴先生點勘諸子七種 (清)吳汝綸評點 清宣統二年(1910)衍星社鉛印本 一冊 存一種

330000－1783－0000564 普0925 史部/政書類/律令之屬/律例
大清律講義十七卷首一卷 (清)吉同鈞撰 清宣統二年(1910)石印本 四冊 存九卷(一至二、六、十一至十三、十六至十七,首)

330000－1783－0000566 普0143－0144 集部/別集類/唐五代別集

昌黎先生集四十卷外集十卷遺文一卷 （唐）韓愈撰 **朱子校昌黎先生集傳一卷** （宋）朱熹撰 **韓集點勘四卷** （清）陳景雲撰 清同治八年(1869)江蘇書局刻本 九冊 存四十六卷(一至二十一、二十八至四十,外集一至十,遺文,集傳)

330000－1783－0000567 普0917 子部/雜著類/雜纂之屬
格言聯璧一卷 （清）金纓輯 清光緒刻本 一冊

330000－1783－0000568 普0940 子部/儒家類/儒家之屬
荀子二十卷 （唐）楊倞注 清末刻本 二冊

330000－1783－0000569 普0160 史部/地理類/遊記之屬/紀行
蜀道驛程記二卷 （清）王士禛撰 清康熙刻本 一冊

330000－1783－0000570 普0149 類叢部/叢書類/自著之屬
王漁洋遺書三十八種 （清）王士禎撰 清刻本 六冊 存一種

330000－1783－0000572 普1128 類叢部/叢書類/彙編之屬
晨風閣叢書第一集五十二種 沈宗畸編 清光緒三十四年至宣統三年(1908－1911)國學萃編社鉛印本 一冊 存十二種

330000－1783－0000575 普0655 集部/別集類/明別集
鐵厓詩集三種(鐵厓樂府註十卷鐵厓咏史註八卷鐵厓逸編註八卷) （元）楊維楨撰 （清）樓卜瀍注 清宣統二年(1910)上海掃葉山房石印本 九冊

330000－1783－0000577 普0941 集部/總集類/課藝之屬
小題正鵠初集不分卷二集不分卷三集不分卷四集不分卷 （清）李元度輯 清光緒二年(1876)郁文堂刻本 六冊 缺一集(四)

330000－1783－0000579 普0945 集部/總集類/課藝之屬
格致書院課藝不分卷 （清）王韜編 清光緒弢園石印本 二冊 存辛卯年、丙戌年

330000－1783－0000582 普0206、普0459 新學/全體學
全體闡微三卷 （美國）柯為良撰 （清）林鼎文編譯 清光緒十五年(1889)福州聖教醫館刻二十四年(1898)重印本 三冊

330000－1783－0000583 普0460 子部/醫家類/醫經之屬/内經
素問靈樞類纂約註三卷 （清）汪昂撰 清光緒六年(1880)尚德堂刻本 三冊

330000－1783－0000584 普0946 集部/總集類/課藝之屬
格致書院課藝不分卷 （清）王韜編 清光緒弢園石印本 二冊 存己丑年

330000－1783－0000585 普0947 子部/儒家類/儒學之屬/蒙學
育正堂重訂幼學須知句解四卷 （明）錢元龍校梓 清同治蘇州掃葉山房刻本 四冊

330000－1783－0000586 普0942 經部/春秋左傳類/傳說之屬
東萊博議四卷 （宋）呂祖謙撰 清光緒十八年(1892)上海天香閣石印本 二冊

330000－1783－0000587 普0948 子部/儒家類/儒學之屬/蒙學
育正堂重訂幼學須知句解四卷 （明）錢元龍校梓 清光緒二年(1876)醉六堂刻本 一冊 存一卷(二)

330000－1783－0000588 普0949 子部/宗教類/其他宗教之屬/其他
覺世經時文不分卷 （清）張壽嵩撰 清光緒四年(1878)刻本 一冊

330000－1783－0000589 普0450 子部/醫家類/傷寒金匱之屬/金匱要略
金匱方歌括六卷 （清）陳念祖撰 清刻本 一冊 存二卷(五至六)

330000－1783－0000590　普 0076　史部/地理類/方志之屬/郡縣志

[同治]安吉縣志十八卷首一卷　(清)汪榮　(清)劉蘭敏修　(清)張行孚　(清)丁寶書纂　清同治十三年(1874)刻本　三冊　存七卷(六至八、十一至十四)

330000－1783－0000591　普 0982　經部/小學類/訓詁之屬/群雅

爾雅三卷　(晉)郭璞注　(唐)陸德明音釋　清光緒三年(1877)永康胡氏退補齋刻本　三冊

330000－1783－0000593　普 0981　類叢部/叢書類/自著之屬

獨學廬全稿七種　(清)石韞玉撰　清乾隆至嘉慶刻本　五冊　存一種

330000－1783－0000594　普 0952　集部/別集類/清別集

梅村文集二十卷　(清)吳偉業撰　清宣統二年(1910)刻本　四冊

330000－1783－0000595　普 0977　史部/政書類/邦交之屬

各國約章纂要四卷首一卷附錄一卷　勞乃宣等輯　清光緒十八年(1892)上海圖書集成印書局鉛印本　三冊　存六卷(一至三,首、附錄)

330000－1783－0000598　普 0051　子部/儒家類/儒學之屬/性理

十要字集解一卷　(清)費熙撰　清光緒二十八年(1902)歸安周氏刻本　一冊

330000－1783－0000601　普 0974　史部/地理類

鄦鄭學廬地理叢刊四種　(清)施世述輯　清光緒二十三年(1897)會稽施氏刻本　一冊　存一種

330000－1783－0000602　普 0954　新學/算學/代數

代數通藝錄十六卷　(清)方愷撰　清光緒十六年(1890)刻本　五冊　存十四卷(一至三、六至十六)

330000－1783－0000603　普 0283　經部/叢編

重刊宋本十三經注疏四百十六卷附十三經注疏校勘記四百十六卷　(清)阮元撰　(清)盧宣旬摘錄　**校勘記識語四卷**　(清)汪文臺撰　清嘉慶二十年(1815)南昌府學刻本　八冊　存一種

330000－1783－0000606　普 0956　新學/幼學

普通學歌訣不分卷　(清)張一鵬撰　清光緒二十六年(1900)蘇州中西小學堂刻本　一冊

330000－1783－0000607　普 0444　子部/醫家類/本草之屬/歷代綜合本草

本草綱目五十二卷　(明)李時珍撰　清刻本　五冊　存十六卷(十至十二、十七至十八、三十五至三十六、四十二至五十)

330000－1783－0000608　普 0989　新學/天學

天文圖說四卷　(英國)柯雅各撰　(美國)摩嘉立　(清)薛承恩譯　清光緒九年(1883)上海益智書會刻本　一冊

330000－1783－0000609　普 0975　集部/曲類/寶卷之屬

七真天仙寶傳不分卷　清抄本　一冊

330000－1783－0000611　普 0984　經部/四書類/論語之屬/傳說

論語集註二十卷　(宋)朱熹撰　清光緒三年(1877)退補齋刻本　二冊　存十卷(一至十)

330000－1783－0000612　普 0961　新學/交涉/公法

萬國公法四卷　(美國)惠頓撰　(美國)丁韙良譯　清光緒二十四年(1898)新學會鉛印本　二冊　存二卷(一至二)

330000－1783－0000613　普 0957　子部/宗教類/道教之屬/戒律

陰騭文說証彙纂八卷末一卷　清光緒九年至十年(1883－1884)刻本　三冊　存四卷(一、

六、八，末）

330000－1783－0000616　普 0958　子部/儒家類/儒學之屬/禮教
聽訓齋語一卷恆產瑣言一卷　（清）張英撰　清刻本　一冊

330000－1783－0000617　普 0976　子部/醫家類/養生之屬
衛濟餘編五卷　（清）王纕堂編　清刻本　三冊　存三卷（二至四）

330000－1783－0000618　普 0960　子部/醫家類/溫病之屬/其他溫疫病證
溫熱經緯五卷　（清）王士雄撰　清石印本　二冊　存二卷（四至五）

330000－1783－0000620　普 0963　新學/議論/通論
讀西學書法一卷　梁啟超撰　清光緒刻本　一冊

330000－1783－0000621　普 0015　經部/孝經類/傳說之屬
孝經一卷附孝經刊誤一卷　（唐）玄宗李隆基注　（唐）陸德明音義　清光緒三年（1877）永康胡氏退補齋刻本　一冊

330000－1783－0000625　普 0968　子部/儒家類/儒學之屬/性理
十要字集解一卷　（清）費熙撰　清光緒二十八年（1902）歸安周氏刻本　一冊

330000－1783－0000626　普 0972　子部/儒家類/儒學之屬/性理
十要字集解一卷　（清）費熙撰　清光緒二十八年（1902）歸安周氏刻本　一冊

330000－1783－0000627　普 0971　子部/儒家類/儒學之屬/性理
十要字集解一卷　（清）費熙撰　清光緒二十八年（1902）歸安周氏刻本　一冊

330000－1783－0000628　普 0970　子部/儒家類/儒學之屬/性理
十要字集解一卷　（清）費熙撰　清光緒二十八年（1902）歸安周氏刻本　一冊

330000－1783－0000629　普 0969　子部/儒家類/儒學之屬/性理
十要字集解一卷　（清）費熙撰　清光緒二十八年（1902）歸安周氏刻本　一冊

330000－1783－0000630　普 0973　子部/儒家類/儒學之屬/性理
十要字集解一卷　（清）費熙撰　清光緒二十八年（1902）歸安周氏刻本　一冊

330000－1783－0000631　普 0967　子部/醫家類/婦科之屬/產科
大生要旨五卷　（清）唐千頃撰　清同治八年（1869）刻本　二冊

330000－1783－0000632　普 0128　子部/宗教類/佛教之屬/經
佛說阿彌陀經一卷　（後秦）釋鳩摩羅什譯
千手千眼無礙大悲心陀羅尼一卷　清光緒十七年（1891）刻本　一冊

330000－1783－0000633　普 0126　子部/宗教類/佛教之屬/經
金剛般若波羅蜜多經一卷摩訶般若波羅蜜多心經一卷　（後秦）釋鳩摩羅什譯　清光緒刻本　一冊

330000－1783－0000634　普 0986　子部/儒家類/儒學之屬/性理
十要字集解一卷　（清）費熙撰　清光緒二十八年（1902）歸安周氏刻本　一冊

330000－1783－0000635　普 0985　子部/儒家類/儒學之屬/性理
十要字集解一卷　（清）費熙撰　清光緒二十八年（1902）歸安周氏刻本　一冊

330000－1783－0000636　普 0336　經部/叢編
鄭氏佚書二十三種　（漢）鄭玄撰　（清）袁鈞輯　清光緒十四年（1888）浙江書局刻本　十冊

330000－1783－0000637　普 0325、普 0327

經部/四書類/總義之屬/傳說
四書集註十九卷 (宋)朱熹撰 清王文光齋刻本 三冊 存十卷(大學、中庸、論語六至十、孟子一至三)

330000－1783－0000638 普 0136 集部/總集類/選集之屬/斷代
唐詩貫珠六十卷 (清)胡以梅輯並箋釋 清蘇州胡氏素心堂刻本 二十四冊

330000－1783－0000641 普 0337 經部/叢編
古經解彙函十六種附小學彙函十四種 (清)鍾謙鈞等輯 清同治十二年(1873)粤東書局刻本 三十冊 存古經解彙函十六種

330000－1783－0000642 普 0132 集部/總集類/選集之屬/斷代
重訂唐詩别裁集二十卷 (清)沈德潛輯 清乾隆二十八年(1763)教忠堂刻本 六冊

330000－1783－0000643 普 0133 集部/詞類/總集之屬
古香岑草堂詩餘四集十七卷 (明)□□輯 明末刻本 一冊 存一卷(新集一)

330000－1783－0000644 普 0347 類叢部/叢書類/自著之屬
邃雅堂全集九種 (清)姚文田撰 清嘉慶至光緒歸安姚氏刻本 四冊 存一種

330000－1783－0000645 普 0339 經部/叢編
古經解彙函十六種附小學彙函十四種續附十種 (清)鍾謙鈞等輯 清光緒十四年(1888)上海蜚英館石印本 十八冊 缺三十三卷(說文解字五至十五、說文解字繫傳十九至四十)

330000－1783－0000647 普 0551 集部/别集類/宋别集
苕溪集五十五卷 (宋)劉一止撰 清宣統三年(1911)沈耀勳刻本 三冊 存四十六卷(一至四十六)

330000－1783－0000648 普 0338 經部/叢編
古經解彙函十六種附小學彙函十四種續附十種 (清)鍾謙鈞等輯 清光緒十四年(1888)上海蜚英館石印本 十六冊 存古經解彙函十六種、小學彙函十種

330000－1783－0000649 普 0074 史部/地理類/方志之屬/郡縣志
[同治]安吉縣志十八卷首一卷 (清)汪榮 (清)劉蘭敏修 (清)張行孚 (清)丁寶書纂 清同治十三年(1874)刻本 十六冊

330000－1783－0000652 普 0330 經部/四書類/大學之屬/傳說
大學古本質言一卷 (清)劉沅撰 清光緒三十一年(1905)亞東製版印刷局鉛印本 一冊

330000－1783－0000653 普 0435 子部/醫家類/類編之屬
御纂醫宗金鑑六十卷首一卷續十四卷首一卷外科金鑑十六卷首一卷 (清)吳謙等輯 清光緒刻本 六冊 存七卷(外科心法要訣二至四、七至八、十三至十四)

330000－1783－0000654 普 0228 集部/總集類/選集之屬/通代
經史百家雜鈔二十六卷 (清)曾國藩輯 清光緒三十二年(1906)上海商務印書館鉛印本 十二冊

330000－1783－0000655 普 0287 經部/叢編
重刊宋本十三經注疏四百十六卷附十三經注疏校勘記四百十六卷 (清)阮元撰 (清)盧宣旬摘録 **校勘記識語四卷** (清)汪文臺撰 清光緒十三年(1887)上海脈望仙館石印本 十二冊 存七種

330000－1783－0000657 普 0263－0275 經部/叢編
重刊宋本十三經注疏四百十六卷附十三經注疏校勘記四百十六卷 (清)阮元撰 (清)盧宣旬摘録 **校勘記識語四卷** (清)汪文臺撰 清嘉慶二十年(1815)南昌府學刻道光六年(1826)盱江朱華臨重校印本 一百五十二冊

缺九十卷(附釋音尚書注疏十九至二十、附校勘記十九至二十;附釋音周禮注疏二十五至二十六、附校勘記二十五至二十六;禮記注疏四至五、八至九、十一、十七至三十八、四十六至四十八,附校勘記四至五、八至九、十一、十七至三十八、四十六至四十八;附釋音春秋左傳注疏十一至十二、十七至十八,附校勘記十一至十二、十七至十八;監本附釋音春秋公羊注疏一至二、附校勘記一至二;監本附音春秋穀梁注疏十八至二十、附校勘記十八至二十;爾雅注疏一至二、附校勘記一至二)

330000－1783－0000658　普 0238　類叢部/類書類/通類之屬
策學備纂三十二卷首一卷　(清)蔡啟盛　(清)吳潁炎等輯　清光緒上海點石齋石印本　二十二冊　存十九卷(二、十四至十五、十七至三十二)

330000－1783－0000659　普 0252　類叢部/類書類/專類之屬
子史精華一百六十卷　(清)吳士玉　(清)吳襄等輯　清雍正五年(1727)刻本　三十八冊　缺十卷(五至九、十八至二十二)

330000－1783－0000660　普 0065　類叢部/叢書類/彙編之屬
半厂叢書初編十種　(清)譚獻編　清同治至光緒仁和譚氏刻本　九冊　存三種

330000－1783－0000661　普 0286　經部/叢編
重刊宋本十三經注疏四百十六卷附十三經注疏校勘記四百十六卷　(清)阮元撰　(清)盧宣旬摘録　**校勘記識語四卷**　(清)汪文臺撰　清光緒十三年(1887)上海脈望仙館石印本　十五冊　存十種

330000－1783－0000663　普 0229　類叢部/叢書類/郡邑之屬
永嘉叢書十三種　(清)孫衣言編　清同治至光緒瑞安孫氏詒善祠塾刻本　三十五冊　存八種

330000－1783－0000664　普 0276－0283、普 0321　經部/叢編
重刊宋本十三經注疏四百十六卷附十三經注疏校勘記四百十六卷　(清)阮元撰　(清)盧宣旬摘録　**校勘記識語四卷**　(清)汪文臺撰　清嘉慶二十年(1815)南昌府學刻道光六年(1826)盱江朱華臨重校印本　九十八冊　存九種

330000－1783－0000665　普 0289　經部/易類/傳説之屬
易經大全會解四卷　(清)來爾繩纂輯　(清)朱采治　(清)朱之澄編訂　清乾隆五十二年(1787)來道添刻本　二冊

330000－1783－0000666　普 0375、普 0377、普 0380－0381、普 0384－0401　史部/紀傳類/正史之屬
二十四史　清光緒二十九年(1903)五洲同文局石印本　四百九十冊　存二十二種

330000－1783－0000668　普 0290　經部/易類/傳説之屬
周易本義四卷附圖説一卷卦歌一卷筮儀一卷　(宋)朱熹撰　清道光二十七年(1847)恒德堂刻本　一冊　缺三卷(二至四)

330000－1783－0000669　普 0291　經部/易類/傳説之屬
周易本義四卷附圖説一卷卦歌一卷筮儀一卷　(宋)朱熹撰　清刻本　二冊

330000－1783－0000670　普 0038、普 0045－0063、普 0378、普 0383、普 0402　史部/紀傳類/正史之屬
二十四史　清光緒二十九年(1903)五洲同文局石印本　六百四十冊　存二十三種

330000－1783－0000671　普 0293　經部/書類/傳説之屬
書經集傳六卷　(宋)蔡沈撰　清光緒十二年(1886)掃葉山房刻本　四冊

330000－1783－0000672　普 0295　經部/書類/傳説之屬
書經集傳六卷　(宋)蔡沈撰　清王文光齋刻

本　三冊　存五卷(二至六)

330000－1783－0000673　普0303　經部/詩類/傳說之屬
詩經集傳八卷　(宋)朱熹撰　清光緒元年(1875)王文光齋刻本　四冊

330000－1783－0000674　普0304－2　經部/詩類/傳說之屬
詩經集傳八卷　(宋)朱熹撰　清王文光齋刻本　一冊　存三卷(六至八)

330000－1783－0000675　普0304－1　經部/詩類/傳說之屬
詩經集傳八卷　(宋)朱熹撰　清王文光齋刻本　二冊　存五卷(一至二、六至八)

330000－1783－0000676　普0305　經部/詩類/傳說之屬
詩經集傳八卷　(宋)朱熹撰　清醉六堂刻本　四冊

330000－1783－0000677　普0306　經部/詩類/傳說之屬
詩經集傳八卷　(宋)朱熹撰　清醉六堂刻本　四冊

330000－1783－0000678　普0307　經部/詩類/傳說之屬
詩經集傳八卷　(宋)朱熹撰　清醉六堂刻本　一冊　存三卷(六至八)

330000－1783－0000679　普0304－3　經部/詩類/傳說之屬
詩經集傳八卷　(宋)朱熹撰　清刻本　二冊　存三卷(一、三至四)

330000－1783－0000680　普0304－4　經部/詩類/傳說之屬
詩經集傳八卷　(宋)朱熹撰　清刻本　一冊　存一卷(三)

330000－1783－0000683　普0842　子部/藝術類/書畫之屬/畫法畫品
詩中畫不分卷　(清)馬濤繪　清光緒十一年(1885)石印本　二冊

330000－1783－0000686　普0087　史部/地理類/雜志之屬
浙江全省輿圖並水陸道里記不分卷　(清)宗源瀚等纂　清光緒二十年(1894)石印本　十四冊

330000－1783－0000687　普0086　史部/地理類/雜志之屬
浙江全省輿圖並水陸道里記不分卷　(清)宗源瀚等纂　清光緒二十年(1894)石印本　十六冊

330000－1783－0000688　普0710　史部/目錄類/總録之屬/官修
欽定四庫全書總目二百卷首四卷　(清)紀昀等撰　清宣統二年(1910)存古齋石印本　三十二冊

330000－1783－0000689　普0260　子部/雜著類/雜考之屬
群書校補一百卷　(清)陸心源輯　清光緒歸安陸氏刻本(卷十七、二十七至三十三原缺)　二十二冊　缺九卷(六十六至六十九、九十至九十四)

330000－1783－0000692　普0741　史部/地理類/總志之屬/通代
讀史方輿紀要詳節二十二卷方輿全圖總說五卷　(清)顧祖禹撰　(清)蔣錫祁輯　清末石印本　二冊　存二卷(方輿全圖總說二至三)

330000－1783－0000693　普0734　史部/地理類/總志之屬/通代
天下郡國利病書一百二十卷　(清)顧炎武撰　清石印本　七冊　存三十七卷(四十四至四十八、六十一至六十七、七十四至七十八、一百一至一百二十)

330000－1783－0000694　普0739　史部/地理類/輿圖之屬/坤輿
大清中外一統輿圖(皇朝中外壹統輿圖)十六卷　(清)鄒世詒等編　(清)李廷簫增訂　清光緒二十二年(1896)上海書局石印本　五冊　缺六卷(北五至十)

330000－1783－0000695　普0740　史部/地理類/山川之屬/水志

中國江海險要圖誌二十二卷首一卷補編五卷附圖五卷　（英國）海軍海圖官局編　陳壽彭譯　清光緒二十七年(1901)經世文社石印本　一冊　存一卷(圖誌三)

330000－1783－0000696　普0738　史部/地理類

李氏五種　（清）李兆洛撰　清光緒二十四年(1898)上海掃葉山房石印本　八冊

330000－1783－0000697　普0781　集部/總集類/選集之屬/通代

古文析義六卷二編八卷　（清）林雲銘輯注　清康熙二十一年至二十六年(1682－1687)經綸堂刻本　十四冊

330000－1783－0000703　普0752　新學/議論/通論

十九世紀列國政治文編十四卷　（清）邵羲輯　清光緒二十九年(1903)教育世界社鉛印本　十一冊

330000－1783－0000704　普0742　史部/地理類/總志之屬/通代

讀史方輿紀要序二卷　（清）顧祖禹撰　（清）李式揆註釋　清光緒二十八年(1902)養拙山房刻本　二冊

330000－1783－0000705　普0743　史部/地理類/總志之屬/通代

讀史方輿紀要一百三十卷方輿全圖總說四卷　（清）顧祖禹撰　清光緒二十九年(1903)上海益吾齋石印本　十冊　存五十三卷(一至四、十六至二十九、六十至六十五、七十五至八十二、九十五至一百五、一百二十四至一百三十,方輿全圖總說一至三)

330000－1783－0000706　普0224　類叢部/叢書類/彙編之屬

海山仙館叢書五十六種　（清）潘仕成編　清道光二十五年至咸豐元年(1845－1851)番禺潘氏刻光緒十一年(1885)增刻彙印本　一百十三冊　存五十四種

330000－1783－0000709　普0371　經部/小學類/文字之屬/字書/字體

汗簡箋正七卷書目箋正一卷　（宋）郭忠恕撰　（清）鄭珍箋正　清光緒十五年(1889)廣雅書局刻本　六冊

330000－1783－0000710　普0691　史部/編年類/斷代之屬

東華録一百九十五卷　王先謙編　清光緒石印本　二十六冊　存一百八十六卷(天聰朝一至六、常德朝一至八,順治朝一至三十六、康熙朝一至一百十、雍正朝一至二十六)

330000－1783－0000711　普1116　史部/編年類/通代之屬

御批歷代通鑑輯覽一百二十卷　（清）傅恒等撰　清光緒石印本　六冊　存三十七卷(三十四至四十、七十三至七十七、九十六至一百二十)

330000－1783－0000712　普0999　史部/紀傳類/正史之屬

後漢書九十卷　（南朝宋）范曄撰　（唐）李賢注　**志三十卷**　（晉）司馬彪撰　（南朝梁）劉昭注　清同治十二年(1873)嶺東使署刻本　十四冊　存九十卷(一至九十)

330000－1783－0000714　普0227　類叢部/叢書類/彙編之屬

半厂叢書初編十種　（清）譚獻編　清同治至光緒仁和譚氏刻本　十一冊　存八種

330000－1783－0000715　普1407　子部/醫家類/方書之屬/歷代方書

醫方雜録不分卷　清抄本　一冊

330000－1783－0000717　普1004　子部/法家類

管子校正二十四卷　（清）戴望撰　清同治十一年(1872)劉履芬刻本　六冊

330000－1783－0000719　普0412　史部/政書類/通制之屬

欽定三通考證七卷　清光緒二十年(1894)浙江書局刻本　五冊　缺一卷(通點考證)

330000－1783－0000725　普 0571　集部/別集類/清別集

曾文正公文鈔四卷附刻一卷　(清)曾國藩撰　清同治十二年(1873)上海醉六堂刻本　四冊

330000－1783－0000726　普 0493　類叢部/叢書類/彙編之屬

槐廬叢書四十六種　(清)朱記榮編　清光緒三年至十五年(1877－1889)吳縣朱氏槐廬家塾刻本　五冊　存四種

330000－1783－0000727　普 0572　史部/傳記類/別傳之屬/事狀

曾相六十壽文散體二卷　(清)李鴻章等撰　清光緒二年(1876)上海醉六堂刻本　一冊　存一卷(一)

330000－1783－0000728　普 1019　類叢部/類書類/通類之屬

策學備纂三十二卷首一卷　(清)蔡啟盛　(清)吳潁炎等輯　清光緒十三年(1887)上海點石齋石印本　十九冊　存十二卷(一至五、七至十三)

330000－1783－0000729　普 0567　集部/別集類/清別集

集虛齋全稿合刻六卷　(清)方棨如撰　(清)朱桓　(清)何忠相輯　清光緒二十年(1894)浙江書局刻本　四冊

330000－1783－0000730　普 1017　經部/小學類/文字之屬/字書/字體

隸辨八卷　(清)顧藹吉撰　清光緒十三年(1887)上海蜚英館石印本　三冊　存四卷(二至四、六)

330000－1783－0000731　普 0620　集部/詩文評類/詩評之屬

帶經堂詩話三十卷首一卷　(清)王士禛撰　(清)張宗柟輯　清刻本　八冊　存二十三卷(八至三十)

330000－1783－0000732　普 1018　經部/小學類/文字之屬/說文/傳說

說文外編十五卷補遺一卷　(清)雷浚撰　**說文辨疑一卷**　(清)顧廣圻撰　**劉氏碎金一卷**　(清)劉禧延撰　清光緒二年(1876)刻本　三冊　缺五卷(一至四、說文辨疑)

330000－1783－0000733　普 1030　子部/藝術類/遊藝之屬/聯語

增補古今集聯不分卷　(清)莫子偲撰　清刻本　二冊

330000－1783－0000734　普 0243　集部/總集類/選集之屬/通代

文選六十卷　(南朝梁)蕭統輯　(唐)李善注　**文選考異十卷**　(清)胡克家撰　清光緒四明林植梅刻本　二十二冊　存六十四卷(一、五至四十三、四十七至六十,考異一至十)

330000－1783－0000735　普 0907　新學/學校

浙江農業教員講習所講義不分卷　清宣統鉛印本　九冊

330000－1783－0000736　普 0245　集部/總集類/選集之屬/通代

文選六十卷　(南朝梁)蕭統輯　(唐)李善注　**文選考異十卷**　(清)胡克家撰　清宣統三年(1911)上海會文堂粹記石印本　三冊　存十四卷(四十三至五十、考異五至十)

330000－1783－0000739　普 0212　新學/報章

學部官報不分卷　清光緒三十三年至宣統元年(1907－1909)刻本　十四冊

330000－1783－0000740　普 1029　經部/小學類/文字之屬/字書/字典

康熙字典十二集三十六卷總目一卷檢字一卷辨似一卷等韻一卷補遺一卷備考一卷　(清)張玉書等纂修　清末上海鴻寶書局石印本　一冊　存十卷(子集上中下、丑集上中下,總目,檢字,辨似,等韻)

330000－1783－0000741　普 0623　集部/楚辭類

楚辭燈四卷　(清)林雲銘撰　清刻本　二冊

存二卷(二至三)

330000－1783－0000743　普 1016　經部/群經總義類/文字音義之屬

經籍籑詁一百六卷首一卷　(清)阮元撰　清石印本　三冊　存二十四卷(下平聲一至七、入聲一至十七)

330000－1783－0000744　普 0625　集部/楚辭類

離騷草木疏四卷　(宋)吳仁傑撰　清光緒三年(1877)湖北崇文書局刻本　一冊

330000－1783－0000745　普 0240　類叢部/類書類/通類之屬

策學總纂大成四十六卷目録二卷　(清)蔡壽祺輯　清光緒三年(1877)京都琉璃廠觀文堂刻本　十冊　存二十四卷(五至九、二十至二十四、二十八至二十九、三十一至三十四、三十八至四十、四十三至四十六,目録一)

330000－1783－0000746　普 1020　史部/紀事本末類/通代之屬

歷朝紀事本末九種　(清)陳如升　(清)朱記榮輯　(清)捷記主人增輯　清宣統二年(1910)上海文盛書局石印本　三冊　存二種

330000－1783－0000747　普 0247　史部/金石類

學古齋金石叢書四集十二種　(清)葛元煦輯　清光緒崇川葛氏學古齋刻本　二十四冊　存十一種

330000－1783－0000748　普 1010　類叢部/叢書類/彙編之屬

漸西村舍彙刊(漸西村舍叢刻)四十四種　(清)袁昶編　清光緒十六年至二十四年(1890－1898)桐廬袁氏刻本　四冊　存一種

330000－1783－0000749　普 1031　經部/小學類/文字之屬/字書/字典

康熙字典十二集三十六卷總目一卷檢字一卷辨似一卷等韻一卷補遺一卷備考一卷　(清)張玉書等纂修　清刻本　十八冊　存十八卷(巳集下、午集上中下、未集上中、申集上中下、酉集上中下、戌集上中下、亥集上中下)

330000－1783－0000750　普 0244　集部/總集類/選集之屬/通代

文選六十卷　(南朝梁)蕭統輯　(唐)李善注　(清)何焯評　清乾隆三十七年(1772)長洲葉樹藩海録軒刻朱墨套印本　六冊　存二十七卷(一至四、二十一至二十五、四十一至四十三、四十六至六十)

330000－1783－0000751　普 1028　經部/小學類/文字之屬/字書/字典

康熙字典十二集三十六卷總目一卷檢字一卷辨似一卷等韻一卷補遺一卷備考一卷　(清)張玉書等纂修　清末石印本　一冊　存九卷(寅集上中下、卯集上中下、辰集上中下)

330000－1783－0000752　普 0695　史部/雜史類/斷代之屬

明季南略十八卷　(清)計六奇撰　清光緒十三年(1887)上海圖書集成印書局鉛印本　四冊

330000－1783－0000753　普 0694　史部/雜史類/斷代之屬

明季北略二十四卷　(清)計六奇撰　清光緒十三年(1887)上海圖書集成印書局鉛印本　六冊

330000－1783－0000756　普 1021　經部/小學類/文字之屬/字書/字典

康熙字典十二集三十六卷總目一卷檢字一卷辨似一卷等韻一卷補遺一卷備考一卷　(清)張玉書等纂修　清末石印本　一冊　存九卷(寅集上中下、卯集上中下、辰集上中下)

330000－1783－0000758　普 0091　史部/政書類/通制之屬

浙江諮議局文牘第二編不分卷　清宣統二年(1910)鉛印本　一冊

330000－1783－0000759　普 1014　經部/四書類/總義之屬/傳說

新訂四書補註備旨十卷　(明)鄧林撰　(清)杜定基增訂　清光緒七年(1881)上海文盛書

局石印本　一冊　存二卷(大學、中庸)

330000－1783－0000760　普1022　經部/小學類/文字之屬/字書/字典

康熙字典十二集三十六卷總目一卷檢字一卷辨似一卷等韻一卷補遺一卷備考一卷　(清)張玉書等纂修　清末石印本　二冊　存十二卷(巳集上中下、午集上中下、酉集上中下、戌集上中下)

330000－1783－0000761　普0626　類叢部/叢書類/彙編之屬

崇文書局彙刻書三十一種　(清)崇文書局編　清光緒元年至三年(1875－1877)湖北崇文書局刻本　二冊　存一種

330000－1783－0000762　普1015　經部/四書類/總義之屬

四書古註群義彙解九種　(清)□□輯　清石印本　五冊　存七種

330000－1783－0000763　普1023　經部/小學類/文字之屬/字書/字典

康熙字典十二集三十六卷總目一卷檢字一卷辨似一卷等韻一卷補遺一卷備考一卷　(清)張玉書等纂修　清末石印本　一冊　存九卷(寅集上中下、卯集上中下、辰集上中下)

330000－1783－0000764　普1024　經部/小學類/文字之屬/字書/字典

康熙字典十二集三十六卷總目一卷檢字一卷辨似一卷等韻一卷補遺一卷備考一卷　(清)張玉書等纂修　清刻本　一冊　存二卷(總目、備考)

330000－1783－0000766　普1025　經部/小學類/文字之屬/字書/字典

康熙字典十二集三十六卷總目一卷檢字一卷辨似一卷等韻一卷補遺一卷備考一卷　(清)張玉書等纂修　清道光七年(1827)刻本　一冊　存一卷(辰集下)

330000－1783－0000768　普1013　子部/藝術類/遊藝之屬/聯語

詩賦類聯采新十二卷　清石印本　二冊　存四卷(三至六)

330000－1783－0000777　普1011　集部/別集類/唐五代別集

樊川詩集四卷補遺一卷外集一卷別集一卷　(唐)杜牧撰　(清)馮集梧注　清光緒十六年(1890)湘南書局刻本　四冊

330000－1783－0000778　普1026　經部/小學類/文字之屬/字書/字典

康熙字典十二集三十六卷總目一卷檢字一卷辨似一卷等韻一卷補遺一卷備考一卷　(清)張玉書等纂修　清末上海同文書局石印本　一冊　存六卷(辰集上中下、巳集上中下)

330000－1783－0000781　普0624　集部/楚辭類

離騷箋二卷　(清)龔景瀚撰　清光緒三年(1877)湖北崇文書局刻本　一冊

330000－1783－0000784　普0588　集部/別集類/清別集

郘亭詩鈔六卷　(清)莫友芝撰　清咸豐二年(1852)遵義湘川講舍刻同治五年(1866)補刻本　六冊

330000－1783－0000785　普1027　經部/小學類/文字之屬/字書/字典

康熙字典十二集三十六卷總目一卷檢字一卷辨似一卷等韻一卷補遺一卷備考一卷　(清)張玉書等纂修　清末上海久敬齋石印本　一冊　存五卷(亥集上中下、補遺、備考)

330000－1783－0000786　普0142　集部/別集類/唐五代別集

昌黎先生詩集注十一卷年譜一卷　(唐)韓愈撰　(清)顧嗣立刪補　清道光十六年(1836)膺德堂刻二十五年(1845)朱墨套印本　三冊　存十卷(二至十一)

330000－1783－0000787　普0589　集部/別集類/清別集

寫韻軒小藁二卷　(清)曹貞秀撰　清嘉慶九年(1804)刻本　二冊

330000－1783－0000788　普0320　經部/四

書類/論語之屬/傳說

論語集註二十卷 (宋)朱熹撰 清光緒三年(1877)退補齋刻本 一冊 存五卷(一至五)

330000－1783－0000789 普1041 經部/小學類/文字之屬/字書/字典

康熙字典十二集三十六卷總目一卷檢字一卷辨似一卷等韻一卷補遺一卷備考一卷 (清)張玉書等纂修 清末石印本 一冊 存六卷(未集上中下、申集上中下)

330000－1783－0000792 普1040 經部/小學類/文字之屬/字書/字典

康熙字典十二集三十六卷總目一卷檢字一卷辨似一卷等韻一卷補遺一卷備考一卷 (清)張玉書等纂修 清刻本 一冊 存一卷(巳集上)

330000－1783－0000793 普1034 類叢部/類書類/專類之屬

試律大觀三十二卷目録一卷 (清)竹屏居士輯 (清)王家相定本 清刻本 一冊 存四卷(二十九至三十二)

330000－1783－0000795 普0568 集部/詩文評類/詩評之屬

吴興詩話十六卷首一卷 (清)戴璐撰 清嘉慶元年(1796)吴興劉氏嘉業堂刻本 四冊

330000－1783－0000797 普1037 集部/總集類/選集之屬/通代

古文觀止十二卷 (清)吴乘權 (清)吴大職輯 清光緒六年(1880)上洋醉六堂刻本 一冊 存二卷(十一至十二)

330000－1783－0000799 普1039 經部/小學類/文字之屬/字書/字典

康熙字典十二集三十六卷總目一卷檢字一卷辨似一卷等韻一卷補遺一卷備考一卷 (清)張玉書等纂修 清末石印本 一冊 存九卷(寅集上中下、卯集上中下、辰集上中下)

330000－1783－0000801 普1036 史部/編年類/斷代之屬

御撰資治通鑑綱目三編二十卷 (清)張廷玉等撰 清刻本 一冊 存三卷(四至六)

330000－1783－0000807 普1035 史部/編年類/通代之屬

萬國綱鑑易知録二十卷 (日本)岡本監輔撰 清石印本 一冊 存三卷(四至六)

330000－1783－0000808 普0135 集部/總集類/選集之屬/斷代

全唐詩鈔八十卷補遺十六卷 (清)吴成儀輯 清嘉慶十三年(1808)刻本 二冊 存十六卷(補遺一至十六)

330000－1783－0000810 普1047 集部/詩文評類

西河詩話一卷詞話一卷襍箋一卷 (清)毛奇齡撰 清宣統三年(1911)上海文瑞樓石印本 一冊 存二卷(詞話、襍箋)

330000－1783－0000811 普0372 經部/小學類/文字之屬/字書/訓蒙

澄衷蒙學堂字課圖說四卷檢字一卷類字一卷 (清)劉樹屏撰 (清)吴子城繪圖 清光緒二十七年(1901)石印本 七冊

330000－1783－0000812 普0088 史部/地理類/水利之屬

浙西水利備考不分卷 (清)王鳳生撰 清光緒四年(1878)浙江書局刻本 二冊

330000－1783－0000818 普1057 史部/史評類/史論之屬

讀通鑑論十卷末一卷 (清)王夫之撰 清光緒二十九年(1903)上海官書局鉛印本 八冊

330000－1783－0000820 普1055 史部/編年類/通代之屬

御批歷代通鑑輯覽一百二十卷 (清)傅恒等撰 清刻本 一冊 存一卷(五十四)

330000－1783－0000821 普0360 經部/小學類/文字之屬/字書/字典

康熙字典十二集三十六卷總目一卷檢字一卷辨似一卷等韻一卷補遺一卷備考一卷 (清)張玉書等纂修 清道光七年(1827)刻本 二十六冊 缺十二卷(丑集中、寅集下、辰集上、

巳集下、午集中、未集上下、申集上、酉集下、戌集下、亥集中,補遺)

330000－1783－0000822　普1052　史部/史評類/史論之屬

洪稚存先生評史十八卷　(清)洪亮吉撰　(清)費有容評點　清光緒二十九年(1903)史學齋石印本　清王昌正跋　四册

330000－1783－0000823　普1054　史部/編年類/通代之屬

御批歷代通鑑輯覽一百二十卷　(清)傅恒等撰　清末石印本　四册　存二十七卷(二十八至三十五、五十一至五十六、八十六至九十八)

330000－1783－0000824　普0343　經部/小學類/文字之屬/説文/傳説

説文解字義證五十卷　(清)桂馥撰　清同治九年(1870)湖北崇文書局刻本　十五册　存二十卷(一至十六、三十一至三十二、三十七至三十八)

330000－1783－0000825　普0346　經部/小學類/文字之屬/説文/傳説

説文解字注十五卷附六書音韻表五卷汲古閣説文訂一卷　(清)段玉裁撰　**説文部目分韵一卷**　(清)陳煥編　清同治十一年(1872)湖北崇文書局刻本　十五册　缺一卷(説文解字注五)

330000－1783－0000826　普0071　新學/史志/别國史

節本泰西新史攬要八卷　(英國)李提摩太譯　周慶雲節録　清光緒二十七年(1901)周慶雲夢坡室刻本　二册

330000－1783－0000827　普0066　集部/别集類/清别集

復堂類集文四卷詩九卷詞二卷金石跋三卷日記六卷文餘三卷　(清)譚獻撰　清光緒十一年(1885)刻本　四册　存十五卷(文一至四、詩一至九、詞一至二)

330000－1783－0000828　普0361　經部/小學類/文字之屬/字書/字典

康熙字典十二集三十六卷總目一卷檢字一卷辨似一卷等韻一卷補遺一卷備考一卷　(清)張玉書等纂修　清道光七年(1827)刻本　二十册　存二十二卷(子集上中下、丑集中下、寅集上中下、卯集上中下、辰集上中下、巳集上中,總目,檢字,辨似,等韻,補遺,備考)

330000－1783－0000829　普1053　史部/雜史類/斷代之屬

國語二十一卷　(三國吳)韋昭注　**校刊明道本韋氏解國語札記一卷**　(清)黄丕烈撰　清宣統元年(1909)鴻寶齋石印本　三册

330000－1783－0000831　普0137　類叢部/叢書類/彙編之屬

古逸叢書二十六種　(清)黎庶昌編　清光緒八年至十年(1882－1884)黎庶昌日本東京使署影刻本　四册　存一種

330000－1783－0000832　普0352　經部/小學類/文字之屬/字書/字典

康熙字典十二集三十六卷總目一卷檢字一卷辨似一卷等韻一卷補遺一卷備考一卷　(清)張玉書等纂修　清光緒二十年(1894)上海文寶局石印本　六册

330000－1783－0000833　普0139　集部/别集類/唐五代别集

讀杜小箋三卷讀杜二箋二卷　(清)錢謙益箋　清宣統三年(1911)上海國學扶輪社石印本　一册

330000－1783－0000834　普0146　集部/别集類/唐五代别集

昌黎先生詩集注十一卷年譜一卷　(唐)韓愈撰　(清)顧嗣立删補　清道光十六年(1836)賡德堂刻朱墨套印本　二册

330000－1783－0000841　普1048　經部/小學類/文字之屬/説文/專著

許氏説文解字雙聲疊韻譜一卷　(清)鄧廷楨撰　清光緒九年(1883)上海同文書局石印本　一册

330000－1783－0000842　普 0353　經部/小學類/文字之屬/字書/字典
康熙字典十二集三十六卷總目一卷檢字一卷辨似一卷等韻一卷補遺一卷備考一卷　（清）張玉書等纂修　清光緒二十五年（1899）上海慎記書莊石印本　五册　缺六卷（酉集上中下、戌集上中下）

330000－1783－0000843　普 0376　史部/紀傳類/正史之屬
四史　清光緒二十四年（1898）上海點石齋石印本　五册　存六十七卷（漢書一至十九、五十三至一百）

330000－1783－0000844　普 0359　經部/小學類/文字之屬/字書/字典
康熙字典十二集三十六卷總目一卷檢字一卷辨似一卷等韻一卷補遺一卷備考一卷　（清）張玉書等纂修　清光緒十八年（1892）上海同文書局石印本　五册　缺六卷（未集上中下、申集上中下）

330000－1783－0000847　普 1069　史部/史抄類
史記菁華録六卷　（清）姚祖恩輯　清光緒十三年（1887）上海蜚英館石印本　五册　存五卷（一至五）

330000－1783－0000850　普 1072　子部/儒家類/儒學之屬/禮教
五種遺規　（清）陳弘謀輯並撰　清同治四年至五年（1865－1866）刻本　四册　存二種

330000－1783－0000856　普 0242　類叢部/叢書類/彙編之屬
唐代叢書一百六十四種　（清）王文誥編　清嘉慶十一年（1806）弁山樓刻本　九册　存六十種

330000－1783－0000858　普 0373　史部/紀傳類/正史之屬
四史　清光緒二十四年（1898）上海點石齋石印本　六册　存一種

330000－1783－0000863　普 1117　集部/別集類/清別集
松聲池館詩存四卷　（清）汪璐撰　清光緒十五年（1889）錢塘汪曾唯振綺堂刻本　一册

330000－1783－0000866　普 1083　史部/傳記類/科舉録之屬/歷科鄉試録
[光緒二十八年補行庚子正科並辛丑恩科]浙江鄉試卷不分卷　（清）費有容等撰　清光緒二十八年（1902）刻本　一册

330000－1783－0000867　普 1107　集部/總集類/課藝之屬
國初名文选不分卷　（清）張鳳翼輯　清挹蘭書屋刻本　一册

330000－1783－0000870　普 1085　史部/傳記類/科舉録之屬/歷科鄉試録
[光緒癸卯恩科]浙江鄉試第拾肆房同門試卷不分卷　（清）莫永貞等撰　清光緒刻本　一册

330000－1783－0000871　普 1086　史部/傳記類/科舉録之屬/歷科鄉試録
[光緒癸卯恩科]浙江鄉試第拾肆房同門試卷不分卷　（清）莫永貞等撰　清光緒刻本　一册

330000－1783－0000872　普 1087　史部/傳記類/科舉録之屬/歷科鄉試録
[光緒癸卯恩科]浙江鄉試第拾肆房同門試卷不分卷　（清）莫永貞等撰　清光緒刻本　一册

330000－1783－0000873　普 1084　史部/傳記類/科舉録之屬/歷科鄉試録
[光緒癸卯恩科]浙江鄉試第拾肆房同門試卷不分卷　（清）莫永貞等撰　清光緒刻本　一册

330000－1783－0000875　普 1088　集部/總集類/選集之屬/斷代
唐詩三百首續選六卷　（清）于慶元編　清刻本　一册　存二卷（五言律詩、七言絶句）

330000－1783－0000876　普 1089　集部/總集類/選集之屬/斷代

唐詩三百首續選六卷　(清)于慶元編　清刻本　一冊　存二卷(五言律詩、七言絕句)

330000－1783－0000877　普1093　集部/總集類/選集之屬/通代

古唐詩合解古詩四卷唐詩十二卷　(清)王堯衢注　清刻聚錦堂印本　二冊　存八卷(唐詩一至四、九至十二)

330000－1783－0000878　普1067　史部/編年類/通代之屬

尺木堂綱鑑易知録九十二卷明鑑易知録十五卷　(清)吳乘權　(清)周之炯　(清)周之燦輯　清光緒二十七年(1901)上海商務印書館鉛印本　一冊　存七卷(綱鑑易知録三十三至三十九)

330000－1783－0000880　普1094　類叢部/叢書類/彙編之屬

翠琅玕館叢書五十一種　(清)馮兆年編　清光緒十年至十六年(1884－1890)羊城翠琅玕館刻本　九冊　存十三種

330000－1783－0000881　普1108　集部/總集類/制藝之屬

瑞芝閣天崇小題名文選不分卷　(清)張鳳翼論次　清挹蘭書屋刻本　一冊

330000－1783－0000882　普1109　集部/總集類/制藝之屬

瑞芝閣天崇名文選不分卷　(清)張鳳翼論次　清挹蘭書屋刻本　一冊

330000－1783－0000884　普1110　集部/總集類/制藝之屬

瑞芝閣明文約選不分卷　(清)張鳳翼論次　清挹蘭書屋刻本　一冊

330000－1783－0000885　普1111　集部/總集類/制藝之屬

瑞芝閣名文枕中秘不分卷　(清)張鳳翼論次　清挹蘭書屋刻本　一冊

330000－1783－0000887　普1070　史部/雜史類/通代之屬

戰國策三十三卷　(漢)高誘注　**重刻剡川姚氏本戰國策札記三卷**　(清)黃丕烈撰　清末石印本　二冊　存十七卷(八至二十四)

330000－1783－0000888　普0246　集部/總集類/選集之屬/通代

重訂文選集評十五卷首一卷末一卷　(清)于光華輯　清刻本　二冊　存二卷(六、十二)

330000－1783－0000889　普1113　集部/小說類/長篇之屬

繡像東周列國志二十七卷一百八回首一卷　(清)蔡奡評點　清鉛印本　一冊　存一卷(八)

330000－1783－0000890　普0254　集部/別集類/清別集

定盦文集三卷補二卷續録一卷續集四卷文集補編四卷　(清)龔自珍撰　清同治七年(1868)刻本　一冊　存四卷(續集一至四)

330000－1783－0000893　普1114　史部/史評類/史論之屬

雲水閣讀史論畧補注不分卷　(清)杜詔撰　清刻本　一冊

330000－1783－0000894　普1105　子部/小說家類/雜事之屬

圖像三國志演義第一才子書六十卷一百二十回首一卷　(明)羅貫中撰　(清)金聖嘆評　(清)毛宗崗增評　清廣百宋齋鉛印本　一冊　存五卷(三十八至四十二)

330000－1783－0000895　普1095　子部/雜著類/雜纂之屬

古格言十二卷　(清)梁章鉅輯　清刻本　二冊

330000－1783－0000897　普1106　史部/傳記類/科舉録之屬/歷科鄉試録

[光緒癸卯恩科]浙江鄉試第拾肆房同門試卷不分卷　(清)莫永貞等撰　清光緒刻本　一冊

330000－1783－0000898　普0122　子部/藝術類/遊藝之屬/棋弈

寄青霞館弈選八卷　(清)王存善編　清刻本　十二冊

330000－1783－0000900　普 1119　史部/紀事本末類/通代之屬
美史紀事本末八卷首一卷末一卷　（美國）姜寧氏撰　（清）章宗元輯譯　清光緒二十九年(1903)求我齋石印本　一冊　存五卷（一至四、首）

330000－1783－0000904　普 1120　新學/商務
歐洲財政史　（日本）小林丑三郎撰　胡宗瀛譯述　清光緒二十八年(1902)上海商務印書館鉛印政學叢書本　一冊

330000－1783－0000905　普 1096　史部/政書類/通制之屬
三通考輯要七十六卷　湯壽潛輯　清末通雅堂鉛印本　六冊　缺六十三卷（文獻通考輯要一至八、十至十六、十九至二十四，欽定續文獻通考輯要一至十七、二十至二十六，皇朝文獻通考輯要一至十八）

330000－1783－0000907　普 1098　子部/藝術類/書畫之屬/總論
清河書畫舫十二卷　（明）張丑輯　清刻本　二冊　存二卷（八、十）

330000－1783－0000911　普 1133　類叢部/叢書類/自著之屬
王湘綺先生全集二十六種　王闓運撰　清光緒至民國刻民國十二年(1923)長沙王氏彙印本　一冊　存一種

330000－1783－0000912　普 1241　集部/總集類/選集之屬/通代
樂府廣序三十卷詩集廣序十卷　（清）朱嘉徵撰　清刻本　一冊　存四卷（十九至二十二）

330000－1783－0000913　普 1134　史部/史抄類
史鑑節要便讀六卷　（清）鮑東里撰　清光緒十三年(1887)刻本　一冊　存三卷（一至三）

330000－1783－0000922　普 1145　史部/傳記類/總傳之屬/家乘
［浙江慈溪］慈谿石步葉氏宗譜二十四卷　（清）葉長慶等纂修　清光緒二十九年(1903)天敘堂木活字印本　二十三冊　存二十三卷（一至十七、十九至二十四）

330000－1783－0000923　普 1146　子部/小說家類/異聞之屬
新天花亂墜四卷　（清）硯雲居士編纂　清宣統三年(1911)石印本　一冊　存二卷（一至二）

330000－1783－0000925　普 1148　史部/史評類/史論之屬
歷朝綱鑑總論不分卷　（明）楊古度撰　清光緒二十七年(1901)善餘堂刻本　一冊

330000－1783－0000926　普 1149　史部/編年類/通代之屬
尺木堂綱鑑易知録九十二卷明鑑易知録十五卷　（清）吳乘權　（清）周之炯　（清）周之燦輯　清光緒十三年(1887)上海點石齋石印本　一冊　存二卷（綱鑑易知録九至十）

330000－1783－0000928　普 1135　經部/四書類/總義之屬/傳說
四書集註十九卷　（宋）朱熹撰　清寶善書莊刻本　一冊　存一卷（中庸）

330000－1783－0000929　普 1136　經部/四書類/總義之屬/傳說
四書集註十九卷　（宋）朱熹撰　清醉六堂刻本　一冊　存二卷（大學、中庸）

330000－1783－0000930　普 1137　經部/四書類/總義之屬/傳說
四書集註十九卷　（宋）朱熹撰　清自怡軒刻本　一冊　存二卷（大學、中庸）

330000－1783－0000931　普 1138　經部/四書類/總義之屬/傳說
四書集註十九卷　（宋）朱熹撰　清刻本　一冊　存二卷（大學、中庸）

330000－1783－0000932　普 1157　史部/傳記類/總傳之屬/家乘
章氏宗譜(亢字號)十二卷　（清）□□纂修　清刻本　四冊　存四卷（二、七、十、十二）

330000－1783－0000934　普 0140　集部/總集類/選集之屬/斷代

網師園唐詩箋十八卷　（清）宋宗元輯　清乾隆三十二年(1767)尚絅堂刻本　一冊　存一卷(九)

330000－1783－0000935　普 1139　子部/藝術類/書畫之屬/畫譜

芥子園畫傳初集六卷二集九卷三集六卷　（清）王槩　（清）王蓍　（清）王臬輯　清末石印本　一冊　存一卷(初集三)

330000－1783－0000937　普 1161　史部/傳記類/總傳之屬/家乘

義門陳氏族譜十卷末一卷　清光緒刻本　十一冊

330000－1783－0000938　普 1162　史部/傳記類/總傳之屬/家乘

[浙江慈溪]慈谿石步葉氏宗譜二十四卷　（清）葉長慶等纂修　清光緒二十九年(1903)天敘堂木活字印本　二十四冊

330000－1783－0000939　普 1163　史部/傳記類/總傳之屬/家乘

[浙江慈溪]慈谿石步葉氏宗譜二十四卷　（清）葉長慶等纂修　清光緒二十九年(1903)天敘堂木活字印本　二十四冊

330000－1783－0000941　普 0041　史部/紀傳類/正史之屬

漢書一百卷　（漢）班固撰　（唐）顔師古注　清同治十二年(1873)嶺東使署刻本　十五冊　存九十八卷(一至十八、二十一至一百)

330000－1783－0000942　普 1165　史部/傳記類/總傳之屬/家乘

[浙江安吉]故鄣朱氏宗譜十二卷　（清）朱載瀛纂修　清光緒二十九年(1903)叢桂堂木活字印本　三冊　存三卷(一、四、六)

330000－1783－0000943　普 0130　集部/詞類/總集之屬

草堂詩餘九卷　（明）楊慎輯　明刻本　一冊　存一卷(七)

330000－1783－0000945　普 0207　新學/史志/别國史

丁酉列國歲計政要□□卷首一卷　（英國）士咳咖路地編輯　（清）周靈生譯　清末刻本　一冊　存二卷(一、首)

330000－1783－0000946　普 1166　史部/傳記類/總傳之屬/家乘

[浙江安吉]故鄣朱氏宗譜十二卷　（清）朱載瀛纂修　清光緒二十九年(1903)叢桂堂木活字印本　九冊　存九卷(二至三、五、七至十二)

330000－1783－0000949　普 1147　史部/傳記類/總傳之屬/家乘

[浙江安吉]故鄣朱氏宗譜十二卷　（清）朱載瀛纂修　清光緒二十九年(1903)叢桂堂木活字印本　一冊　存一卷(九)

330000－1783－0000956　普 1151　子部/宗教類/佛教之屬/經

佛教西來玄化應運略録一卷　（宋）程輝編　**佛説四十二章經一卷**　（漢）釋迦葉摩騰　（漢）釋竺法蘭譯　**佛遺教經一卷**　（後秦）釋鳩摩羅什譯　**八大人覺經一卷**　（漢）釋安世高譯　清同治九年(1870)金陵刻經處刻本　一冊

330000－1783－0000958　普 1152　子部/宗教類/佛教之屬/經

佛説貝多樹下思惟十二因緣經一卷　（三國吳）釋支謙譯　**佛説緣起聖道經一卷**　（唐）釋玄奘譯　**佛説稻稈經一卷**　（晉）□□譯　**大乘舍黎娑擔摩經一卷**　（宋）釋施護譯　清光緒三年(1877)金陵刻經處刻本　一冊

330000－1783－0000959　普 1153　子部/宗教類/佛教之屬/經

佛説四諦七經七卷　清光緒六年(1880)金陵刻經處刻本　一冊

330000－1783－0000960　普 1154　集部/别集類/漢魏六朝别集

庾子山集十六卷總釋一卷　（北周）庾信撰　（清）倪璠註　**年譜一卷**　（清）倪璠撰　清道

光十九年(1839)同文堂刻本　十四冊

330000－1783－0000961　普 1155　子部/宗教類/其他宗教之屬/其他

觀音十二圖覺　(清)彭德源撰　清光緒九年(1883)瑪瑙經房刻本　一冊

330000－1783－0000962　普 1156　史部/史評類/詠史之屬

明宫詞一卷　(清)程嗣章撰　清宣統三年(1911)上海掃葉山房石印本　一冊

330000－1783－0000963　普 1172　集部/詞類/類編之屬

三家宫詞三卷二家宫詞二卷　(明)毛晉編　清宣統三年(1911)上海掃葉山房石印本　一冊

330000－1783－0000964　普 1173　史部/史評類/詠史之屬

十國宫詞一卷　(清)吴省蘭撰　清宣統三年(1911)上海掃葉山房石印本　一冊

330000－1783－0000965　普 1174　集部/詩文評類/詩評之屬

初白菴詩評三卷詞綜偶評一卷　(清)查慎行撰　(清)張載華輯　清末上海六藝書局石印本　二冊　存二卷(中、詞綜偶評)

330000－1783－0000967　普 1176　子部/藝術類/遊藝之屬/聯語

精選楹聯新編二卷　(清)俞樾撰　清宣統二年(1910)上海萃英書莊石印本　一冊

330000－1783－0000971　普 1179　史部/傳記類/總傳之屬/家乘

[河北桃城]唐氏宗譜□□卷　(清)唐作仁主修　清光緒十七年(1891)木活字印本　一冊　存一卷(二)

330000－1783－0000975　普 1182　史部/傳記類/總傳之屬/家乘

蔡氏宗譜三卷　清光緒十七年(1891)木活字印本　一冊　存一卷(一)

330000－1783－0000977　普 0230、普 0259　類叢部/叢書類/自著之屬

春在堂全書三十六種　(清)俞樾撰　清同治至光緒刻本　七十三冊　存二十種

330000－1783－0000981　普 1188　集部/別集類/清別集

儀鄭堂駢儷文三卷　(清)孔廣森撰　清光緒二十一年(1895)刻本　一冊

330000－1783－0000985　普 1191　集部/別集類/清別集

謫麐堂遺集四卷　(清)戴望撰　清宣統三年(1911)歸安陸氏刻本　二冊

330000－1783－0000986　普 1192　子部/儒家類/儒學之屬/禮教/女範

繪圖女四書白話解四卷　(明)沈朱坤演義　清光緒三十四年(1908)上海圖書學社石印本　三冊　存三卷(一至三)

330000－1783－0000987　普 1193　子部/儒家類/儒學之屬/禮教/女範

繪圖女四書白話解四卷　(明)沈朱坤演義　清光緒三十四年(1908)上海圖書學社石印本　一冊　存一卷(一)

330000－1783－0000989　普 1195　經部/四書類/總義之屬/傳說

新訂四書補註備旨十卷　(明)鄧林撰　(清)杜定基增訂　清刻本　一冊　存二卷(孟子三至四)

330000－1783－0000990　普 1198　經部/四書類/總義之屬/傳說

四書反身録十四卷二孟續補二卷　(清)李顒撰　清刻本　四冊　缺二卷(二孟續補一至二)

330000－1783－0000991　普 1196　經部/四書類/總義之屬/傳說

新訂四書補註備旨十卷　(明)鄧林撰　(清)杜定基增訂　清刻本　二冊　存二卷(孟子一至二)

330000－1783－0000993　普 1199　經部/小學類/文字之屬/說文/傳說

說文新附攷六卷續攷一卷 (清)鈕樹玉撰 清同治十三年(1874)湖北崇文書局刻本 二冊

330000－1783－0000995 普1200 集部/總集類/彙編之屬

五朝詩別裁集五種 (清)□□輯 清小西山房刻本 三十一冊 缺二十三卷(重訂唐詩別裁十三至十六、十九至二十,元詩別裁補遺,欽定國朝詩別裁集一至二、五至六、十一至十四、十七至十八、二十一至二十四、二十七至二十八)

330000－1783－0000996 普1203 經部/禮記類/傳說之屬

禮記增訂旁訓六卷 (清)徐立綱撰 清群玉山房刻本 四冊 存四卷(一至四)

330000－1783－0000998 普1201 經部/小學類/文字之屬/字書/字典

康熙字典十二集三十六卷總目一卷檢字一卷辨似一卷等韻一卷補遺一卷備考一卷 (清)張玉書等纂修 清刻本 九冊 存九卷(丑集中、卯集下、辰集上、未集上下、申集上、酉集下、戌集下、亥集中)

330000－1783－0001002 普1207 集部/詞類/詞話之屬

蓮子居詞話四卷 (清)吳衡照輯 清道光十二年(1832)錢唐汪氏振綺堂刻同治六年(1867)重修本 四冊

330000－1783－0001003 普1202 經部/叢編

五經體註大全五種 (清)嚴氏家塾主人輯 清刻本 一冊 存一種

330000－1783－0001006 普1209 集部/別集類/清別集

韞山堂時文初集不分卷二集不分卷三集不分卷 (清)管世銘撰 清刻本 一冊 存一集(二)

330000－1783－0001010 普1212 集部/總集類/選集之屬/通代

歷朝名媛詩詞十二卷 (清)陸昶輯 清末石印本 一冊 存三卷(七至九)

330000－1783－0001012 普1213 經部/小學類/文字之屬/說文/傳說

說文解字十五卷標目一卷 (漢)許慎撰 (宋)徐鉉等校定 清刻本 三冊 存十二卷(四至十五)

330000－1783－0001014 普1214 經部/小學類/文字之屬/說文/傳說

說文解字十五卷標目一卷 (漢)許慎撰 (宋)徐鉉等校定 清刻本 一冊 存四卷(五至八)

330000－1783－0001016 普1215 經部/小學類/文字之屬/說文/傳說

繫傳四十卷 (南唐)徐鍇撰 (南唐)朱翺反切 **校勘記三卷** (清)苗夔等撰 清刻本 一冊 存二十五卷(十九至四十、校勘記一至三)

330000－1783－0001018 普1217 經部/小學類/文字之屬/說文/傳說

說文通檢十四卷首一卷末一卷 (清)黎永椿撰 清光緒十四年(1888)上海蜚英館石印本 一冊

330000－1783－0001019 普1218 經部/禮記類/傳說之屬

潄芳軒合纂禮記體註四卷 (清)范翔撰 清康熙五十二年(1713)刻本 一冊 存一卷(一)

330000－1783－0001020 普1255 子部/藝術類/書畫之屬/法帖

張季直殿撰兩臨唐伊闕佛龕碑不分卷 張謇書 清影印本 一冊

330000－1783－0001022 普1256 子部/藝術類/書畫之屬/法帖

御刻三希堂石渠寶笈法帖不分卷 (清)梁詩正等輯 清影印本 一冊

330000－1783－0001023 普1221 新學/商務/商學

財政四綱四卷　錢恂編　清光緒二十七年(1901)鉛印本　二册　存二卷(租税、貨幣)

330000－1783－0001025　普 1222　新學/商務/商學
中國之金融不分卷　潘承鍔編譯　清光緒三十四年(1908)中國圖書公司鉛印本　二册

330000－1783－0001026　普 1223　集部/别集類/清别集
煙霞萬古樓詩選二卷文集六卷　(清)王曇撰　清光緒二十一年(1895)鴻文書局石印本　三册　存六卷(文集一至六)

330000－1783－0001027　普 1232　子部/醫家類/外科之屬/外科方
外科症治全生前集三卷後集三卷　(清)王維德撰　清光緒二十四年(1898)上海文宜書局石印本　二册

330000－1783－0001029　普 1233　子部/兵家類/操練之屬
練兵實紀九卷雜集六卷　(明)戚繼光撰　清光緒二十一年(1895)上海醉經慶石印本　四册　缺六卷(雜集一至六)

330000－1783－0001031　普 1234　子部/醫家類/綜合之屬/通論
群玉山房重校醫宗必讀十卷　(明)李中梓撰　清刻本　五册

330000－1783－0001034　普 1226　史部/地理類/遊記之屬/紀行
扶桑述覽一卷　汪張巘撰　清光緒三十三年(1907)農工商部印刷科鉛印本　一册

330000－1783－0001035　普 1227　集部/别集類/清别集
述學内篇三卷補遺一卷外篇一卷别録一卷校勘記一卷附録一卷　(清)汪中撰　(清)汪喜孫編　清同治八年(1869)揚州書局刻本　二册

330000－1783－0001036　普 1228　新學/政治法律/律例
憲法精理二卷　周逵編譯　清光緒二十八年(1902)上海廣智書局鉛印本　一册

330000－1783－0001039　普 1257　新學/議論/通論
群學肄言不分卷　(英國)斯賓塞爾撰　嚴復譯　清光緒二十九年(1903)上海文明書局鉛印本　一册

330000－1783－0001040　普 1237　子部/術數類/陰陽五行之屬
欽定協紀辨方書三十六卷　(清)允祿　(清)張照等纂修　清刻本　七册　存九卷(十二、十四、十六、二十一至二十四、三十五至三十六)

330000－1783－0001041　普 1238　子部/醫家類/溫病之屬/瘟疫
增批溫熱經緯五卷　(清)王士雄撰　(清)葉霖增批　清光緒三十一年(1905)上海奇石山房石印本　三册　存四卷(一至三、五)

330000－1783－0001042　普 1239　子部/醫家類/本草之屬/歷代綜合本草
本草從新十八卷　(清)吴儀洛輯　清末石印本　二册

330000－1783－0001044　普 1240　子部/醫家類/外科之屬/外科方
新刊外科正宗六卷　(明)陳實功撰　清刻本　五册　存五卷(一至二、四至六)

330000－1783－0001046　普 1268　子部/醫家類/外科之屬/外科方
外科證治全生集五卷　(清)王維德撰　清末石印本　一册　存一卷(二)

330000－1783－0001049　普 1270　子部/醫家類/綜合之屬/通論
醫學實在易八卷　(清)陳念祖撰　清末石印本　一册　存四卷(五至八)

330000－1783－0001050　普 1271　子部/醫家類/診法之屬/脈經脈訣
李瀕湖脉學不分卷　(明)李時珍編著　清光緒三十一年(1905)掃葉山房刻本　一册

330000－1783－0001051　普 1272　子部/醫家類/傷寒金匱之屬/金匱要略
金匱要略淺註補正九卷　(漢)張機撰　(清)

陳念祖注 (清)唐宗海補注 清末上海千頃堂書局石印本 一册 存三卷(七至九)

330000－1783－0001052 普1281 集部/别集類/清别集

音註小倉山房尺牘八卷補遺一卷 (清)袁枚撰 (清)胡光斗箋釋 清咸豐九年(1859)山陰胡氏青蘿室刻本 四册

330000－1783－0001053 普1261 新學/報章

壬寅新民叢報全編二十五卷 梁啟超編 清光緒二十九年(1903)石印本 十四册 存二十一卷(一至十六、二十一至二十五)

330000－1783－0001054 普1273 子部/醫家類/傷寒金匱之屬/金匱要略

金匱要略淺註十卷首一卷 (漢)張機撰 (清)陳念祖注 清末石印本 一册 存五卷(一至四、首)

330000－1783－0001055 普1262 史部/政書類/通制之屬

廣治平略正集三十六卷續集八卷 (清)蔡方炳撰 清光緒十六年(1890)上海廣百宋齋鉛印本 八册

330000－1783－0001057 普1274 集部/總集類/選集之屬/通代

古文辭類纂十三卷 (清)姚鼐輯 **續古文辭類纂十卷** 王先謙輯 清光緒二十四年(1898)上海祥記書莊石印本 七册 存十八卷(古文辭類纂一至三、九至十三,續古文辭類纂一至十)

330000－1783－0001058 普1275 史部/傳記類/科舉録之屬/歷科鄉試録

[光緒癸卯恩科]江南闈墨一卷 清光緒上海文實書局石印本 一册

330000－1783－0001061 普1276 類叢部/叢書類/彙編之屬

知不足齋叢書一百九十六種 (清)鮑廷博編 (清)鮑士恭續編 清乾隆三十七年至道光三年(1772－1823)長塘鮑氏刻彙印本 一册 存一種

330000－1783－0001062 普1265 集部/總集類/選集之屬/通代

續古文辭類纂三十四卷 王先謙輯 清光緒三十三年(1907)上海商務印書館鉛印本 一册 存九卷(八至十六)

330000－1783－0001063 普1277 子部/儒家類/儒學之屬/蒙學

童子問路四卷 (清)鄭之琮輯 清光緒五年(1879)古越墨潤堂刻本 一册 存二卷(一至二)

330000－1783－0001064 普1301 經部/小學類/文字之屬/字書/字典

康熙字典十二集三十六卷總目一卷檢字一卷辨似一卷等韻一卷補遺一卷備考一卷 (清)張玉書等纂修 清光緒二十年(1894)上海文實局石印本 三册 存十八卷(子集上中下、丑集上中下、未集上中下、申集上中下、酉集上中下、戌集上中下)

330000－1783－0001066 普1284 類叢部/類書類/通類之屬

淵鑑類函四百五十卷目録四卷 (清)張英 (清)王士禛輯 清石印本 二册 存十四卷(文學部、武功部、邊塞部、珍寶部、布帛部、儀飾部、服飾部、器物部、舟部、車部、食物部、五穀部、藥部、菜蔬部)

330000－1783－0001068 普1266 經部/小學類/音韻之屬/韻書

增廣詩韻合璧五卷 (清)湯祥瑟輯 清光緒十四年(1888)上海萬珍書局石印本 五册

330000－1783－0001069 普1285 子部/藝術類/遊藝之屬/棋弈

四子譜二卷 (清)過百齡輯 清宣統三年(1911)石印本 一册 存一卷(下)

330000－1783－0001070 普1302 經部/小學類/文字之屬/字書/字典

康熙字典十二集三十六卷總目一卷檢字一卷辨似一卷等韻一卷補遺一卷備考一卷 (清)

張玉書等纂修　清末石印本　二册　存十五卷(寅集上中下、卯集上中下、辰集上中下、酉集上中下、戌集上中下)

330000－1783－0001072　普 1303　經部/小學類/文字之屬/字書/字典

康熙字典十二集三十六卷總目一卷檢字一卷辨似一卷等韻一卷補遺一卷備考一卷　(清)張玉書等纂修　清末石印本　四册　存二十七卷(寅集上中下、卯集上中下、辰集上中下、巳集上中下、午集上中下、未集上中下、申集上中下、酉集上中下、戌集上中下)

330000－1783－0001073　普 1287　子部/宗教類/道教之屬/經文

太上說三元三官寶經一卷　清光緒五年(1879)泉信人等刻本　一册

330000－1783－0001074　普 1279　類叢部/叢書類/彙編之屬

十萬卷樓叢書五十一種　(清)陸心源編　清光緒歸安陸氏刻本　一册　存一種

330000－1783－0001075　普 1280　子部/醫家類/傷寒金匱之屬/傷寒論

傷寒審症表一卷　(清)包誠輯　清光緒二十七年(1901)上海北京路商務書館鉛印本　一册

330000－1783－0001076　普 1288　子部/術數類/相宅相墓之屬

曹安峯地理原本說四卷　(清)曹家甲撰　清同治六年(1867)文奎堂刻本　一册　存一卷(一)

330000－1783－0001079　普 1267　子部/醫家類/綜合之屬/通論

醫學心傳九卷　(清)王明德撰　清光緒三十三年(1907)水星樓文華堂刻本　一册　存二卷(一至二)

330000－1783－0001080　普 1290　子部/雜著類/雜考之屬

困學紀聞二十卷　(宋)王應麟撰　清刻本　四册　存八卷(一至六、九至十)

330000－1783－0001085　普 1308　子部/宗教類/道教之屬/經文

謝土不分卷　(清)朱森林鈔　清光緒二十二年(1896)抄本　一册

330000－1783－0001086　普 1309　子部/醫家類/醫案之屬

種福堂續選臨證指南四卷　(清)葉桂撰　(清)徐大椿評　清維揚文富堂刻本　二册

330000－1783－0001087　普 1310　子部/道家類

清微醮科不分卷　清光緒三十二年(1906)抄本　一册

330000－1783－0001088　普 1311　子部/宗教類/道教之屬

血湖經寶卷一卷　清光緒二十四年(1898)抄本　清袁洪典題簽並記　一册

330000－1783－0001089　普 1312　子部/醫家類/婦科之屬/通論

女科要旨四卷　(清)陳念祖撰　清抄本　二册

330000－1783－0001091　普 1314　子部/宗教類/道教之屬/雜著

醮塲科送神不分卷　清抄本　一册

330000－1783－0001093　普 1316　子部/宗教類/佛教之屬/經咒

超度幽魂不分卷　清抄本　一册

330000－1783－0001095　普 1292　子部/宗教類/其他宗教之屬/其他

衆喜粗言五卷　(清)陳衆喜撰　清刻本　一册　存一卷(三)

330000－1783－0001096　普 1318　子部/宗教類/道教之屬/經文

太上說三官經序　清抄本　一册

330000－1783－0001098　普 1319　集部/別集類/清別集

有正味齋駢體文二十四卷　(清)吳錫麒撰　(清)王廣業箋　(清)葉聯芬注　清刻本　三

册　存二十卷(五至二十四)

330000 - 1783 - 0001099　普 1320　子部/宗教類/佛教之屬/經

大乘金剛般□□□□□不分卷　清光緒二十四年(1898)抄本　一册

330000 - 1783 - 0001101　普 1321　子部/醫家類/綜合之屬/雜著

醫書不分卷　清光緒四年(1878)抄本　一册

330000 - 1783 - 0001102　普 1322　集部/别集類/清别集

錢牧齋先生尺牘三卷　(清)錢謙益撰　清康熙顧氏如月樓刻本　三册

330000 - 1783 - 0001103　普 1323　子部/醫家類/類編之屬

諸藥出地不分卷　清抄本　一册

330000 - 1783 - 0001104　普 1295　史部/政書類/律令之屬/律例

大清光緒新法令十三卷附録一卷　商務印書館編譯所編纂　清宣統元年(1909)上海商務印書館鉛印本　一册　存一卷(七)

330000 - 1783 - 0001105　普 1324　子部/醫家類/類編之屬

醫詩不分卷　清抄本　一册

330000 - 1783 - 0001106　普 1296　子部/術數類/相宅相墓之屬

增補地理直指原真三卷首一卷　(清)釋如玉撰　清石印本　一册　存二卷(中、下)

330000 - 1783 - 0001107　普 1325　集部/别集類/明别集

歸震川先生尺牘二卷　(明)歸有光撰　清石印本　一册　存一卷(二)

330000 - 1783 - 0001108　普 1326　集部/總集類/尺牘之屬

新撰普通尺牘詳解　(清)商務印書館編　清宣統二年(1910)商務印書館石印本　一册

330000 - 1783 - 0001112　普 1300　史部/紀事本末類/通代之屬

歷朝紀事本末九種　(清)陳如升　(清)朱記榮輯　(清)慎記主人增輯　清光緒二十九年(1903)上海文林書局石印本　四册　存四種

330000 - 1783 - 0001113　普 1327　集部/曲類/寶卷之屬

目連卷全集不分卷　清光緒三年(1877)杭州瑪瑙寺經房刻本　一册

330000 - 1783 - 0001117　普 1329　經部/詩類/傳説之屬

詩經集傳八卷　(宋)朱熹撰　清末商務印書館鉛印本　一册　存二卷(三至四)

330000 - 1783 - 0001126　普 1351　子部/宗教類/道教之屬

各款表式□□卷　清刻本　一册　存一卷(下)

330000 - 1783 - 0001127　普 1336　經部/四書類/總義之屬/傳説

四書味根録三十七卷　(清)金瀓撰　清光緒刻本　一册　存三卷(論語八至十)

330000 - 1783 - 0001128　普 1337　新學/格致總

增訂格物入門七卷首一卷　(美國)丁韙良撰　清光緒十五年(1889)同文館鉛印本　一册　存一卷(五)

330000 - 1783 - 0001129　普 1345　子部/叢編

二十五子彙函　(清)鴻文書局編　清光緒十九年(1893)上海鴻文書局石印本　二册　存一種

330000 - 1783 - 0001134　普 1347　子部/醫家類/針灸之屬/經絡腧穴

奇經八脈考一卷　(明)李時珍撰　清刻本　一册

330000 - 1783 - 0001135　普 1352　子部/醫家類/方書之屬/歷代方書

醫方湯頭歌訣一卷經絡歌訣一卷　(清)汪昂撰　清刻本　一册

330000－1783－0001136　普 1348　子部/醫家類/婦科之屬/產科
達生編三卷附録一卷　(清)亟齋居士撰　清光緒二十八年(1902)刻本　一冊

330000－1783－0001137　普 1353　子部/醫家類/醫經之屬/内經
素問靈樞類纂約註三卷　(清)汪昂撰　清光緒二十一年(1895)醉六堂刻本　三冊

330000－1783－0001140　普 1355　子部/醫家類/類編之屬
中西匯通醫書五種　(清)唐宗海撰　清光緒三十四年(1908)上海千頃堂書局石印本　二冊　存一種

330000－1783－0001142　普 1350　子部/醫家類/兒科之屬/通論
鼎鍥幼幼集成六卷　(清)陳復正輯　清光緒三十三年(1907)上海文海閣石印本　一冊　存一卷(一)

330000－1783－0001144　普 1371　子部/醫家類/類編之屬
陳修園醫書四十種　(清)陳念祖等撰　清光緒三十一年(1905)上海商務印書館鉛印本　一冊　存三種

330000－1783－0001146　普 1372　史部/目録類/總録之屬/官修
浙江藏書樓甲編書目五卷補遺一卷乙編書目一卷補遺一卷日文書目一卷　楊復編　清光緒三十三年(1907)杭州華豐書局鉛印本　一冊　存三卷(乙編書目、乙編補遺,日文書目)

330000－1783－0001153　普 1377　子部/醫家類/本草之屬/本草藥性
雷公炮製藥性解六卷　(明)李中梓撰　清文盛堂刻本　二冊

330000－1783－0001154　普 1361　子部/醫家類/方書之屬/歷代方書
醫方集解三卷　(清)汪昂撰　清刻本　三冊

330000－1783－0001155　普 1378　子部/儒家類/儒學之屬/禮教
三字經註解備要二卷　(清)賀興思注解　清刻本　一冊　存一卷(下)

330000－1783－0001156　普 1379　集部/詩文評類/詩評之屬
隨園詩話十六卷補遺四卷　(清)袁枚撰　清光緒十八年(1892)袖海山房石印本　四冊

330000－1783－0001157　普 1362　子部/醫家類/養生之屬
攝生總要四種　(明)洪基輯　清石印本　二冊　存二種

330000－1783－0001159　普 1381　子部/宗教類/佛教之屬/經
地藏菩薩本願經三卷　(唐)釋實叉難陀譯　清光緒十六年(1890)浙杭瑪瑙經房刻本　一冊

330000－1783－0001161　普 1383　子部/宗教類/道教之屬/戒律
太上感應篇一卷文昌帝君陰隲文一卷關聖帝君覺世真經一卷　清石印本　一冊

330000－1783－0001163　普 1385　子部/醫家類/婦科之屬/產科
產科心法二卷　(清)汪喆撰　清光緒元年(1875)刻本　一冊

330000－1783－0001166　普 1388　集部/別集類/清別集
錢牧齋先生尺牘三卷　(清)錢謙益撰　清康熙顧氏如月樓刻本　一冊　存一卷(一)

330000－1783－0001167　普 1363　子部/醫家類/溫病之屬/其他溫疫病證
溫病條辨六卷首一卷　(清)吳瑭撰　清光緒三十四年(1908)鑄記石印本　一冊　存二卷(一、首)

330000－1783－0001173　普 1392　集部/曲類/寶卷之屬
太華山紫金嶺兩世修行劉香寶卷全集二卷　(清)□□撰　清杭城瑪瑙經房刻本　一冊

330000－1783－0001177　普 1394　子部/宗

教類/佛教之屬/經
報母血盆經二卷　清光緒十二年(1886)刻本　一册

330000－1783－0001179　普 1367　子部/醫家類/醫案之屬
三家醫案合刻　(清)吳金壽編　清光緒二十七年(1901)上海漢讀樓石印本　一册

330000－1783－0001180　普 1368　子部/醫家類/喉科口齒之屬/喉痧
爛喉痧輯要一卷　(清)金德鑑撰　清光緒二十八年(1902)刻本　一册

330000－1783－0001182　普 1395　子部/醫家類/醫經之屬/内經
内經知要二卷　(清)李中梓輯並注　清光緒九年(1883)上洋江左書林刻本　一册　存一卷(上)

330000－1783－0001184　普 1396　子部/醫家類/醫經之屬/内經
黄帝内經素問二十四卷　(明)吳崐注　清刻本　一册　存四卷(十至十三)

330000－1783－0001185　普 1397　類叢部/叢書類/家集之屬
王氏四種　(清)王念孫　(清)王引之撰　清光緒二十一年(1895)上海鴻文書局石印本　一册

330000－1783－0001189　普 1398　集部/詩文評類/詩評之屬
帶經堂詩話三十卷首一卷　(清)王士禛撰　(清)張宗柟輯　清乾隆二十七年(1762)刻本　一册　存四卷(一至三、首)

330000－1783－0001190　普 1401　子部/醫家類/醫經之屬/内經
補註皇帝内經素問二十四卷　(唐)王冰注　(宋)林億等校正　(宋)孫兆改誤　**靈樞經十二卷**　(宋)史崧音釋　**附素問遺編一卷**　清光緒二十二年(1896)上海圖書集成局印本　六册　缺一卷(素問遺編)

330000－1783－0001191　普 1399　集部/總集類/選集之屬/通代
古唐詩合解古詩四卷唐詩十二卷　(清)王堯衢注　清光緒十三年(1887)珊城漁古山房刻本　二册　存五卷(唐詩一至二、五至七)

330000－1783－0001193　普 1410　子部/雜著類/雜考之屬
困學紀聞二十卷　(宋)王應麟撰　清刻本　二册　存七卷(十四至二十)

330000－1783－0001194　普 1412　集部/總集類/選集之屬/斷代
唐詩三百首註疏六卷　(清)孫洙編　(清)章燮注　清末上海掃葉山房刻本　一册　存一卷(三)

330000－1783－0001196　普 1413　集部/别集類/明别集
楊忠愍公全集不分卷　(明)楊繼盛撰　清刻本　二册

330000－1783－0001197　普 1414　子部/法家類
管子二十四卷　(唐)房玄齡注　清光緒二十九年(1903)六藝書局石印本　四册

330000－1783－0001198　普 1415　子部/法家類
管子二十四卷　(唐)房玄齡注　清光緒二十九年(1903)上海鴻寶書局石印本　一册　存五卷(一至五)

330000－1783－0001199　普 1416　子部/醫家類/婦科之屬/產科
濟生集六卷　(清)王l達輯　清光緒二十二年(1896)明州咏古齋刻本　三册

330000－1783－0001200　普 0253　集部/别集類/清别集
定盦文集三卷補二卷續録一卷續集四卷文集補編四卷　(清)龔自珍撰　清光緒二十三年(1897)萬本書堂刻本　五册　缺四卷(補編一至四)

[illegible]之處/等

[illegible]二卷 [illegible](1896)刻本

[illegible]

330000－1783－0001179 [illegible]

[illegible]

三[illegible]（宋）[illegible]二十[illegible]

[illegible]

330000－1783－0001180 [illegible]1348 [illegible]

[illegible]

[illegible]一卷 [illegible]（清）[illegible]

[illegible]1902 [illegible]

330000－1783－0001181 [illegible]

[illegible]

[illegible]

[illegible](1891)[illegible]

[illegible]

330000－1783－0001188 [illegible]

[illegible]

[illegible]內[illegible]二十四卷 [illegible]

[illegible]

330000－1783－0001189 [illegible]

[illegible]

[illegible]

[illegible](1891)[illegible]刻本

[illegible]

330000－1783－0001189 [illegible]1392 [illegible]

[illegible]

[illegible]三十卷首一卷 [illegible]

[illegible]

[illegible]

330000－1783－0001190 [illegible]1401 [illegible]

[illegible]

[illegible]二十四卷 [illegible]

（[illegible]）[illegible]二十

二卷 （宋）[illegible]一卷 [illegible]

[illegible]二十二年(1896)[illegible]刻本

六册 [illegible]

330000－1783－0001191 [illegible]1399 [illegible]

[illegible]

古[illegible]四卷[illegible]十二卷 （清）[illegible]

[illegible](1887)[illegible]

[illegible]

330000－1783－0001193 [illegible]

[illegible]

[illegible]二十卷 [illegible]

[illegible]

330000－1783－0001194 [illegible]1409 [illegible]

[illegible]

[illegible]（清）[illegible]

[illegible]

[illegible]

330000－1783－0001195 [illegible]

[illegible]

[illegible]

[illegible]

330000－1783－0001197 [illegible]

[illegible]

[illegible]二十四卷 [illegible]

[illegible]

330000－1783－0001198 [illegible]

[illegible]

[illegible]二十四卷 （清）[illegible]

[illegible](1903)[illegible]

[illegible]

330000－1783－0001199 [illegible]1416 [illegible]

[illegible]

[illegible]（清）[illegible]

[illegible](1895)[illegible]刻本

330000－1783－0001200 [illegible]1259 [illegible]

[illegible]

[illegible]二卷[illegible]一卷[illegible]

[illegible]四卷 （清）[illegible]

(1897)[illegible]

[illegible]

常山縣圖書館
古籍普查登記目録

全國古籍普查登記目録·浙江 衢州

國家圖書館出版社
National Library of China Publishing House

《常山縣圖書館古籍普查登記目録》

編委會

主　　編：陳　誠

副 主 編：徐裕斐

編纂人員：羅友虎　樂愛華　徐　衎

《常山縣圖書館古籍普查登記目録》

前　言

常山縣地，據考古發現，在五千年前的新石器時代就有人類居住。東漢建安二十三年(218)建縣，在長達1800多年的歷史中，用過三個縣名：初稱定陽縣，唐咸亨五年(674)始稱常山縣，宋末元初曾有9年改稱信安縣。有過三個縣治：東漢末和唐初的定陽縣，縣治在前定陽鄉三岡，即今何家鄉琚家、金家一帶。咸亨五年建立的常山縣，縣治在前常山鄉古縣畈，即今招賢鎮古縣、古縣畈村。唐廣德二年(764)移至今天馬鎮。常山建縣後亦歷經三廢三置：東漢末建立的定陽縣，至隋末廢。唐武德四年(621)設置的定陽縣，於武德八年(625)廢。唐咸亨五年建立的常山縣，至1958年10月并入衢縣，1961年10月恢復常山縣。

常山縣文化不如發達地區，但在宋代，有過興盛時期，尤其是宋室南遷後，著名學者吕祖謙、朱熹、張栻等都曾來常講學，促進了常山文化的發展。從宋至清，共有138人考中進士，其中有三人官至尚書。據不完全統計，常山歷史上有文集作者70餘位，著作近130部。1914年，常山設公立圖書館，有藏書4500餘册。1942年6月日本侵略軍侵占常山，許多館藏古籍慘遭焚劫。1949年6月，一批古籍送至浙江省圖書館。1959年，一批剩存及新收集的古籍被調往衢縣。"文革"期間，又有許多古籍被作爲"毒草"封禁或銷毀。

1986年以來，爲加强古籍保護，傳承地方文化，常山縣圖書館一方面對館藏古籍進行清理分類，專人專室保存，另一方面對散落流傳在民間的古籍開展查尋、徵集和整理工作。特别是2013年，常山縣圖書館積極争取上級專項資金支持，投入30萬元專門用於古籍庫房改造和古籍普查工作，并取得初步成效。2015年，常山縣圖書館古籍庫房被評爲"浙江省第三批古籍保護達標單位"。

全國古籍普查工作開始實施後，常山縣圖書館以此爲契機，專門成立了古籍普查領導小組，抽調館員積極參加省古籍普查培訓，在浙江省古籍保護中心領導和專家們的悉心指導和普查員的共同努力下，歷時兩年半，至2017年11月中旬，全面完成了館藏古籍的普查任務。普查數據340條3057册。其中明朝本1條2册，清朝本339條3055册。

本次普查得到了浙江省古籍保護中心的悉心指導和支持，本館樂愛華、徐衎及外請協助普查的徐寄蘭、熊林福兩位老同志亦付出了艱辛和汗水，在此一并致謝。

這次古籍普查專業性强，要求高，又限於我們參與普查工作的同志學識水準和古籍知識，因此本登記目録中難免有錯誤和疏漏之處，敬請方家批評指正，以便我們今後更好地加以完善和保護。

常山縣圖書館
2017 年 9 月

330000－4719－0000002　00176　經部/小學類/文字之屬/字書/訓蒙

養蒙針度五卷　(清)潘子聲撰　清光緒十二年(1886)刻本　二冊

330000－4719－0000003　00170　經部/四書類/論語之屬/專著

鄉黨圖考十卷　(清)江永撰　清刻本　二冊　缺五卷(四至五、八至十)

330000－4719－0000004　00201　子部/宗教類/佛教之屬/論疏

大乘起信論二卷　(古印度)馬鳴菩薩造　(唐)釋實叉難陀譯　清光緒二十四年(1898)金陵刻經處刻本　一冊

330000－4719－0000005　00200　子部/宗教類/佛教之屬/論疏

大乘起信論二卷　(古印度)馬鳴菩薩造　(唐)釋實叉難陀譯　清光緒二十四年(1898)金陵刻經處刻本　一冊

330000－4719－0000006　00158　史部/傳記類/別傳之屬/年譜

朱子年譜四卷考異四卷　(清)王懋竑撰　**附録朱子論學切要語二卷**　(清)王懋竑輯　清乾隆十七年(1752)王氏白田草堂刻清末浙江書局補刻本　二冊　存四卷(年譜一至二、附録朱子論學切要語一至二)

330000－4719－0000007　00213　類叢部/叢書類/彙編之屬

榆園叢刻十五種附一種　(清)許增編　清同治至光緒刻本　一冊　存二種

330000－4719－0000008　00178　子部/小說家類/異聞之屬

音釋坐花誌果八卷　(清)汪道鼎著　(清)鷲峰樵者音釋　清光緒十四年(1888)廣百宋齋鉛印本　二冊

330000－4719－0000009　00064　史部/地理類/山川之屬/山志

廣雁蕩山誌二十八卷首一卷末一卷　(清)曾唯輯　清乾隆五十五年(1790)曾唯依綠園刻嘉慶十三年(1808)增刻同治八年(1869)重修本　六冊　存二十六卷(一至二十五、首)

330000－4719－0000011　00147　集部/楚辭類

楚辭章句十七卷　(漢)王逸撰　(宋)洪興祖補　清光緒九年(1883)長沙書堂山館刻本　二冊　存四卷(一、四至六)

330000－4719－0000012　00093　集部/別集類/清別集

集虛齋學古文十二卷　(清)方桑如撰　清光緒十年(1884)淳安縣署刻本　四冊

330000－4719－0000013　00248　子部/小說家類/異聞之屬

山海經十八卷圖五卷附古今本篇目考一卷　(晉)郭璞傳　(清)畢沅校正　清光緒二十三年(1897)圖書集成局鉛印本　二冊　存十四卷(一至二、七至十八)

330000－4719－0000014　00020　史部/政書類/律令之屬/律例

大清律例增修統纂集成四十卷　(清)姚潤輯　(清)陶駿　(清)陶念霖增輯　清道光九年(1829)刻本　十五冊　存三十一卷(一至三、五至十一、十六至二十五、二十九至三十四、三十六至四十)

330000－4719－0000015　00186　子部/宗教類/佛教之屬/經

金光明經四卷　(晉)釋曇無讖譯　清同治十年(1871)金陵刻經處刻本　一冊

330000－4719－0000017　00179　類叢部/類書類/通類之屬

初學記三十卷　(唐)徐堅等輯　清光緒十四年(1888)蘊石齋刻本　十五冊　存二十九卷(一至二十九)

330000－4719－0000019　00001　史部/紀傳類/正史之屬

二十四史　清同治至光緒五省官書局據汲古閣本等合刻光緒五年(1879)湖北書局彙印本　一百冊　存一種

330000－4719－0000022　00002　類叢部/類書類/通類之屬
淵鑑類函四百五十卷目録四卷　(清)張英(清)王士禎等輯　清康熙清吟堂刻本　一百三十一册　缺二十二卷(四十七至四十九、六十八至七十五、二百二十至二百二十五、三百三十三至三百三十五、三百五十至三百五十一)

330000－4719－0000023　00019　經部/周禮類/傳説之屬
欽定周官義疏四十八卷首一卷　(清)鄂爾泰等編　清紫陽書院刻本　十八册

330000－4719－0000024　00195　子部/宗教類/佛教之屬/經
佛説無量壽經二卷　(三國魏)釋康僧鎧譯　清末金陵刻經處刻本　一册

330000－4719－0000025　00182　子部/雜著類/雜説之屬
增訂敬信録不分卷　(清)周鼎臣輯　清同治十年(1871)刻本　二册

330000－4719－0000026　00064　集部/詞類/别集之屬
夢窗詞集不分卷　(宋)吳文英撰　清刻本　十四册

330000－4719－0000027　00006　史部/叢編
九通　(清)□□輯　清光緒八年至二十二年(1882－1896)浙江書局刻本　一百九册　存一種

330000－4719－0000028　00003　史部/叢編
九通　(清)□□輯　清光緒八年至二十二年(1882－1896)浙江書局刻本　二百册　存一種

330000－4719－0000029　00105　史部/政書類/邦計之屬/荒政
豫賑徵信録八卷首一卷　(清)申伯裔編　清光緒五年(1879)刻本　四册

330000－4719－0000030　00012　史部/叢編
九通　(清)□□輯　清光緒八年至二十二年(1882－1896)浙江書局刻本　四十册　存一種

330000－4719－0000031　00016　集部/别集類/清别集
樊榭山房全集四十二卷集外文一卷附挽辭一卷軼事一卷　(清)厲鶚撰　清光緒十年(1884)錢塘汪氏振綺堂刻本　二册　存八卷(文集一至三、外詩、外詞,集外文,挽辭,軼事)

330000－4719－0000032　00016　史部/叢編
九通　(清)□□輯　清光緒八年至二十二年(1882－1896)浙江書局刻本　二十七册　存一種

330000－4719－0000033　00011　史部/政書類/通制之屬
九通　(清)□□輯　清光緒八年至二十二年(1882－1896)浙江書局刻本　三十六册　存一種

330000－4719－0000034　00009　史部/政書類/通制之屬
九通　(清)□□輯　清光緒八年至二十二年(1882－1896)浙江書局刻本　三十六册　存一種

330000－4719－0000035　00005　史部/政書類/通制之屬
九通　(清)□□輯　清光緒八年至二十二年(1882－1896)浙江書局刻本　一百四十七册　存一種

330000－4719－0000036　00004　史部/叢編
九通　(清)□□輯　清光緒八年至二十二年(1882－1896)浙江書局刻本　一百三十四册　存一種

330000－4719－0000037　00007　經部/群經總義類/文字音義之屬
經籍籑詁一百六卷首一卷　(清)阮元撰　清同治十二年(1873)淮南書局刻本　六十二册　缺一卷(六)

330000－4719－0000038　00029　類叢部/叢書類/自著之屬
曾忠襄公全集四種附二種　(清)曾國荃撰

清光緒二十九年(1903)刻本　二十一册　存一種

330000－4719－0000039　00014　類叢部/叢書類/自著之屬
曾忠襄公全集四種附二種　(清)曾國荃撰　清光緒二十九年(1903)刻本　三十一册　存一種

330000－4719－0000040　00041　類叢部/叢書類/自著之屬
曾忠襄公全集四種附二種　(清)曾國荃撰　清光緒二十九年(1903)刻本　三册　存一種

330000－4719－0000041　00258　類叢部/叢書類/自著之屬
曾忠襄公全集四種附二種　(清)曾國荃撰　清光緒二十九年(1903)刻本　一册　存一種

330000－4719－0000042　00259　類叢部/叢書類/自著之屬
曾忠襄公全集四種附二種　(清)曾國荃撰　清光緒二十九年(1903)刻本　二册　存一種

330000－4719－0000043　00260　類叢部/叢書類/自著之屬
曾忠襄公全集四種附二種　(清)曾國荃撰　清光緒二十九年(1903)刻本　一册　存一種

330000－4719－0000044　00030　經部/小學類/文字之屬/字書/字典
御定康熙字典十二集三十六卷總目一卷檢字一卷辨似一卷等韻一卷補遺一卷備考一卷　(清)張玉書等纂修　清刻本　十七册　缺二卷(補遺、備考)

330000－4719－0000045　00032　集部/别集類/明别集
太師誠意伯劉文成公集二十卷首一卷　(明)劉基撰　清康熙四十六年(1707)劉元奇刻雍正八年(1730)萬里補刻乾隆南田劉氏果育堂印本　十二册

330000－4719－0000046　00008　史部/編年類/通代之屬
尺木堂綱鑑易知録九十二卷明鑑易知録十五卷　(清)吴乘權等輯　清康熙五十年(1711)刻本　四十三册　缺十八卷(綱鑑易知録三十一至三十二、四十一,明鑑易知録一至十五)

330000－4719－0000047　00019　經部/周禮類/傳説之屬
欽定周官義疏四十八卷　(清)鄂爾泰等編　清刻本　二十四册

330000－4719－0000048　00047　集部/别集類/宋别集
華陽集四十卷　(宋)王珪撰　清道光翻刻武英殿聚珍版書本　十册　缺三卷(三十四至三十六)

330000－4719－0000049　00013　經部/儀禮類/傳説之屬
欽定儀禮義疏四十八卷首二卷　(清)朱軾等撰　清乾隆紅格抄三禮義疏本　二十八册　缺二卷(首一至二)

330000－4719－0000050　00033　集部/總集類/郡邑之屬
金華文畧二十卷　(清)王崇炳輯　清康熙四十八年(1709)刻本　十四册　缺二卷(三、十一)

330000－4719－0000051　00024　史部/紀傳類/正史之屬
四史　清光緒金陵書局、江南書局刻本　二十二册　存一種

330000－4719－0000052　00028　經部/春秋總義類/傳説之屬
春秋胡傳三十卷　(宋)胡安國撰　(宋)林堯叟音注　清乾隆五十三年(1788)刻本　六册

330000－4719－0000053　00017　集部/别集類/宋别集
歐陽文忠公全集一百五十三卷首一卷附録五卷　(宋)歐陽修撰　(宋)胡珂輯　**廬陵歐陽文忠公年譜一卷**　(宋)胡珂編　清光緒十九年(1893)澹雅書局刻本　三十九册　缺一卷(廬陵歐陽文忠公年譜)

330000－4719－0000054　00015　子部/小説

家類/異聞之屬

勸戒近録十七卷五録六卷六録六卷七録六卷八録六卷九録六卷十録六卷　（清）梁恭辰撰　清光緒二十年（1894）許聞山館刻本　十六册

330000－4719－0000055　00232　類叢部/叢書類/彙編之屬

祕書二十八種　（清）汪士漢編　清嘉慶十年（1805）鳴鳳樓重編印古今逸史本　一册　存一種

330000－4719－0000056　00233　子部/雜著類/雜纂之屬

續博物志十卷　（唐）李石撰　清刻本　一册

330000－4719－0000057　00257　子部/雜著類/雜説之屬

山樵暇語十卷　（明）俞弁撰　清抄本　一册　存五卷（一至五）

330000－4719－0000058　00072　新學/交涉/公法

公法便覽四卷總論一卷續一卷　（美國）丁韙良譯　清光緒三年（1877）同文館鉛印本　六册

330000－4719－0000059　00163　集部/總集類/選集之屬/通代

增補重訂千家詩註解二卷　（宋）謝枋得選（清）王相注　清光緒十五年（1889）姜文奎堂刻本　二册

330000－4719－0000060　00048　類叢部/類書類/通類之屬

廣廣事類賦三十二卷　（清）吴世旃撰　清嘉慶文光堂刻本　五册　缺五卷（十三至十七）

330000－4719－0000061　00078　子部/儒家類/儒學之屬

孔子家語十卷　（三國魏）王肅注　清光緒十八年（1892）上海掃葉山房影印本　五册

330000－4719－0000062　00052　集部/别集類/清别集

曾文正公家書十卷　（清）曾國藩撰　清刻本九册　存九卷（二至十）

330000－4719－0000063　00119　集部/總集類/尺牘之屬

蓬萊仙館尺牘六卷　（清）翟國棟輯　清光緒刻本　三册　存三卷（二、四至五）

330000－4719－0000064　00244　經部/四書類/論語之屬/傳説

論語十卷　清衢城務本堂刻本　一册　存一卷（四）

330000－4719－0000065　00155　類叢部/類書類/專類之屬

詩學含英十四卷　（清）劉文蔚輯　清文奎堂刻本　二册

330000－4719－0000066　00231　子部/雜著類/雜説之屬

白虎通二卷　（漢）班固撰　清康熙刻本　一册　存一卷（下）

330000－4719－0000067　00129　集部/總集類/彙編之屬

金鈴續集十卷　（清）朱文杏編　清道光二十四年（1844）攬華閣刻本　三册　存七卷（一至七）

330000－4719－0000069　00116　子部/小説家類/異聞之屬

酉陽雜俎二十卷續集十卷　（唐）段成式撰　清光緒三年（1877）湖北崇文書局刻本　六册

330000－4719－0000070　00134　經部/書類/傳説之屬

書經集傳六卷　（宋）蔡沈撰　清光緒十九年（1893）浙江書局刻本　三册　存五卷（一至三、五至六）

330000－4719－0000071　00035　集部/别集類/宋别集

葉水心先生文集二十九卷　（宋）葉適撰　清乾隆二十年（1755）溫州府學刻本　十二册

330000－4719－0000072　00040　史部/金石類/總志之屬/文字

海東金石苑四卷 (清)劉喜海撰 清光緒七年(1881)衢州張德容二銘草堂刻本 三册 存三卷(一至二、四)

330000－4719－0000073 00050 經部/禮記類/傳說之屬

禮記集說十卷 (元)陳澔撰 清光緒十九年(1893)浙江書局刻本 九册 存八卷(二至九)

330000－4719－0000074 00042 經部/禮記類/傳說之屬

全本禮記體注十卷 (清)徐瑄撰 清百尺樓刻本 十册

330000－4719－0000075 00028 經部/春秋左傳類/傳說之屬

春秋經傳集解三十卷 (晉)杜預撰 清刻本 十四册 存二十八卷(一至六、九至三十)

330000－4719－0000076 00071 經部/四書類/總義之屬/傳說

四書改錯二十二卷 (清)毛奇齡撰 清嘉慶十六年(1811)學圃刻本 六册

330000－4719－0000077 00125 子部/儒家類/儒學之屬/禮教/家訓

齊家軌範四卷 (清)王卓輯 清光緒二十年(1894)刻本 一册

330000－4719－0000078 00153 集部/别集類/清别集

珍重廬山一瓣香九卷 (清)純陽子輯 清咸豐九年(1859)四香草堂刻本 九册

330000－4719－0000079 00208 類叢部/叢書類/彙編之屬

武英殿聚珍版書一百三十八種 清刻本 一册 存一種

330000－4719－0000080 00238 子部/醫家類/婦科之屬/產科

達生編二卷附廣嗣圖一卷 (清)亟齋居士輯 清乾隆刻本 一册

330000－4719－0000081 00076 集部/别集類/清别集

悟雪樓詩存三十四卷 (清)徐謙撰 清嘉慶至同治四香草堂刻本 八册

330000－4719－0000082 00022 集部/詞類/别集之屬

夢窗甲乙丙丁稿四卷補遺一卷 (宋)吴文英撰 **重校夢窗詞札記一卷** 朱祖謀撰 清光緒三十四年(1908)歸安朱祖謀無著盦刻本 二册 缺一卷(重校夢窗詞札記)

330000－4719－0000083 00039 集部/别集類/唐五代别集

李太白文集三十六卷 (唐)李白撰 (清)王琦輯注 清刻本 十一册 存二十四卷(二至五、十一至二十八、三十四至三十五)

330000－4719－0000084 00038 史部/政書類/儀制之屬/專志/科舉校規

欽定學政全書八十六卷首一卷 (清)童璜等纂修 清嘉慶十七年(1812)武英殿刻本 十六册

330000－4719－0000085 00031 經部/春秋左傳類/傳說之屬

春秋經傳集解三十卷 (晉)杜預撰 清刻本 十三册 缺二卷(十二至十三)

330000－4719－0000086 00025 集部/總集類/選集之屬/斷代

文粹一百卷 (宋)姚鉉輯 清光緒十六年(1890)杭州許氏榆園刻本 六册 缺七十四卷(十六至十八、二十三至三十、三十四至三十八、四十三至一百)

330000－4719－0000087 00250 經部/小學類/文字之屬/字書/字體

隸辨八卷 (清)顧藹吉撰 清乾隆八年(1743)黄晟刻本 八册

330000－4719－0000088 00143 經部/春秋總義類/傳說之屬

春秋體註大全四卷 (清)徐寅賓撰 (清)解志元參訂 **春秋四卷** (宋)胡安國傳 (清)金甌纂 清刻本 二册 存四卷(春秋體註

大全二至三、春秋二至三)

330000－4719－0000089　00023　經部/叢編

十三經註疏附考證　(清)□□輯　清同治十年(1871)刻本　十七册　存一種

330000－4719－0000090　00060　經部/儀禮類/傳說之屬

儀禮章句十七卷　(清)吳廷華撰　清乾隆二十二年(1757)文富堂刻本　七册　缺二卷(十六至十七)

330000－4719－0000091　00219　集部/別集類/清別集

胡文忠公遺集十卷首一卷　(清)胡林翼撰　(清)厲雲官　(清)閻敬銘　(清)盛康輯　清同治刻本　八册

330000－4719－0000092　00037　集部/小說類/長篇之屬

飛龍傳六十回　(清)吳睿撰　清刻本　十一册　缺十九回(三至六、十五至二十九)

330000－4719－0000093　00044　經部/四書類/總義之屬/傳說

四書典林三十卷　(清)江永輯　清雍正十二年(1734)刻本　十册　存二十九卷(一至二十九)

330000－4719－0000094　00088　類叢部/叢書類/彙編之屬

後知不足齋叢書四十七種　(清)鮑廷爵編　清同治至光緒常熟鮑氏刻本　五册　存一種

330000－4719－0000095　00162　類叢部/叢書類/彙編之屬

半厂叢書初編十種　(清)譚獻編　清同治至光緒仁和譚氏刻本　三册　存一種

330000－4719－0000096　00055　集部/別集類/宋別集

龍川文集三十卷附録二卷補遺一卷札記一卷　(宋)陳亮撰　清光緒元年(1875)湖北崇文書局刻本　十册

330000－4719－0000097　00111　子部/醫家類/傷寒金匱之屬/傷寒論

尚論張仲景傷寒論重編三百九十七法二卷首一卷　(清)喻昌撰　清順治八年(1651)刻本　四册

330000－4719－0000098　00126　子部/儒家類/儒學之屬/性理

朱子原訂近思録十四卷　(清)江永撰　清同治四年(1865)刻本　三册　存十三卷(二至十四)

330000－4719－0000100　00080　類叢部/叢書類/彙編之屬

半厂叢書初編十種　(清)譚獻編　清同治至光緒仁和譚氏刻本　三册　存一種

330000－4719－0000101　00034　子部/宗教類/道教之屬/經文

關帝明聖真經一卷　清光緒八年(1882)刻本　一册

330000－4719－0000102　00252　集部/小說類/長篇之屬

第一才子書繡像三國志演義六十卷一百二十回首一卷　(明)羅本撰　(清)毛宗崗評　清光緒三十年(1904)上海商務印書館鉛印本　六册　缺十六卷(七至十四、五十三至六十)

330000－4719－0000103　00121　經部/書類/傳說之屬

書經傳六卷　(宋)蔡沈撰　清刻本　三册　存四卷(一至四)

330000－4719－0000105　00058　子部/雜著類/雜纂之屬

經餘必讀八卷續編八卷三編四卷　(清)雷琳等輯　清光緒二年(1876)退補齋刻本　四册　缺四卷(三編一至四)

330000－4719－0000106　00133　經部/詩類/傳說之屬

詩經八卷　(宋)朱熹撰　清刻本　三册　存六卷(三至八)

330000－4719－0000107　00128　史部/紀事本末類/斷代之屬

西夏紀事本末三十六卷首二卷　(清)張鑑撰　清光緒十一年(1885)金陵刻本　三冊

330000－4719－0000108　00036　子部/雜著類/雜説之屬
昌江性學述筆貫珠十二卷　(清)鄧逢光述筆　(清)徐謙約編　清刻本　十二冊

330000－4719－0000109　00027　史部/編年類/通代之屬
綱鑑正史約三十六卷附綱鑑附記一卷　(明)顧錫疇撰　(清)陳弘謀增訂　**甲子紀元一卷**　(清)陳弘謀撰　清同治八年(1869)浙江書局刻本　十四冊　缺十卷(二十三至二十六、三十一至三十六)

330000－4719－0000110　00127　子部/宗教類/佛教之屬/經
正法華經十卷　(晉)釋竺法護譯　清宣統元年(1909)刻本　三冊　存七卷(一至二、六至十)

330000－4719－0000111　00068　子部/道家類
南華發覆八卷　(明)釋性通注　清刻本　六冊

330000－4719－0000112　00045　子部/雜著類/雜纂之屬
玉芝堂談薈三十六卷　(明)徐應秋輯　清刻本　二十四冊　存二十五卷(一至七、九至十、十九至三十、三十三至三十六)

330000－4719－0000113　00069　類叢部/叢書類/彙編之屬
望三益齋叢書十種　(清)吳棠編　清咸豐至光緒吳氏望三益齋刻本　六冊　存一種

330000－4719－0000114　00091　史部/政書類/律令之屬/律例
靈櫬回春集二卷　(清)汪廷珍等纂修　清刻本　二冊

330000－4719－0000115　00062　史部/紀事本末類/斷代之屬
聖武記十四卷　(清)魏源撰　清道光二十四年(1844)古微堂第二次重訂刻本　十冊　存十二卷(一至四、七至十四)

330000－4719－0000116　00086　子部/醫家類/類編之屬
醫學三書　(清)雷豐編　清光緒十年至十三年(1884－1887)雷慎修堂刻本　五冊　存一種

330000－4719－0000117　00085　子部/雜著類/雜説之屬
淮南子二十一卷　清光緒二年(1876)浙江書局校刻武進莊逵吉本　五冊　存十七卷(一至三、八至二十一)

330000－4719－0000118　00122　經部/春秋左傳類/傳説之屬
東萊博議四卷　(宋)呂祖謙撰　清光緒十八年(1892)刻本　三冊　存三卷(一、三至四)

330000－4719－0000119　00164　子部/宗教類/佛教之屬/總録
新增敬信録二卷　清同治元年(1862)刻本　二冊

330000－4719－0000120　00056　子部/醫家類/類編之屬
東垣十書附二種　清文奎堂刻本　九冊　存八種

330000－4719－0000121　00043　集部/詞類/詞譜之屬
詞律二十卷　(清)萬樹撰　清刻本　清張預批校　十冊　存十八卷(一至十六、十九至二十)

330000－4719－0000122　00131　集部/別集類/清別集
陳文恭公手札節要三卷　(清)陳弘謀撰　清道光二十六年(1846)刻本　三冊

330000－4719－0000123　00130　子部/醫家類/方書之屬/歷代方書
本草萬方鍼綫八卷　(清)蔡烈先輯　清道光六年(1826)英德堂刻本　三冊

330000－4719－0000124　00113　集部/別集

類/清别集

板橋集六卷 (清)鄭燮撰 清同治七年(1868)大文堂刻本 四册 存五卷(板橋詞鈔、詩鈔序一至二、題書、家書)

330000－4719－0000125 00067 集部/總集類/選集之屬/斷代

文粹補遺二十六卷 (清)郭麐輯 清光緒十六年(1890)杭州許氏榆園刻本 四册

330000－4719－0000126 00048 史部/目録類/書志之屬/提要

善本書室藏書志四十卷附録一卷 (清)丁丙輯 清光緒二十七年(1901)丁氏錢塘刻本 十五册 存三十八卷(一至五、九至四十,附録)

330000－4719－0000128 00124 子部/雜著類/雜説之屬

唐語林八卷 (宋)王讜撰 **附校勘記一卷** (清)錢熙祚撰 清光緒十九年(1893)湖北官書處刻本 三册 缺二卷(七至八)

330000－4719－0000129 00097 類叢部/類書類/專類之屬

五經類編二十八卷 (清)周世樟編輯 清刻本 十二册 存八卷(二十一至二十八)

330000－4719－0000130 00108 集部/詩文評類/制藝之屬

制義叢話二十四卷題名一卷 (清)梁章鉅撰 清刻本 四册 存十三卷(一至四、八至十、十六至二十一)

330000－4719－0000131 00214 經部/易類/傳説之屬

易經大全會解四卷 (清)來爾繩纂輯 (清)朱采治 (清)朱之澄編訂 清雍正八年(1730)刻本 二册

330000－4719－0000132 00132 經部/春秋左傳類/傳説之屬

春秋説約十二卷 (清)朱元次編 清乾隆五十五年(1790)文會齋刻本 三册 存九卷(一至六、十至十二)

330000－4719－0000133 00099 集部/别集類/宋别集

朱子集一百四卷 (宋)朱熹撰 清刻本 四册 存八卷(十七至二十、二十一至二十四)

330000－4719－0000134 00087 經部/禮記類/傳説之屬

禮記集説十卷 (元)陳澔撰 清嘉慶十一年(1806)刻本 五册 存五卷(一至三、六至七)

330000－4719－0000135 00191 子部/道家類

老子道德經二卷 (三國魏)王弼注 清刻本 一册

330000－4719－0000136 00246 子部/小説家類/異聞之屬

述異記三卷 (清)東軒主人輯 清康熙刻本 二册 存二卷(上、中)

330000－4719－0000137 00172 集部/别集類/明别集

楊忠愍公全集四卷 (明)楊繼盛撰 清康熙刻本 二册

330000－4719－0000138 00184 子部/道家類

身心切要録二卷 清同治六年(1867)刻本 二册

330000－4719－0000139 00242 經部/春秋穀梁傳類/傳説之屬

穀梁傳十二卷 (明)鍾惺評 清刻本 二册

330000－4719－0000140 00181 集部/别集類/清别集

兩當軒詩抄十四卷竹眠詞抄二卷 (清)黄景仁撰 清道光刻本 二册 存七卷(一至三、十三至十四,竹眠詞抄一至二)

330000－4719－0000142 00206 集部/總集類/選集之屬/通代

回文類聚四卷首一卷 (宋)桑世昌輯 **附織錦回文圖一卷回文類聚續編十卷首一卷** (清)朱象賢輯並繪 清刻本 一册 存四卷(回文類聚一至四)

330000－4719－0000143　00223　類叢部/類書類/專類之屬
五經類編二十八卷　(清)周世樟編輯　清刻本　八册　缺八卷(二十一至二十八)

330000－4719－0000144　00117　子部/小説家類/雜事之屬
明齋小識十二卷　(清)諸聯撰　清刻本　二册　存四卷(三至六)

330000－4719－0000146　00167　集部/別集類/清別集
存我軒偶録不分卷　(清)陸鍾渭撰　清光緒二十七年(1901)文匯書局鉛印本　二册

330000－4719－0000147　00256　類叢部/類書類/專類之屬
青雲集分韻試帖詳註四卷　(清)楊逢春　(清)蕭應櫆輯　(清)沈品華等注　清光緒十二年(1886)裕源堂刻本　四册

330000－4719－0000148　00190　類叢部/叢書類/彙編之屬
半厂叢書初編十種　(清)譚獻編　清同治至光緒仁和譚氏刻本　一册　存一種

330000－4719－0000149　00239　類叢部/叢書類/彙編之屬
榆園叢刻十五種附一種　(清)許增編　清同治至光緒刻本　一册　存一種

330000－4719－0000150　00217　類叢部/叢書類/彙編之屬
笙月詞五卷花影詞一卷　(清)王詒壽撰　清同治十一年(1872)刻本　一册

330000－4719－0000151　00139　史部/雜史類/通代之屬
戰國策三十三卷　(漢)高誘注　**札記三卷**　(清)黄丕烈札記　清同治八年(1869)湖北崇文書局刻本　三册　存二十七卷(一至十八、二十五至三十三)

330000－4719－0000152　00197　子部/宗教類/道教之屬
文昌證真宣化救劫酬恩玉局心懺一卷　清定陽文昌閣刻本　一册

330000－4719－0000153　00245　集部/別集類/漢魏六朝別集
陶淵明文集十卷　(晉)陶潛撰　清石印本　一册　存五卷(四至八)

330000－4719－0000154　00157　子部/雜著類/雜説之屬
奉聖回劫顯化録二卷首一卷後一卷　(清)徐謙編　清咸豐七年(1857)刻本　二册　缺一卷(首)

330000－4719－0000155　00140　經部/小學類/訓詁之屬/爾雅
爾雅註疏十一卷　(晉)郭璞註　(宋)邢昺疏　清刻本　三册　存九卷(三至十一)

330000－4719－0000156　00150　子部/小説家類/異聞之屬
王子年拾遺記十卷　(晉)王嘉撰　明刻本　二册

330000－4719－0000157　00171　類叢部/叢書類/彙編之屬
榆園叢刻十五種附一種　(清)許增編　清同治至光緒刻本　一册　存一種

330000－4719－0000158　00021　子部/雜著類/雜考之屬
日知録集釋三十二卷刊誤二卷續刊誤二卷　(清)顧炎武撰　清同治十一年(1872)湖北崇文書局刻本　十六册

330000－4719－0000159　00098　子部/宗教類/道教之屬/譜籙
文昌化書四卷首一卷補編一卷　清同治六年(1867)刻本　二册

330000－4719－0000160　00210　集部/別集類/宋別集
山谷内集詩注二十卷外集詩注十七卷別集詩注二卷　(宋)黄庭堅撰　(宋)任淵　(宋)史容　(宋)史季溫注　清刻本　十二册　存三十三卷(山谷内集詩注一至二十,外集詩注一至七、十四至十七,別集詩注一至二)

330000－4719－0000161　00224　類叢部/叢書類/自著之屬
振綺堂遺書五種　(清)汪遠孫撰　清道光刻民國十一年(1922)錢塘汪氏彙印本　一冊　存一種

330000－4719－0000162　00240　經部/小學類/文字之屬/說文/專著
唐寫本說文解字木部箋異一卷　(清)莫友芝撰　清同治二年(1863)刻本　一冊

330000－4719－0000163　00146　子部/儒家類/儒學之屬/經濟
大學衍義四十三卷　(宋)真德秀撰　清刻本　二冊　存八卷(三十四至四十一)

330000－4719－0000164　00159　史部/史抄類
史鑑節要便讀六卷　(清)鮑東里輯　清同治元年(1862)刻本　二冊

330000－4719－0000165　00083　集部/別集類/清別集
樊榭山房集十卷續集十卷文集八卷　(清)厲鶚撰　清刻本　二冊　存六卷(續集一至六)

330000－4719－0000166　00234　史部/傳記類/別傳之屬
六如居士外集六卷　(清)唐仲冕編　清刻本　一冊

330000－4719－0000167　00101　經部/小學類/訓詁之屬/譯語
清語摘要四種四卷　(清)□□輯　清光緒十五年(1889)京都三槐堂書坊刻本　四冊

330000－4719－0000168　00138　史部/編年類/斷代之屬
御撰資治通鑑綱目三編二十卷　(清)張廷玉等奉敕撰　清刻本　三冊

330000－4719－0000169　00136　史部/地理類/專志之屬/祠墓
關聖陵廟紀畧四卷　(清)魏勷　(清)王禹書撰　清康熙三十九年(1700)刻本　三冊　存三卷(一至二、四)

330000－4719－0000170　00185　經部/孝經類/傳說之屬
桂宮孝經廣義五卷首一卷　清同治九年(1870)刻本　二冊

330000－4719－0000171　00198　子部/宗教類/佛教之屬/大藏
三千佛諸名經三卷　(南朝宋)釋畺良耶舍譯　清光緒元年(1875)金陵刻本　一冊

330000－4719－0000172　00149　子部/宗教類/佛教之屬/經疏
大佛頂如來密因修證了義諸菩薩萬行首楞嚴經十卷　(唐)釋般剌密諦　(唐)釋彌伽釋迦譯　清同治八年(1869)金陵刻經處刻本　二冊

330000－4719－0000173　00145　子部/儒家類/儒學之屬/禮教/女範
女四書四卷　(清)王相箋注　清光緒十九年(1893)滬上熙記書莊刻本　二冊　存二卷(曹大家女誡、孝人文皇后內訓)

330000－4719－0000174　00209　子部/儒家類/儒學之屬/性理
朱子原訂近思錄集注十四卷　(清)江永撰　清光緒二十五年(1899)浙江官書局刻本　一冊　存一卷(一)

330000－4719－0000175　00193　子部/宗教類/佛教之屬/經
金剛般若波羅密經一卷　(清)李芬集注　清咸豐十年(1860)刻本　一冊

330000－4719－0000176　00092　史部/紀傳類/別史之屬
東國史略六卷　(朝鮮)□□撰　清光緒十九年(1893)景蘇園刻本　四冊

330000－4719－0000177　00137　經部/書類/傳說之屬
書經體注約解合參六卷　(宋)蔡沈集注　清乾隆十七年(1752)武林三餘堂刻本　三冊

330000－4719－0000178　00247　子部/醫家類/綜合之屬

新刊醫林狀元壽世保元十卷 (明)龔庭賢編 清刻本 二冊 存二卷(三、九)

330000－4719－0000179 00096 子部/道家類
孚佑帝君純陽祖師三世因果說一卷 清咸豐元年(1851)刻本 四冊

330000－4719－0000180 00073 子部/宗教類/道教之屬/戒律
太上感應篇圖說八卷首一卷 (清)黃正元輯 (清)毛金蘭補 清刻本 六冊 存六卷(二至七)

330000－4719－0000181 00194 子部/雜著類/雜纂之屬
格言聯璧一卷 (清)金纓輯 清同治四年(1865)刻本 一冊

330000－4719－0000182 00156 史部/叢編
欽定三通考證七卷 清光緒二十年(1894)浙江書局刻本 四冊 存四卷(欽定通志考證一至二,欽定通考考證一、三)

330000－4719－0000183 00226 子部/儒家類/儒學之屬/勸學
輶軒語不分卷 (清)張之洞撰 清光緒二年(1876)永康胡氏退補齋刻本 一冊

330000－4719－0000184 00199 子部/宗教類/佛教之屬/經
大乘密嚴經三卷 (唐)釋不空譯 清光緒二十三年(1897)金陵刻經處刻本 一冊

330000－4719－0000186 00075 史部/政書類/邦計之屬/地政
禁革征糧浮勒全案一卷 肖魯甫 詹熙輯 清宣統二年(1910)木活字印本 六冊

330000－4719－0000187 00188 經部/叢編
重刊宋本十三經註疏附十三經註疏校勘記 (清)阮元撰 (清)盧宣旬摘録 **校勘記識語** (清)汪文臺撰 清光緒十八年(1892)湖南寶慶務本書局刻本 一冊 存一種

330000－4719－0000188 00189 經部/叢編
蜚雲閣淩氏叢書四十卷 (清)凌曙輯 清嘉慶至道光江都淩氏蜚雲閣刻本 十四冊 存三十三卷(大學、中庸、論語、孟子、公羊禮疏一至十一、春秋一至十七、禮論)

330000－4719－0000189 00203 史部/史評類/史學之屬
文史通義八卷 (清)章學誠撰 清刻本 一冊 存二卷(七至八)

330000－4719－0000191 00106 經部/三禮總義類/通禮雜禮之屬
文公家禮儀節八卷 (宋)朱熹編 (明)楊慎輯 清善成堂刻本 四冊

330000－4719－0000192 00118 集部/總集類/選集之屬/通代
古文析義十六卷 (清)林雲銘輯並注 清乾隆二十一年(1756)刻本 三冊 存八卷(一至五、十二至十四)

330000－4719－0000193 00237 史部/傳記類/別傳之屬/事狀
費筠浦府君行述一卷 (清)費履升述 清刻本 一冊

330000－4719－0000194 00222 史部/政書類/律令之屬/法驗
補注洗冤録集證四卷附檢骨圖格一卷 (清)王又槐輯 (清)李觀瀾補輯 (清)阮其新補注 **作吏要言一卷** (清)葉鎮撰 清刻本 一冊 存二卷(檢骨圖格、作吏要言)

330000－4719－0000195 00225 史部/傳記類/別傳之屬/年譜
安道公年譜二卷 (清)孫溥述 清光緒十八年(1892)東倉書庫刻本 一冊

330000－4719－0000196 00215 子部/儒家類/儒學之屬/禮教/家訓
齊家軌範四卷 (清)王卓輯 清光緒二十年(1894)刻本 一冊

330000－4719－0000198 00254 史部/編年類/通代之屬
鼎鍥趙田了凡袁先生編纂古本歷史大方綱鑑

補三十九卷首一卷　(明)袁黄編纂　清刻本　三十七册　缺三卷(四、二十,首)

330000－4719－0000199　00057　子部/儒家類/儒學之屬/禮教/家訓

了凡四訓不分卷　(明)袁黄撰　清同治九年(1870)耐齋刻本　八册

330000－4719－0000200　00204　集部/總集類/尺牘之屬

曹李尺牘合選二卷　(清)茅復輯　清刻本　二册

330000－4719－0000201　00102　史部/編年類/斷代之屬

御撰資治通鑑綱目三編二十卷　(清)張廷玉等編次　清刻本　一册　存五卷(一至五)

330000－4719－0000202　00089　類叢部/類書類/專類之屬

新增幼學故事瓊林四卷首一卷　(清)程允升撰　(清)鄒聖脈增補　清文星堂刻本　四册

330000－4719－0000203　00215　類叢部/叢書類/彙編之屬

榆園叢刻十五種附一種　(清)許增編　清同治至光緒刻本　一册　存四種

330000－4719－0000204　00212　類叢部/叢書類/彙編之屬

榆園叢刻十五種附一種　(清)許增編　清同治至光緒刻本　一册　存一種

330000－4719－0000205　00083　集部/别集類/清别集

樊榭山房集十卷續集十卷文集八卷　(清)厲鶚撰　清光緒刻本　三册　存十一卷(續集一至三、七至十,文集五至八)

330000－4719－0000206　00166　子部/宗教類/道教之屬/經文

文昌大洞談經三卷　清刻本　二册　存二卷(上、下)

330000－4719－0000207　00148　集部/總集類/選集之屬/斷代

目耕齋初集不分卷二集不分卷三集不分卷　(清)徐楷撰　(清)沈少潭編　清學庫山房刻本　二册　存二集(初集、三集)

330000－4719－0000208　00112　史部/地理類/方志之屬/郡縣志

[光緒]淳安縣志十六卷首一卷　(清)劉世寧原本　(清)李詩續修　(清)陳中元　(清)竺士彦續纂　清光緒十年(1884)刻本　四册　存八卷(二至三、九至十四)

330000－4719－0000209　00049　經部/春秋左傳類/傳説之屬

春秋左傳杜注三十卷首一卷　(清)姚培謙撰　清光緒十九年(1893)浙江書局刻本　九册　缺四卷(二十七至三十)

330000－4719－0000210　00061　經部/春秋總義類/傳説之屬

春秋胡傳三十卷　清乾隆五十五年(1790)杭城文苑堂刻本　六册

330000－4719－0000211　00165　子部/宗教類/其他宗教之屬/其他

覺世經時文不分卷　(清)張壽嵩撰　清光緒刻本　二册

330000－4719－0000212　00151　集部/别集類/清别集

霜鐘省夢録二卷　(清)鶴洞子纂述　清四香堂刻本　二册

330000－4719－0000213　00152　經部/春秋左傳類/傳説之屬

春秋經傳集解三十卷　(晉)杜預撰　清刻本　九册　缺十三卷(一至五、十二至十三、十八至十九、二十七至三十)

330000－4719－0000214　20006　集部/總集類/選集之屬/斷代

明詩綜一百卷　(清)朱彝尊輯　清刻本　二十八册　存九十二卷(一至十七、二十六至一百)

330000－4719－0000215　20005　史部/傳記類/總傳之屬/仕宦

歷代名臣言行録二十四卷 （清）朱桓輯 清光緒二十六年（1900）湖南書局刻本 三十一册

330000－4719－0000216 20025 史部/紀傳類/正史之屬

三國志六十五卷 （晉）陳壽撰 （南朝宋）裴松之注 清同治九年（1870）金陵書局木活字印本 八册

330000－4719－0000218 20004 史部/編年類/通代之屬

御批歷代通鑑辑覽一百二十卷 （清）傅恒撰 清光緒上海商務印書館鉛印本 三十八册 存一百十四卷（四至六十六、七十至一百二十）

330000－4719－0000219 20007 集部/總集類/選集之屬

文章游戲初編八卷二編八卷三編八卷四編八卷 （清）繆艮輯 清光緒元年（1875）刻本 二十三册 缺一卷（四編七）

330000－4719－0000220 20016 史部/編年類/通代之屬

御批歷代通鑑辑覽一百二十卷 （清）傅恒等撰 清光緒九年（1883）上海同文書局石印本 十五册 缺二十八卷（二十二至二十七、四十一至四十六、五十三至五十七、六十八至七十二、一百七至一百十二）

330000－4719－0000222 20014 史部/詔令奏議類/詔令之屬

諭摺彙存二十二卷（同治十三年至光緒二十七年） 清光緒二十九年（1903）上海慎記書莊石印本 二十一册 缺二卷（七、十八）

330000－4719－0000224 20056 史部/紀傳類/正史之屬

四史 清光緒二十四年（1898）上海點石齋石印本 六册 存一種

330000－4719－0000225 20045 史部/紀傳類/正史之屬

續漢書八志三十卷 （晉）司馬彪撰 （南朝梁）劉昭注補 清光緒上海點石齋石印本 一册

330000－4719－0000226 20028 子部/醫家類/方書之屬/歷代方書

外臺秘要方四十卷 （唐）王燾撰 清末廣益書局石印本 八册 缺二十卷（一至二十）

330000－4719－0000228 20018 子部/雜著類/雜纂之屬

玉芝堂談薈三十六卷首一卷 （明）徐應秋輯 清光緒元年（1875）倩園刻本 十册 存十二卷（七至九、十二至十九，首）

330000－4719－0000229 20041 史部/政書類/律令之屬/法驗

重刊補註洗冤録集證五卷 （清）王又槐輯 （清）李觀瀾補輯 （清）阮其新補註 **續增洗冤録辯正三卷** （清）瞿中溶撰 清光緒三十二年（1906）上海通時書局石印本 五册 缺二卷（續增洗冤録辯正二至三）

330000－4719－0000235 20043 子部/雜著類/雜説之屬

池北偶談二十六卷 （清）王士禛撰 清宣統二年（1910）上海震東學社石印本 五册 缺四卷（十五至十八）

330000－4719－0000236 20071 子部/雜著類/雜説之屬

老學庵筆記二卷 （宋）陸游撰 清宣統三年（1911）掃葉山房石印本 二册

330000－4719－0000243 20061 集部/總集類/選集之屬/通代

桐城吴氏古文讀本十三卷 （清）吳汝綸評選 清光緒三十一年（1905）上海文明書局鉛印本 三册 缺二卷（十二至十三）

330000－4719－0000245 20022 集部/總集類/選集之屬/通代

古文辭類纂十五卷 （清）姚鼐輯 **續古文辭類纂十卷** 王先謙輯 清上海著易堂石印本 八册

330000－4719－0000247 20077 經部/四書

類/總義之屬/傳說

四書題鏡不分卷 (清)汪鯉翔撰 清刻本 二冊 存二冊(上論、下孟)

330000－4719－0000248 20055 史部/傳記類/總傳之屬/斷代

國朝先正事略六十卷 (清)李元度撰 清光緒二十五年(1899)上海圖書集成印書局鉛印本 八冊

330000－4719－0000249 20088 子部/雜著類/雜說之屬

粟香五筆八卷 金武祥撰 清上海掃葉山房石印本 一冊 存四卷(一至四)

330000－4719－0000250 20047 史部/地理類/總志之屬/通代

方輿全圖總說五卷 (清)顧祖禹輯 清光緒二十五年(1899)上海二林齋石印本 四冊

330000－4719－0000251 20078 經部/書類/傳說之屬

書經集傳六卷 (宋)蔡沈撰 清宣統三年(1911)上海會文堂粹記書局石印本 四冊

330000－4719－0000252 00252 類叢部/類書類/通類之屬

初學記三十卷 (唐)徐堅等輯 清光緒十四年(1888)蘊石齋刻本 十五冊 存二十九卷(一至二十九)

330000－4719－0000255 20093 史部/政書類/律令之屬/治獄

駁案彙編四十一卷 (清)朱梅臣輯 清光緒九年(1883)上海圖書集成局鉛印本 一冊 存二卷(秋審實緩比較彙案一至二)

330000－4719－0000256 20085 子部/宗教類/道教之屬/雜著

孚佑帝君世箴十則不分卷 清同治四年(1865)刻本 一冊

330000－4719－0000257 20076 史部/政書類/儀制之屬/雜禮

居官圭臬二卷 (清)沈葆楨編 清同治刻本 二冊

330000－4719－0000258 20072 子部/宗教類/道教之屬/經文

文昌大洞談經供養卷一卷 清刻本 一冊

330000－4719－0000261 20073 史部/編年類/通代之屬

尺木堂綱鑑易知録九十二卷明鑑易知録十五卷 (清)吳乘權 (清)周之炯 (清)周之燦輯 清光緒三十四年(1908)上海廣益書局鉛印本 二冊 存十五卷(明鑑易知録一至十五)

330000－4719－0000264 20065 集部/別集類/清別集

定盦文集三卷續集四卷續録一卷古今體詩二卷雜詩一卷詞選一卷詞録一卷文集補編四卷文拾遺一卷文集補一卷 (清)龔自珍撰 吳昌綬輯 清上海掃葉山房石印本 三冊 存八卷(文集下、續集一至二、文集補編一至四、文集補)

330000－4719－0000265 20090 子部/叢編

二十五子彙函 (清)鴻文書局編 清光緒十九年(1893)上海鴻文書局石印本 一冊 存一種

330000－4719－0000266 20089 子部/雜家類

呂氏春秋二十六卷 (漢)高誘注 清光緒十九年(1893)鴻文書局石印本 一冊

330000－4719－0000269 20063 史部/傳記類/總傳之屬/仕宦

中興名臣事略八卷 朱孔彰撰 清光緒二十四年(1898)上海書局石印本 三冊 存六卷(一至六)

330000－4719－0000271 20091 子部/雜著類/雜說之屬

人海記二卷 (清)查慎行撰 清宣統二年(1910)上海掃葉山房石印本 一冊 存一卷(一)

330000－4719－0000280 20067 子部/儒家

類/儒學之屬/俗訓

人譜一卷人譜類記六卷 (明)劉宗周撰 清光緒三十二年(1906)文明會社石印本 三冊 存六卷(上諭,奏疏,本傳,人譜,人譜類記上、下)

330000-4719-0000281 20052 經部/禮記類/傳說之屬

節本禮記十卷 (清)汪基撰 清宣統二年(1910)上海章福記石印本 四冊 存九卷(一至九)

330000-4719-0000282 20075 子部/醫家類/醫話醫論之屬

寓意草一卷 (清)喻昌撰 明崇禎十六年(1643)刻本 二冊

330000-4719-0000285 20051 經部/四書類/總義之屬/傳說

四書義經正篇二卷首一卷 (清)三魚書屋輯 清光緒二十七年(1901)石印本 四冊

330000-4719-0000286 20038 集部/小說類/短篇之屬

滑稽小說世界奇聞初集四卷二集四卷 (清)夢庵主人輯 清光緒三十二年(1906)石印本 六冊 缺二卷(初集二、四)

330000-4719-0000287 20059 經部/小學類/文字之屬/字書/訓蒙

澄衷蒙學堂字課圖說四卷檢字一卷類字一卷 (清)劉樹屏撰 (清)吳子城繪圖 清光緒二十七年(1901)澄衷蒙學堂三次石印本 三冊 缺二卷(一、三至四)

330000-4719-0000290 20084 史部/目録類/通論之屬/藏書約

皕宋樓藏書源流考一卷 (日本)田翰撰 清光緒三十三年(1907)京師刻本 一冊

330000-4719-0000291 20053 史部/編年類/通代之屬

袁王綱鑑合編三十九卷首一卷 (明)袁黄 (明)王世貞編 **明紀綱目二十卷** (清)張廷玉等輯 清光緒三十年(1904)上海商務書館鉛印本 七冊 存二十一卷(一至二十、首)

330000-4719-0000292 20026 集部/總集類/選集之屬/通代

古文觀止十二卷 (清)吳乘權 (清)吳大職輯 清光緒二十二年(1896)茹古齋刻本 六冊

330000-4719-0000294 20013 史部/紀傳類/正史之屬

後漢書九十卷 (南朝宋)范曄撰 (唐)李賢注 **志三十卷** (晉)司馬彪撰 (南朝梁)劉昭注 清光緒九年(1883)上海點石齋石印本 四冊

330000-4719-0000295 30007 子部/醫家類/醫案之屬

續名醫類案三十六卷 (清)魏之琇輯 清末鉛印本 十一冊 缺七卷(一至三、十至十三)

330000-4719-0000297 30018 史部/紀傳類/正史之屬

漢書一百卷首一卷 (漢)班固撰 (唐)顔師古注 清光緒九年(1883)上海點石齋石印本 六冊

330000-4719-0000298 30020 子部/醫家類/醫案之屬

名醫類案十二卷 (明)江瓘輯 清光緒二十二年(1896)畊餘堂鉛印本 五冊 缺二卷(三至四)

330000-4719-0000300 30004 子部/儒家類/儒學之屬/經濟

皇朝經世文編一百二十卷姓名總目二卷 (清)賀長齡輯 清光緒十六年(1890)上海廣百宋齋鉛印本 二十四冊

330000-4719-0000301 30016 新學/史志/諸國史

泰西十八周史攬要十八卷 (英國)雅各偉德撰 (加拿大)季理斐譯 (清)李鼎星述稿 清光緒二十八年(1902)上海廣學會鉛印本 六冊

330000－4719－0000302　30005　史部/編年類/通代之屬

尺木堂綱鑑易知録九十二卷明鑑易知録十五卷　清光緒三十四年(1908)上海廣益書局鉛印本　十四冊　存九十二卷(綱鑑易知録一至九十二)

330000－4719－0000306　30064　類叢部/叢書類/郡邑之屬

畿輔叢書一百二十六種　(清)王灝編　清光緒五年至十八年(1879－1892)定州王氏謙德堂刻三十二年(1906)彙印本　四冊　存一種

330000－4719－0000307　30040　史部/叢編

九通　(清)□□輯　清光緒八年至二十二年(1882－1896)浙江書局刻本　一冊　存一種

330000－4719－0000311　30028　子部/雜著類/雜纂之屬

宋稗類鈔八卷　(清)潘永因輯　清宣統元年(1909)有正書局鉛印本　三冊　存三卷(一、四、八)

330000－4719－0000313　30029　類叢部/叢書類/自著之屬

曾惠敏公遺集四種　(清)曾紀澤撰　清光緒二十年(1894)上海石印本　三冊　存三種

330000－4719－0000314　30032　集部/總集類/選集之屬/通代

涵芬樓古今文鈔一百卷　吳曾祺輯　清宣統三年(1911)上海商務印書館鉛印本　二冊　存二卷(十三、八十二)

330000－4719－0000315　30023　新學/史志/别國史

日本維新三十年史十二編附録一卷　(日本)博文館編　清光緒二十八年(1902)上海廣智書局鉛印本　三冊

330000－4719－0000316　30017　新學/史志/别國史

日本維新三十年史十二編　(日本)東京博文館輯　(清)上海廣智書局譯　清光緒二十八年(1902)上海廣智書局鉛印本　五冊

330000－4719－0000317　30059　史部/編年類/通代之屬

御批歷代通鑑辑覽一百二十卷　(清)傅恒等撰　清末石印本　十冊　缺七十二卷(一至五、三十九至四十三、五十二至一百十三)

330000－4719－0000318　30019　集部/别集類/唐五代别集

杜詩鏡銓二十卷　(清)楊倫輯　**讀書堂杜工部文集註解二卷**　(清)張溍撰　清光緒十八年(1892)上海著易堂鉛印本　五冊　缺三卷(十、十九至二十)

330000－4719－0000319　30047　史部/紀傳類/正史之屬

四史　清光緒二十四年(1898)上海點石齋石印本　四冊　存一種

330000－4719－0000320　30015　類叢部/類書類/專類之屬

重編留青新集二十四卷　(清)馮善長輯　清鉛印本　六冊　缺十二卷(一至二、五至八、十四至十五、二十一至二十四)

330000－4719－0000321　30031　史部/編年類/通代之屬

綱鑑總論二卷　(清)陳受頤撰　清光緒石印本　二冊

330000－4719－0000323　30043　類叢部/叢書類/彙編之屬

學津討原一百七十三種　(清)張海鵬編　清嘉慶十年(1805)虞山張氏照曠閣刻本　一百七十冊　存一百五十種

330000－4719－0000327　30027　史部/政書類/通制之屬

歷代文獻論略二十四卷　(清)嚴杏林輯　清光緒二十八年(1902)上海華洋書局鉛印本　三冊　缺五卷(六至十)

330000－4719－0000330　30061　集部/總集類/選集之屬/斷代

國朝駢體正宗評本十二卷補編一卷　(清)曾燠輯　(清)姚燮評　(清)張壽榮參　清光緒

十一年(1885)鎮海張氏花雨樓刻朱墨套印本 六冊

330000－4719－0000331 30057 子部/醫家類/婦科之屬/產科
新編女科指掌五卷 (清)葉其蓁撰 清光緒上海海左書局石印本 一冊

330000－4719－0000333 30012 新學/史志/戰記
中東戰紀本末八卷續編四卷三編四卷 (美國)林樂知撰並譯 蔡爾康輯 清光緒二十三年(1897)上海圖書集成局鉛印本 八冊 存九卷(一至二、四、六至八,續一至三)

330000－4719－0000342 30006 史部/史評類/史論之屬
史論正鵠初集四卷二集四卷三集八卷 (清)王樹敏評點 清光緒二十七年(1901)上海久敬齋石印本 十六冊

330000－4719－0000343 30025 經部/小學類/音韻之屬/韻書
詩韻合璧五卷 (清)湯祥瑟輯 **附論古韻通轉一卷** (清)汪立名撰 清光緒鉛印本 三冊 存三卷(一至三)

330000－4719－0000344 30010 史部/雜史類/通代之屬
十國春秋一百十四卷 (清)吳仁臣撰 **拾遺一卷備考一卷拾遺備考補一卷** (清)周昂輯 清乾隆五十八年(1793)昭文周氏此宜閣刻嘉慶四年(1799)補刻本 八冊 存七十八卷(七至五十七、九十至一百十四,拾遺,備考)

330000－4719－0000345 00187 子部/醫家類/診法之屬/脈經脈訣
脉訣附方一卷 (明)張世賢編 **瀕湖脈學一卷** (明)李時珍撰 清刻本 一冊

330000－4719－0000346 00230 集部/總集類/彙編之屬
新策吉光□□卷 (清)任以治 (清)陳元圻編 清刻本 一冊 存一卷(二)

330000－4719－0000348 0348 史部/金石類/總志之屬/文字
海東金石苑四卷 (清)劉喜海撰 清光緒七年(1881)衢州張德容二銘草堂刻本 三冊 存三卷(一至二、四)

330000－4719－0000349 0349 史部/金石類/總志之屬/文字
海東金石苑四卷 (清)劉喜海撰 清光緒七年(1881)衢州張德容二銘草堂刻本 二冊 存二卷(一至二)

330000－4719－0000350 0350 史部/金石類/總志之屬/文字
海東金石苑四卷 (清)劉喜海撰 清光緒七年(1881)衢州張德容二銘草堂刻本 三冊 存三卷(一至三)

330000－4719－0000355 0355 史部/雜史類/通代之屬
戰國策三十三卷 (漢)高誘注 **札記三卷** (清)黃丕烈札記 清光緒三年(1877)永康胡氏退補齋刻本 二冊 存十四卷(一至七、二十二至二十八)

330000－4719－0000356 0356 經部/禮記類/傳說之屬
漱芳軒合纂禮記體註四卷 (清)范翔撰 清文奎堂刻本 四冊

330000－4719－0000357 0357 經部/春秋左傳類/傳說之屬
左繡三十卷首一卷 (清)馮李驊 (清)陸浩評輯 清文淵堂刻本 十一冊 缺七卷(九至十一、十四至十五、二十二至二十三)

330000－4719－0000358 0358 子部/宗教類/道教之屬/譜籙
文昌化書四卷首一卷補編一卷 清同治六年(1867)刻本 二冊

330000－4719－0000360 0360 類叢部/類書類/通類之屬
淵鑑類函四百五十卷目録四卷 (清)張英 (清)王士禎等輯 清刻本 四冊 存十二卷(一百八十一至一百八十六、二百二十至二百

二十五）

330000－4719－0000361　0361　史部/編年類/通代之屬

綱鑑正史約三十六卷附綱鑑附記一卷　（明）顧錫疇撰　（清）陳弘謀增訂　**甲子紀元一卷**　（清）陳弘謀撰　清同治八年（1869）浙江書局刻本　一册　存二卷（三十一至三十二）

330000－4719－0000362　0362　子部/雜著類/雜纂之屬

玉芝堂談薈三十六卷　（明）徐應秋輯　清刻本　五册　存五卷（二十、二十三至二十四、二十九、三十一）

330000－4719－0000363　0363　史部/地理類/方志之屬/郡縣志

［光緒］常山縣志六十八卷首一卷末一卷　（清）李瑞鍾修　（清）朱昌泰等纂　清光緒十二年（1886）刻本　十二册

330000－4719－0000364　0364　經部/春秋左傳類/傳説之屬

曲江書屋新訂批註左傳快讀十八卷首一卷　（清）李紹崧輯　清光緒二十四年（1898）益元書局刻本　十六册　缺一卷（七）

330000－4719－0000365　0365　經部/春秋左傳類/傳説之屬

曲江書屋新訂批註左傳快讀十八卷首一卷　（清）李紹崧輯　清刻本　十二册　缺六卷（一至三、六至七，首）

330000－4719－0000366　0366　經部/春秋左傳類/傳説之屬

曲江書屋新訂批註左傳快讀十八卷首一卷　（清）李紹崧輯　清刻本　十四册　缺三卷（一、十五，首）

330000－4719－0000368　0368　史部/政書類/律令之屬/律例

靈櫬回春集二卷　（清）汪廷珍等纂修　清刻本　二册

330000－4719－0000369　0369　史部/編年類/通代之屬

御批歷代通鑑辑覽一百二十卷　（清）傅恆等撰　清末石印本　十八册　缺六十三卷（一至五十、六十至六十二、八十三至八十五、一百十四至一百二十）

330000－4719－0000370　0370　史部/編年類/通代之屬

御批歷代通鑑辑覽一百二十卷　（清）傅恆等撰　清末石印本　一册　存四卷（五十四至五十七）

330000－4719－0000371　0371　史部/紀傳類/正史之屬

史記一百三十卷　（漢）司馬遷撰　清刻本　一册　存九卷（七十六至八十四）

330000－4719－0000372　0372　子部/雜著類/雜纂之屬

經餘必讀八卷續編八卷三編四卷　（清）雷琳等輯　清光緒二年（1876）退補齋刻本　四册　存四卷（三編一至四）

330000－4719－0000373　0373　子部/道家類

老子道德經二卷　（三國魏）王弼注　清光緒元年（1875）浙江書局刻本　一册

330000－4719－0000374　0374　子部/小説家類/異聞之屬

酉陽雜俎二十卷續集十卷　（唐）段成式撰　清光緒三年（1877）湖北崇文書局刻本　二册　存十卷（酉陽雜俎一至十）

330000－4719－0000375　0375　集部/别集類/清别集

珍重廬山一瓣香九卷　（清）純陽子輯　清咸豐九年（1859）四香草堂刻本　二册　存二卷（呂祖瓣香集一至二）

330000－4719－0000376　0376　集部/總集類/課藝之屬

目耕齋讀本不分卷　（清）陳兆倫等撰　清刻本　一册

330000－4719－0000378　0378　史部/傳記類/總傳之屬/斷代

國朝先正事略六十卷 (清)李元度撰 清光緒二十四年(1898)上海書局石印本 四册 存十六卷(一至十六)

330000－4719－0000379 0379 集部/别集類/清别集
紫霞山房帖體詩抄四卷附書畫船詩課二卷 (清)朱家麟撰 清道光刻本 四册

330000－4719－0000380 0380 史部/編年類/斷代之屬
御撰資治通鑑綱目三編二十卷 (清)張廷玉等奉敕撰 清刻本 三册 存十五卷(六至二十)

330000－4719－0000381 0381 集部/别集類/清别集
蓬萊仙館詩稿二卷 (清)翟國棟著 清光緒刻本 二册

330000－4719－0000382 0382 史部/地理類/專志之屬
須江鹿溪浮橋記不分卷 (清)何平撰 清光緒二年(1876)刻本 一册

330000－4719－0000383 0383 子部/小説家類/異聞之屬
勸戒近録初二三編合鈔十六卷四編摘鈔一卷五録六卷六録六卷七録六卷八録六卷九録六卷十録六卷 (清)梁恭辰撰 清光緒刻本 九册 存三十八卷(初二三編合鈔一至十六、四編摘抄、五錄一至六、八錄一至六、九錄一至六、十錄一至三)

330000－4719－0000384 0384 子部/小説家類/異聞之屬
勸戒八録六卷 (清)梁恭辰撰 清光緒刻本 一册 存三卷(四至六)

330000－4719－0000385 0385 子部/宗教類/道教之屬
文昌玉局心懺不分卷 清道光二十一年(1841)端本堂刻本 一册

330000－4719－0000386 0386 子部/宗教類/道教之屬
文昌玉局心懺不分卷 清道光二十一年(1841)端本堂刻本 一册

330000－4719－0000387 0387 集部/總集類/選集之屬/通代
古文辭類纂十五卷 (清)姚鼐輯 **續古文辭類纂十卷** 王先謙輯 清光緒二十四年(1898)上海祥記書莊石印本 三册 存十卷(古文辭類纂一、五至十三)

330000－4719－0000388 0388 集部/總集類/選集之屬/通代
古文辭類纂十五卷 (清)姚鼐輯 **續古文辭類纂十卷** 王先謙輯 清光緒二十四年(1898)上海祥記書莊石印本 四册 存十卷(續古文辭類纂一至十)

330000－4719－0000389 0389 子部/宗教類/道教之屬/經文
關帝明聖真經一卷 清光緒八年(1882)刻本 一册

330000－4719－0000390 0390 史部/編年類/通代之屬
尺木堂綱鑑易知録九十二卷明鑑易知録十五卷 清光緒鉛印本 五册 存三十二卷(綱鑑易知録一至五、十三至十九、四十一至六十)

330000－4719－0000391 0391 史部/編年類/通代之屬
尺木堂綱鑑易知録九十二卷明鑑易知録十五卷 清浙省經香樓刻本 十八册 存三十八卷(綱鑑易知録五十三至五十六、五十九至六十四、六十七至七十、七十三至七十四、七十七至八十二、八十七至九十二,明鑑易知録一至五、八至十、十四至十五)

330000－4719－0000392 0392 子部/藝術類/書畫之屬/總論
佩文齋書畫譜一百卷 (清)孫岳頒等輯 清光緒上海同文書局石印本 一册 存一卷(九十二)

330000－4719－0000393 0393 史部/傳記

類/總傳之屬/列女
典故列女全傳四卷 清李光明莊刻本 二冊 存二卷(二至三)

330000－4719－0000394 0394 集部/別集類/清別集
藥牓捷報録四卷 (清)四香居士輯 清四香草堂刻本 二冊

330000－4719－0000395 0395 集部/別集類/清別集
松聲池館詩存四卷 (清)汪璐撰 清光緒十五年(1889)錢塘汪曾唯振綺堂刻本 一冊

330000－4719－0000396 0396 類叢部/叢書類/彙編之屬
半厂叢書初編十種 (清)譚獻編 清同治至光緒仁和譚氏刻本 二冊 存一種

330000－4719－0000397 0397 類叢部/叢書類/彙編之屬
武英殿聚珍版書一百三十八種 清乾隆四十二年(1777)福建刻道光十年(1830)遞修本 九冊 存一種

330000－4719－0000398 0398 集部/小說類/長篇之屬
四大奇書第一種六十卷一百二十回 (明)羅本撰 (清)毛宗崗評 清刻本 九冊 存十四卷(一至九、十一、十四至十五、十八至十九)

330000－4719－0000399 0399 經部/小學類/文字之屬/說文/傳說
說文解字三十二卷 (清)段玉裁注 清同治六年(1867)蘇州保息局刻本 九冊 存九卷(一至二、四、十至十五)

330000－4719－0000400 0400 類叢部/叢書類/彙編之屬
榆園叢刻十五種附一種 (清)許增編 清同治至光緒刻本 一冊 存一種

330000－4719－0000401 0401 子部/宗教類/道教之屬
玉歷鈔傳警世二卷 清光緒五年(1879)刻本 二冊

330000－4719－0000402 0402 子部/宗教類/道教之屬
玉歷鈔傳警世不分卷 清光緒五年(1879)刻本 二冊

330000－4719－0000403 0403 經部/春秋左傳類/傳說之屬
曲江書屋新訂批註左傳快讀十八卷首一卷 (清)李紹崧輯 清同治十一年(1872)拾芥園刻本 十四冊 缺一卷(八)

330000－4719－0000404 0404 經部/四書類/總義之屬/傳說
四書體註合講十九卷 (清)翁復編 **四書圖考一卷** (清)翁復撰 清雍正奎星閣刻本 五冊 缺二卷(孟子六至七)

330000－4719－0000405 0405 經部/四書類/總義之屬/傳說
四書體註合講十九卷 (清)翁復編 **四書圖考一卷** (清)翁復撰 清文富堂刻本 三冊 缺七卷(孟子一至七)

330000－4719－0000406 0406 經部/孝經類/正文之屬
孝經合編二卷 清光緒十六年(1890)刻本 一冊

330000－4719－0000407 0407 經部/孝經類/正文之屬
孝經合編二卷 清光緒十六年(1890)刻本 一冊

330000－4719－0000408 0408 經部/孝經類/正文之屬
孝經合編二卷 清光緒十六年(1890)刻本 一冊

330000－4719－0000409 0409 經部/孝經類/正文之屬
孝經合編二卷 清光緒十六年(1890)刻本 一冊

330000－4719－0000410 0410 類叢部/叢書類/彙編之屬
振綺堂叢刊八種 (清)□□輯 清嘉慶至光

緒汪氏振綺堂刻本　一册　存一種

330000－4719－0000411　0411　子部/儒家類/儒學之屬
孔氏家語十卷　（三國魏）王肅注　清刻本　三册　缺三卷（六至八）

330000－4719－0000412　0412　史部/傳記類/别傳之屬/年譜
孔子編年四卷　（宋）狄子奇撰　清光緒十三年（1887）浙江書局刻本　一册

330000－4719－0000413　0413　史部/叢編
九通　（清）□□輯　清光緒八年至二十二年（1882－1896）浙江書局刻本　一册　存一種

330000－4719－0000414　0414　集部/總集類/選集之屬/斷代
國朝常州駢體文録三十一卷　（清）屠寄輯　**結一宧駢體文一卷**　（清）屠寄撰　清光緒十六年（1890）刻本　六册　缺七卷（八至十一、二十至二十二）

330000－4719－0000415　0415　集部/總集類/課藝之屬
江蘇校士館變法課藝四卷續集二卷　清光緒石印本　六册　缺三卷（一至三）

330000－4719－0000416　0416　經部/四書類/總義之屬/專著
四書體註合講十九卷　（清）翁復編　清酌雅齋石印本　五册　缺二卷（四至五）

330000－4719－0000417　0417　經部/四書類/總義之屬/傳說
四書味根録三十七卷　（清）金澂撰　清光緒二十九年（1903）上海鴻寶齋石印本　六册

330000－4719－0000419　0419　類叢部/類書類/專類之屬
新刻文料觸機二卷　（清）香云書屋主人編　清光緒二十五年（1899）京都汲古齋刻本　一册

330000－4719－0000420　0420　子部/小說家類/異聞之屬
音釋坐花誌果八卷　（清）汪道鼎著　（清）鷩峰樵者音釋　清光緒十七年（1891）武林竹簡齋石印本　三册　缺二卷（五至六）

330000－4719－0000421　0421　集部/别集類/清别集
管注秋水軒尺牘四卷　（清）許思湄著　（清）婁世瑞注釋　（清）管斯駿補注　清光緒十一年（1885）榮釋閣刻朱墨套印本　四册

330000－4719－0000422　0422　集部/總集類/課藝之屬
江蘇校士館變法課藝四卷續集二卷　清光緒石印本　四册　存三卷（一至三）

330000－4719－0000424　0424　新學/政治法律/政治
政治史事論滙海□□卷　（清）嵐山居士編　清石印本　六册　存六卷（十一至十五、二十）

330000－4719－0000425　0425　子部/儒家類/儒學之屬/勸學
輶軒語七卷　（清）張之洞撰　清光緒三年（1877）濠上書齋刻本　一册

330000－4719－0000426　0426　子部/小說家類/雜事之屬
明齋小識十二卷　（清）諸聯撰　清刻本　一册　存二卷（十一至十二）

330000－4719－0000427　0427　集部/别集類/清别集
樊榭山房全集四十二卷集外文一卷附挽辭一卷軼事一卷　（清）厲鶚撰　清光緒十年（1884）汪氏振綺堂刻本　三册　存十卷（一至十）

330000－4719－0000430　0430　經部/小學類/文字之屬/說文/傳說
說文解字注十五卷附六書音韻表五卷　（清）段玉裁撰　**說文通檢十四卷首一卷末一卷**　（清）黎永椿編　**說文解字注匡謬八卷**　（清）徐承慶撰　清刻本　一册　存五卷（六書音韻表一至五）

開化縣圖書館古籍普查登記目録

全國古籍普查登記目録·浙江 衢州

國家圖書館出版社
National Library of China Publishing House

《開化縣圖書館古籍普查登記目録》

編委會

《開化縣圖書館古籍普查登記目録》

前　言

開化縣圖書館歷經60年歲月,通過接收和購買等途徑,收藏古籍共計8609册。不僅在數量上與時俱增,而且在内容上逐漸形成自己的藏書特色。因條件有限,30多年一直用的都是卡片式的簡編目録,要重新逐一進行詳編。爲方便讀者和詳編工作,我館將館藏一千多張古籍目録卡片的文字信息輸入到電腦中去,建成館藏古籍書目數據庫。根據浙江省圖書館古籍普查相關指示,按照《全國古籍普查登記手册》施行辦法,開化縣圖書館於2014年8月開始古籍普查,至2015年8月普查工作圓滿結束,共計録入276條數據,收録1912年前刻本、石印本、鉛印本、影印本1895册,具體分爲經、史、子、集、類叢部,新學部,刻經等七類,内容涉及政治、歷史、地理、文學、書法、法律、農政、醫藥等。通過這次普查登記目録工作,原來登記在册1912年前的古籍是1793册,有部分破損的古籍没有登記,這次不但補登了102册,而且全部規範化著録。

古籍摸清家底後,我館將制定和完善古籍修復、保護管理、資金保障等方面的規章制度,爲解決古籍保護工作中存在的突出問題提供長效而穩定的法律依據,推動形成依法保護古籍的工作新格局。

這是我館古籍工作的基本情況,由於學識和能力有限,工作中有很多不足之處,敬請專家同行指導!

開化縣圖書館
2017年9月

330000－4720－0000006　000005　史部/紀事本末類/斷代之屬

遼史紀事本末四十卷首一卷　(清)李有棠撰　清光緒二十五年(1899)上海書局石印本　二册　存十九卷(一至十九)

330000－4720－0000009　000003　史部/編年類/斷代之屬

東華録天命朝四卷天聰朝十一卷崇德朝八卷順治朝三十六卷康熙朝一百十卷雍正朝二十六卷　王先謙編　清光緒十三年(1887)廣百宋齋鉛印本　三十二册

330000－4720－0000012　000013　史部/編年類/通代之屬

御批歷代通鑑輯覽一百二十卷　(清)傅恒等撰　清光緒十一年(1885)同文書局石印本　十八册

330000－4720－0000014　000014　集部/别集類/清别集

江右隨宦紀事二卷　(清)扈斯哈里氏撰　清末石印本　二册

330000－4720－0000015　000015　經部/叢編

五經味根録　(清)闞蔚煌輯　清光緒二十六年(1900)上海中西書局石印本　六册　存三種

330000－4720－0000017　開000016　經部/小學類/音韻之屬/韻書

增註字類標韻六卷　(清)華綱撰　(清)范多玨重訂　清光緒二年(1876)鉛印本　二册

330000－4720－0000018　開000001　類叢部/叢書類/家集之屬

項城袁氏家集七種　丁振鐸編　清宣統三年(1911)清芬閣鉛印本　二十四册　存五種

330000－4720－0000020　A00008　經部/叢編

皇清經解一千四百八卷首一卷　(清)阮元輯　清道光九年(1829)廣東學海堂刻咸豐十一年(1861)補刻本　二百八十册　缺三百十一卷(一至三十、八百七十五至九百二十九、九百八十七至一千一百十六、一千二百五十三至一千二百八十三、一千三百二十三至一千三百八十七)

330000－4720－0000023　A000001　類叢部/類書類/通類之屬

淵鑑類函四百五十卷目録四卷　(清)張英　(清)王士禎等輯　清刻本　五十六册　存一百八十八卷(一至三、七至九、十七至十九、三十至三十三、三十七至三十九、五十至六十、六十四至九十二、九十三至九十五、一百六至一百十四、一百七十七至一百八十三、一百二十四至一百二十六、二百一至二百九、二百十三至二百十五、二百三十至二百三十三、二百五十至二百五十三、二百五十八至二百六十、二百六十五至二百七十、二百七十四至二百七十六、二百八十六至二百九十五、二百九十九至三百九、三百十二至三百十五、三百二十一至三百二十三、三百三十六至三百四十九、三百五十九至三百七十、三百八十至三百八十五、三百九十七至四百、四百十三至四百十八、四百二十一至四百二十八)

330000－4720－0000025　A000002　子部/宗教類/佛教之屬/諸宗

華嚴法界玄鏡三卷　(唐)釋澄觀撰　**注華嚴法界觀門一卷**　(唐)釋宗密撰　清光緒二十一年(1895)金陵刻經處刻本　一册

330000－4720－0000026　A000281　子部/宗教類/佛教之屬/經疏

大華嚴經略策一卷三聖圓融觀門一卷　(唐)釋澄觀撰　**答順宗心要法門一卷**　(唐)釋澄觀撰　(唐)釋宗密注　**原人論一卷**　(唐)釋宗密撰　**華嚴念佛三昧論一卷**　(清)彭紹升撰　清同治十三年(1874)雞園刻經處光緒二十一年(1895)、二十三年(1897)金陵刻經處刻本　一册

330000－4720－0000027　A000003　子部/宗教類/佛教之屬/諸宗

法界宗五祖略記一卷賢首五教儀開蒙一卷　(清)釋續法輯　清光緒二十二年(1896)金陵

刻經處刻本　一册

330000－4720－0000028　A000004　子部/宗教類/佛教之屬/諸宗

華嚴一乘十玄門一卷華嚴五十要問答二卷　(唐)釋智儼輯　清光緒二十二年(1896)金陵刻經處刻本　一册

330000－4720－0000029　A000282　子部/醫家類/綜合之屬/通論

御纂醫宗金鑑九十卷首一卷　(清)吳謙等撰　清光緒九年(1883)上海掃葉山房刻本　十二册　存二十五卷(一至二十五)

330000－4720－0000030　A000005　子部/宗教類/佛教之屬/諸宗

華嚴經旨歸一卷修華嚴奧旨妄盡還源觀一卷華嚴經義海百門一卷　(唐)釋法藏撰　清光緒二十一年(1895)金陵刻經處刻本　一册

330000－4720－0000031　開000006　子部/宗教類/佛教之屬/諸宗

華嚴金師子章一卷華嚴經明法品内立三寶章一卷流轉章一卷法界緣起章一卷圓音章一卷法身章一卷十世章一卷玄義章一卷　(唐)釋法藏撰　清同治九年(1870)如皋刻經處、光緒二十一年(1895)金陵刻經處刻本　一册

330000－4720－0000032　A000007　子部/宗教類/佛教之屬/經疏

大方廣佛華嚴經著述集要二十三種　(清)楊文會輯　清同治八年至民國六年(1869－1917)如臯刻經處、雞園刻經處、長沙刻經處、金陵刻經處等刻本　一册　存二種

330000－4720－0000033　開000008　子部/宗教類/佛教之屬/經疏

略釋新華嚴經修行次第決疑論四卷　(唐)李通玄撰　清同治九年(1870)如臯刻經處刻本　一册　存二卷(三至四)

330000－4720－0000034　開000009　子部/宗教類/佛教之屬/經疏

大方廣佛華嚴經要解一卷　(宋)釋戒環集　**華嚴三昧章一卷**　(唐)釋法藏撰　清同治十一年(1872)金陵刻經處刻本　一册

330000－4720－0000035　開000010　子部/宗教類/佛教之屬/經疏

大方廣佛華嚴經吞海集三卷法界觀披雲集一卷　(宋)釋道通撰　清光緒十三年(1887)、十六年(1890)金陵刻經處刻本　一册

330000－4720－0000036　A000012　史部/地理類/方志之屬/郡縣志

[康熙]衢州府志四十卷首一卷　(清)楊廷望　(清)金玉衡纂修　清光緒八年(1882)劉國光刻本　十一册　存三十九卷(一至三十八、首)

330000－4720－0000037　A134　類叢部/叢書類/彙編之屬

藝苑捃華四十八種　(清)顧之逵編　清同治刻本　一册　存一種

330000－4720－0000039　A000006　史部/政書類/律令之屬/律例

大清律例增修統纂集成四十卷附督捕則例二卷　(清)姚潤輯　(清)陶駿　(清)陶念霖增輯　清光緒十九年(1893)刻本　二十三册　缺二卷(二十三至二十四)

330000－4720－0000040　開000012　經部/春秋左傳類/傳説之屬

左繡三十卷首一卷　(清)馮李驊　(清)陸浩評輯　**春秋經傳集解三十卷**　(晉)杜預原本　(唐)陸德明音釋　(宋)林堯叟附註　(清)馮李驊增訂　清文淵堂刻本　八册　缺十五卷(一至九、二十五至三十)

330000－4720－0000041　開0000132　史部/地理類/方志之屬/通志

[雍正]敕修浙江通志二百八十卷首三卷　(清)李衛　(清)嵇曾筠等修　(清)沈翼機　(清)傅王露等纂　清光緒二十五年(1899)浙江書局刻本　六十六册　缺一百十九卷(一至三、六至三十八、七十一至七十九、九十至九十一、九十五至九十八、一百一至一百二、一百八至一百十七、一百二十至一百二十六、一百四十六至一百八十三、二百十七至二

百二十三、二百五十三至二百五十四,首二至三)

330000－4720－0000042　A000283　子部/醫家類/綜合之屬/通論

御纂醫宗金鑑九十卷首一卷　(清)吳謙等撰　清光緒九年(1883)上海掃葉山房刻本　九冊　存十三卷(一至八、十一、十三至十六)

330000－4720－0000044　開000014　集部/別集類/清別集

繡餘小草六卷　(清)扈斯哈里氏撰　清光緒二十九年(1903)上海書局石印本　四冊

330000－4720－0000047　開000017　類叢部/類書類/專類之屬

詩學含英十四卷　(清)劉文蔚輯　清刻本　二冊

330000－4720－0000050　A004－A010、A013－A014、A016、A018、A020、A022　史部/紀傳類/正史之屬

二十四史附考證　清光緒上海圖書集成印書局鉛印本　一百九十冊　存十三種

330000－4720－0000056　A069　史部/政書類/儀制之屬/典禮

南巡盛典一百二十卷　(清)高晉等纂修　清光緒八年(1882)上海點石齋影印本　七冊　存一百一卷(十七至六十二、六十六至一百二十)

330000－4720－0000057　開000023　經部/群經總義類/傳說之屬

張謇批選五經新義六卷　張謇撰　清光緒三十年(1904)石印本　六冊

330000－4720－0000058　A070　史部/政書類/通制之屬

資治新書十四卷二集二十卷　(清)李漁輯　清光緒二十年(1894)上海圖書集成印書局鉛印本　七冊　存二十三卷(七至十四,二集一至七、十一至十八)

330000－4720－0000060　A072　史部/史抄類

史記菁華録六卷　(清)姚祖恩輯　清光緒十三年(1887)上海蜚英館石印本　三冊　存三卷(一至三)

330000－4720－0000066　A076　史部/地理類/山川之屬/山志

爛柯山志十三卷補録一卷　(清)鄭永禧輯　清光緒三十三年(1907)不其山館刻本　四冊　缺一卷(補録)

330000－4720－0000067　A015　史部/紀傳類/正史之屬

二十四史附考證　清光緒上海圖書集成書局鉛印本　十二冊　存一種

330000－4720－0000068　A077　集部/別集類/清別集

繡餘小草六卷　(清)扈斯哈里氏撰　清光緒二十九年(1903)上海書局石印本　三冊　存三卷(一至三)

330000－4720－0000070　A017　史部/紀傳類/正史之屬

二十四史附考證　清光緒鉛印本　三冊　存一種

330000－4720－0000074　A075　史部/史評類/史論之屬

歷代史論十二卷首一卷宋史論三卷元史論一卷　(明)張溥撰　**明史論四卷**　(清)谷應泰撰　**左傳史論二卷**　(清)高士奇撰　清光緒二十四年(1898)上海書局石印本　四冊　存十三卷(歷代史論一至九、宋史論一至三、元史論)

330000－4720－0000075　A019　史部/紀傳類/正史之屬

二十四史附考證　清光緒上海圖書集成印書局鉛印本　十二冊　存一種

330000－4720－0000076　A074　集部/別集類/宋別集

曾南豐文集四卷　(宋)曾鞏撰　清宣統二年(1910)上海會文堂書局石印本　二冊

330000－4720－0000078　A021　史部/紀傳

類/正史之屬
二十四史附考證　清光緒上海圖書集成書局鉛印本　十三冊　存一種

330000－4720－0000080　開 000031　經部/四書類/總義之屬/傳說
酌雅齋四書增註合講十九卷　（清）翁復編次　清光緒上海章福記書局石印本　二冊

330000－4720－0000081　A079　集部/總集類/選集之屬/通代
古文觀止十二卷　（清）吳乘權　（清）吳大職輯　清咸豐三年（1853）文奎堂刻本　六冊

330000－4720－0000082　開 000032　類叢部/叢書類/自著之屬
隨園三十種　（清）袁枚撰　清乾隆至嘉慶刻本　六冊　存一種

330000－4720－0000083　A023　新學/史志/諸國史
萬國歷史彙編一百卷　（清）江子雲等輯　清光緒二十九年（1903）上海官書局石印本　十六冊

330000－4720－0000084　開 000033　史部/編年類/通代之屬
尺木堂綱鑑易知録九十二卷明鑑易知録十五卷　（清）吳乘權等輯　清末鉛印本　十二冊　缺三十三卷（綱鑑易知録一至十九、五十五至六十，明鑑易知録一至八）

330000－4720－0000086　開 000034　史部/編年類/通代之屬
御批歷代通鑑輯覽一百二十卷　（清）傅恆等撰　清末石印本　七冊　缺七十七卷（八至四十、四十七至九十）

330000－4720－0000087　A024　經部/叢編
重刊宋本十三經注疏四百十六卷附十三經注疏校勘記四百十六卷　（清）阮元撰　（清）盧宣旬摘録　**校勘記識語四卷**　（清）汪文臺撰　清光緒十三年（1887）上海脈望仙館石印本　二十九冊　存十二種

330000－4720－0000094　開 000039　史部/雜史類/通代之屬
戰國策補註三十三卷　吳曾祺撰　清宣統元年（1909）上海商務印書館鉛印本　四冊

330000－4720－0000095　A028　類叢部/叢書類/彙編之屬
增訂漢魏叢書八十六種　（清）王謨編　清光緒二十一年（1895）古越黃氏石印本　十五冊　存八十一種

330000－4720－0000097　A029　史部/編年類/斷代之屬
東華續録（咸豐朝）一百卷　潘熙福編　清末鉛印本　十冊　缺六十卷（一至十三、五十四至一百）

330000－4720－0000098　A030　史部/傳記類/總傳之屬/仕宦
歷代名臣言行録續集四十卷首一卷　（清）張兆蓉輯　清光緒二十八年（1902）上海通文局石印本　六冊　缺十三卷（四至十三、三十八至四十）

330000－4720－0000106　開 000044　子部/小說家類/異聞之屬
新齊諧二十四卷　（清）袁枚撰　清隨園刻本　六冊　存七卷（十三至十九）

330000－4720－0000107　A033　類叢部/叢書類/家集之屬
項城袁氏家集七種　丁振鐸編　清宣統三年（1911）清芬閣鉛印本　二十三冊　存三種

330000－4720－0000108　開 000045　類叢部/叢書類/自著之屬
隨園三十種　（清）袁枚撰　清刻本　十七冊　存十二種

330000－4720－0000109　A034　史部/編年類/通代之屬
御批歷代通鑑輯覽一百二十卷　（清）傅恆等撰　清光緒二十九年（1903）上海商務印書館鉛印本　二十八冊　缺三十四卷（一至三、八至十一、二十一至二十三、二十七至二十九、三十六至三十八、六十一至六十三、七十六至

八十四、九十四至九十六、一百十三至一百十五)

330000－4720－0000110　開000046　子部/農家農學類/總論之屬

農政全書六十卷　(明)徐光啓撰　清宣統元年(1909)上海求學齋局石印本　七册

330000－4720－0000113　開000049　經部/小學類/文字之屬/字書/字典

康熙字典十二集三十六卷總目一卷檢字一卷辨似一卷等韻一卷補遺一卷備考一卷　(清)張玉書等纂修　清刻本　二十九册　缺十二卷(子集上下、寅集上中、未集下、酉集中、戌集中下,檢字,辨似,等韻,補遺)

330000－4720－0000115　開000051　集部/别集類/唐五代别集

昌黎先生集四十卷外集十卷遺文一卷　(唐)韓愈撰　(宋)廖瑩中校正　**朱子校昌黎先生集傳一卷**　(宋)朱熹撰　**韓集點勘四卷**　(清)陳景雲撰　清末掃葉山房石印本　九册　缺一卷(昌黎先生集一)

330000－4720－0000116　開000052　史部/編年類/通代之屬

綱鑑總論二卷　(清)周茂才撰　清末石印本　二册

330000－4720－0000117　開000053　史部/紀事本末類/斷代之屬

續明紀事本末十八卷　(清)倪在田輯　清光緒二十九年(1903)育英學社鉛印本　四册　存十一卷(八至十八)

330000－4720－0000118　開000054　經部/叢編

重刊宋本十三經注疏四百十六卷附十三經注疏校勘記四百十六卷　(清)阮元撰　(清)盧宣旬摘録　**校勘記識語四卷**　(清)汪文臺撰　清光緒十三年(1887)上海脈望仙館石印本　十三册　存八種

330000－4720－0000119　H010　集部/别集類/清别集

新輯秋水軒尺牘二卷　(清)許思湄著　(清)婁世瑞注　(清)寄虹軒主人輯　清末石印本　一册

330000－4720－0000123　開000058　集部/總集類/選集之屬/通代

古文辭類纂七十四卷　(清)姚鼐輯　**續古文辭類纂三十四卷**　王先謙輯　清光緒三十三年(1907)上海商務印書館鉛印本　三册　存二十一卷(古文辭類纂六十一至七十四、續古文辭類纂十七至二十三)

330000－4720－0000124　開000059　集部/總集類/選集之屬/斷代

皇朝經世文三編八十卷　(清)陳忠倚輯　清光緒二十七年(1901)上海書局石印本　七册

330000－4720－0000125　H011　史部/傳記類/總傳之屬/斷代

國朝先正事略六十卷首一卷　(清)李元度撰　清光緒十二年(1886)鉛印本　四册

330000－4720－0000126　開000060　子部/儒家類/儒學之屬/蒙學

小學集注六卷　(明)陳選集注　清刻本　三册　存四卷(三至六)

330000－4720－0000128　H012　史部/傳記類/總傳之屬/斷代

國朝先正事略六十卷首一卷　(清)李元度撰　清光緒二十九年(1903)天章石印局石印本　五册　存五十三卷(一至五、十四至六十,首)

330000－4720－0000129　H013　新學/史志/别國史

支那通史二卷　(日本)那珂通世編　清光緒二十五年(1899)商務書館等鉛印本　五册

330000－4720－0000130　開000062　經部/小學類/音韻之屬/韻書

詩韻全璧五卷　(清)湯祥瑟輯　**初學檢韻袖珍一卷**　(清)姚文登撰　清光緒上海錦章書局石印本　三册　缺二卷(四至五)

330000－4720－0000131　開000063　經部/

小學類/音韻之屬/韻書

詩韻合璧五卷 (清)湯文潞輯 清光緒十二年(1886)上洋公興書局鉛印本 五冊

330000－4720－0000132 開000064 經部/小學類/文字之屬/字書/字體

六書通十卷 (明)閔齊伋撰 (清)畢弘述篆訂 清光緒二十一年(1895)上海鴻寶齋石印本 四冊 存八卷(一至八)

330000－4720－0000133 H014 史部/史抄類

續支那通史二卷 (日本)山峯畯臺撰 (清)中國漢陽青年編譯 清光緒三十二年(1906)會文政記石印本 四冊

330000－4720－0000137 A035 類叢部/叢書類/彙編之屬

宜稼堂叢書七種 (清)郁松年編 清道光二十年至二十二年(1840－1842)上海郁氏刻本 九冊 存一種

330000－4720－0000138 H015 集部/小說類/長篇之屬

繡像全圖西漢演義四卷一百回 (明)甄偉撰 清光緒上海會文堂新記書局石印本 三冊 存九十二回(一至九十二)

330000－4720－0000139 A036 史部/編年類/通代之屬

御撰資治通鑑綱目三編六卷 (清)張廷玉等奉敕撰 清光緒二十五年(1899)上海久敬齋石印本 二冊

330000－4720－0000140 開000065 子部/醫家類/類編之屬

中西匯通醫書五種 (清)唐宗海撰 清光緒三十四年(1908)上海千頃堂書局石印本 二冊 存一種

330000－4720－0000142 A037 子部/小說家類/異聞之屬

太平廣記五百卷目録十卷 (宋)李昉等輯 清刻本 四十四冊 缺三十八卷(一百六十九至一百七十二、二百二十二至二百五十二、目録一至三)

330000－4720－0000143 開000070 經部/叢編

重刊宋本十三經注疏四百十六卷附十三經注疏校勘記四百十六卷 (清)阮元撰 (清)盧宣旬摘録 **校勘記識語四卷** (清)汪文臺撰 清光緒十三年(1887)上海脈望仙館石印本 八冊 存五種

330000－4720－0000146 H016 集部/別集類/清別集

柏梘山房文集十六卷 (清)梅曾亮撰 清末石印本 五冊

330000－4720－0000150 H020 子部/醫家類/類編之屬

黃氏醫書八種 (清)黃元御撰 清宣統元年(1909)上海江左書林石印本 一冊 存一種

330000－4720－0000151 開000071 集部/總集類/選集之屬/通代

御選唐宋詩醇四十七卷目録二卷 (清)高宗弘曆輯 清刻本 三冊 存六卷(十八至十九、三十四至三十五、三十八至三十九)

330000－4720－0000152 開000072 子部/醫家類/類編之屬

中西匯通醫書五種 (清)唐宗海撰 清光緒三十四年(1908)上海千頃堂書局石印本 二冊 存一種

330000－4720－0000155 H023 集部/別集類/唐五代別集

杜詩鏡銓二十卷 (清)楊倫撰 清刻本 三冊 存七卷(七至十一、十四至十五)

330000－4720－0000156 開000073 史部/編年類/通代之屬

袁王綱鑑合編三十九卷 (明)袁黄 (明)王世貞編 **御撰明紀綱目二十卷** (清)張廷玉等輯 清光緒三十年(1904)上海商務印書館鉛印本 十六冊 缺十三卷(綱鑑十一至二十三)

330000－4720－0000157 H024 子部/儒家

類/儒學之屬/蒙學

小學集注六卷 (明)陳選集注 清光緒二十三年(1897)金陵書局刻本 四冊 存四卷(三至六)

330000－4720－0000158 開000074 集部/小説類/長篇之屬

東周列國全志二十三卷一百八回 (清)蔡奡評點 清光緒四年(1878)浙甯簡香齋刻本 二十三冊

330000－4720－0000162 H027 經部/小學類/文字之屬/説文/傳説

説文解字十五卷標目一卷 (漢)許慎撰 (宋)徐鉉等校定 清末石印本 三冊 存十二卷(一至四、九至十五,標目)

330000－4720－0000163 H028 經部/小學類/文字之屬/説文/傳説

説文解字十五卷標目一卷 (漢)許慎撰 (宋)徐鉉等校定 清末石印本 四冊

330000－4720－0000165 開000077 史部/政書類/律令之屬/判牘

樊山判牘四卷 樊增祥撰 清宣統法政學社石印本 一冊 存一卷(二)

330000－4720－0000167 開000079 史部/地理類/山川之屬/山志

爛柯山志十三卷補録一卷 (清)鄭永禧輯 清光緒三十三年(1907)不其山館刻本 三冊 存九卷(一、五至十、十二至十三)

330000－4720－0000168 H029 經部/小學類/文字之屬/字書/字典

康熙字典十二集三十六卷總目一卷檢字一卷辨似一卷等韻一卷補遺一卷備考一卷 (清)張玉書等纂修 清刻本 九冊 存九卷(子集下、丑集上下、寅集中下、卯集上中、辰集中、巳集上)

330000－4720－0000169 開000080 史部/政書類/律令之屬/判牘

樊山判牘四卷 樊增祥撰 清宣統法政學社石印本 二冊 存二卷(二、四)

330000－4720－0000171 開000081 集部/別集類/清別集

曾文正公家書十卷家訓二卷 (清)曾國藩撰 **曾文正公大事記四卷** (清)王定安編 **曾文正公榮哀録一卷** (清)黃翼升撰 清末上海錦章書局石印本 五冊 缺三卷(家書一至三)

330000－4720－0000172 開000083 子部/醫家類/本草之屬/歷代綜合本草

本草綱目五十二卷首二卷附圖三卷 (明)李時珍撰 清末上海錦章圖書局石印本 八冊 缺四十一卷(一至二、十四至五十二)

330000－4720－0000173 H030 集部/總集類/選集之屬/通代

古文觀止十二卷 (清)吳乘權 (清)吳大職輯 清末刻本 四冊 存八卷(五至十二)

330000－4720－0000174 H031 集部/總集類/選集之屬/通代

古文觀止十二卷 (清)吳乘權 (清)吳大職輯 清光緒十八年(1892)文奎堂刻本 六冊

330000－4720－0000176 開000086 子部/醫家類/類編之屬

醫門棒喝二種 (清)章楠撰 清宣統元年(1909)蠡城三友益齋石印本 十冊

330000－4720－0000177 開000087 子部/小説家類/異聞之屬

燕山外史註釋八卷 (清)陳球撰 (清)傅聲谷注 清光緒三十二年(1906)上海海左書局石印本 四冊

330000－4720－0000181 H032 集部/別集類/清別集

飲冰室壬寅癸卯全集 梁啓超撰 清末東京新智學社石印本 三冊 存三卷(壬寅文集三、七至八)

330000－4720－0000184 開000093 子部/藝術類/書畫之屬/畫譜

芥子園畫傳初集六卷二集九卷三集六卷 (清)王槩 (清)王蓍 (清)王臬輯 清光

緒二十九年(1903)上海虹口通文局石印本　六冊

330000－4720－0000187　開000095　史部/傳記類/總傳之屬/列女

列女傳八卷　(漢)劉向撰　(清)梁端校注　清宣統二年(1910)上海會文堂書局石印本　七冊

330000－4720－0000188　開000096　集部/別集類/清別集

息軒遺稿四卷　(日本)安井衡著　清刻本　三冊　缺一卷(一)

330000－4720－0000190　開000097　子部/醫家類/方書之屬/單方驗方

名醫方論四卷　(清)羅美　(清)柯琴輯並評　清康熙十四年(1675)古懷堂刻本　一冊　存一卷(一)

330000－4720－0000192　H035　集部/詞類/總集之屬

絕妙好詞箋七卷　(宋)周密輯　(清)查爲仁　(清)厲鶚箋　**絕妙好詞續鈔一卷**　(清)余集輯　**絕妙好詞又續鈔一卷**　(清)徐楙補録　清宣統元年(1909)上海沅記書莊石印本　四冊

330000－4720－0000196　開000098　子部/雜著類/雜說之屬

池北偶談二十六卷　(清)王士禛撰　清刻本　四冊　存十七卷(四至六、十三至二十六)

330000－4720－0000199　開000099　史部/傳記類/總傳之屬/列女

列女傳八卷　(漢)劉向撰　(清)梁端校注　清宣統二年(1910)上海會文堂書局石印本　三冊　缺二卷(三至四)

330000－4720－0000200　H041　子部/醫家類/傷寒金匱之屬/金匱要略

金匱要略淺註補正九卷　(漢)張機撰　(清)陳念祖注　(清)唐宗海補注　清光緒三十四年(1908)上海千頃堂書局石印本　三冊

330000－4720－0000203　開000101　子部/醫家類/綜合之屬/通論

醫學心悟五卷附外科十法一卷　(清)程國彭撰　清光緒三十二年(1906)上海鑄記書局石印本　一冊

330000－4720－0000204　開000102　子部/醫家類/外科之屬/通論

外科大成八卷　(清)祁坤撰　清大文堂刻本　二冊

330000－4720－0000206　開000104　子部/醫家類/方書之屬/成方藥目

葉種德堂丸散膏丹全録一卷　(清)葉種德堂主人輯　清光緒十三年(1887)葉種德堂刻本　一冊

330000－4720－0000212　開000110　集部/戲劇類/傳奇之屬

桃花扇傳奇二卷　(清)孔尚任撰　清宣統元年(1909)傳奇小說社石印本　一冊　存一卷(二)

330000－4720－0000216　A040　史部/紀傳類/正史之屬

五代史七十四卷　(宋)歐陽修撰　清光緒元年(1875)成都書局刻本　十冊

330000－4720－0000219　A041　集部/別集類/清別集

有正味齋駢體文二十四卷首一卷　(清)吳錫麒撰　(清)王廣業箋　清咸豐九年(1859)青箱塾刻本　三冊　存二十一卷(一至二十、首)

330000－4720－0000220　開000116　集部/戲劇類/傳奇之屬

長生殿傳奇四卷　(清)洪昇撰　清末石印本　一冊　存二卷(三至四)

330000－4720－0000221　A045　集部/總集類/選集之屬/斷代

國朝詩別裁集三十六卷　(清)沈德潛輯並評　清光緒九年(1883)上海點石齋石印本　十一冊　缺三卷(十九至二十一)

330000－4720－0000223　開000118　子部/

醫家類/醫案之屬

葉選醫衡二卷　(清)葉桂輯　清宣統二年(1910)上海文瑞樓石印本　一册　存一卷(上)

330000－4720－0000224　A042　史部/紀傳類/正史之屬

四史　清同治十一年(1872)成都書局刻本　六册　存一種

330000－4720－0000225　開000120　子部/醫家類/醫案之屬

增補臨證指南醫案八卷　(清)葉桂撰　清光緒三十二年(1906)上海龍文書局石印本　一册　存二卷(二至三)

330000－4720－0000226　A043　史部/紀傳類/正史之屬

四史　清同治十一年(1872)成都書局刻本　三册　存一種

330000－4720－0000229　A044　經部/四書類/總義之屬/傳說

學源堂四書體註合講十九卷　(清)翁復編　清文奎堂刻本　五册　缺二卷(論語十、孟子七)

330000－4720－0000230　開000270　子部/醫家類/類編之屬

醫門棒喝二種　(清)章楠撰　清宣統元年(1909)蠡城三友益齋石印本　六册　存一種

330000－4720－0000231　A046　史部/金石類/總志之屬

二銘艸堂金石聚十六卷　(清)張德容輯　清同治十一年(1872)衢州張氏二銘草堂刻清衢郡聚秀堂印本　十六册

330000－4720－0000233　開000122　子部/醫家類/類編之屬

醫門棒喝二種　(清)章楠撰　清宣統元年(1909)蠡城三友益齋石印本　四册　存一種

330000－4720－0000234　A047　史部/金石類/總志之屬

二銘艸堂金石聚十六卷　(清)張德容輯　清同治十一年(1872)衢州張氏二銘草堂刻清衢郡聚秀堂印本　九册　缺七卷(八至九、十二至十六)

330000－4720－0000235　開000123　子部/醫家類/類編之屬

儒門事親十五卷　(金)張從正撰　清末石印本　四册　存四卷(二至四、十五)

330000－4720－0000238　開000125　集部/總集類/選集之屬/通代

古唐詩合解古詩四卷唐詩十二卷　(清)王堯衢注　清雍正刻文林堂印本　三册　存七卷(唐詩一至四、十至十二)

330000－4720－0000240　A048　集部/別集類/宋別集

宋丞相文山先生全集二十卷　(宋)文天祥撰　清康熙焉文堂刻本　八册　存九卷(一至九)

330000－4720－0000241　A049　子部/醫家類/綜合之屬/通論

新刊萬病回春原本八卷　(明)龔廷賢編　清刻本　二册　缺二卷(一至二)

330000－4720－0000243　開000129　子部/醫家類/類編之屬

張氏醫書七種　(清)張璐等撰　清末石印本　二册　存一種

330000－4720－0000244　開000131　子部/醫家類/外科之屬/外科方

新刊外科正宗六卷　(明)陳實功撰　清永言堂刻本　六册

330000－4720－0000249　A052　子部/醫家類/醫經之屬/内經

重廣補註黃帝内經素問二十四卷　(唐)王冰注　(宋)林億等校正　(宋)孫兆改誤　清末影印本　二册　存七卷(四至十)

330000－4720－0000251　開000133　子部/醫家類/類編之屬

陳修園醫書二十八種　(清)陳念祖等撰　清光緒二十九年(1903)上海錦章書局石印本

二册　存一種

330000－4720－0000255　開000135　子部/醫家類/醫案之屬

名醫類案十二卷　(明)江瓘輯　**續名醫類案三十六卷**　(清)魏之琇編　清宣統元年(1909)上海書局石印本　二册　存六卷(四至六、續名醫類案三十一至三十三)

330000－4720－0000263　開000160　經部/小學類/文字之屬/字書/字典

康熙字典十二集三十六卷總目一卷檢字一卷辨似一卷等韻一卷補遺一卷備考一卷　(清)張玉書等纂修　清光緒十六年(1890)上海鴻寶齋石印本　五册　存五卷(子集上、寅集上、巳集上、未集上、亥集上)

330000－4720－0000264　A060　經部/春秋左傳類/傳説之屬

評點春秋綱目左傳句解彙雋六卷　(清)韓菼重訂　清文星堂刻本　四册　存四卷(一至二、五至六)

330000－4720－0000266　A061　經部/春秋總義類/傳説之屬

欽定春秋傳説彙纂三十八卷首二卷　(清)王掞等撰　清刻本　五册　存十卷(二十六至三十五)

330000－4720－0000268　A062　經部/叢編

重刊宋本十三經注疏四百十六卷附十三經注疏校勘記四百十六卷　(清)阮元撰　(清)盧宣旬摘録　**校勘記識語四卷**　(清)汪文臺撰　清光緒十三年(1887)上海脈望仙館石印本　十六册　存五種

330000－4720－0000269　開000142　子部/醫家類/醫案之屬

葉氏醫案存真三卷　(清)葉桂撰　(清)葉萬青輯　清葉萬青刻本　一册　存一卷(二)

330000－4720－0000281　開000147　子部/醫家類/本草之屬/歷代綜合本草

增訂童氏本草備要八卷圖説一卷　(清)汪昂撰　(清)李保常增輯　清末石印本　一册　存七卷(二至八)

330000－4720－0000284　開000150　史部/編年類/斷代之屬

東華續録(咸豐朝)一百卷　潘頤福編　清末鉛印本　一册　存六卷(五十四至五十九)

330000－4720－0000290　開000155　史部/傳記類/總傳之屬/通代

帝鑑圖説四卷　(明)張居正等撰　清光緒六年(1880)點石齋石印本　二册　缺二卷(三至四)

330000－4720－0000293　開000157　子部/醫家類/綜合之屬/合刻、合抄

醫方本草合編附本草圖説　(清)汪昂編　**增評童氏醫方集解二十三卷**　(清)王昂著輯　**本草備要圖説不分卷**　清光緒三十年(1904)上海六藝書局石印本　三册　存十四卷(醫方本草一至二、十至十四,醫方集解三至九)

330000－4720－0000297　開000162　集部/總集類/選集之屬/斷代

皇朝經世文編五百四卷補遺四卷　(清)賀長齡輯　清末石印本　二册　存十五卷(十至十六、五十至五十七)

330000－4720－0000298　A080　經部/小學類/音韻之屬/古今韻説

詩韻海不分卷　文滙館主人編　清光緒十四年(1888)上海點石齋石印本　四册

330000－4720－0000299　A081　史部/史抄類

廿四史約編八卷首一卷　(清)鄭元慶撰　清光緒二十九年(1903)支那書局石印本　六册　存六卷(金、匏、土、革、木,首)

330000－4720－0000300　A082　類叢部/類書類/通類之屬

增補事類統編九十三卷首一卷　(清)黄葆真輯　清光緒十四年(1888)上海點石齋石印本　五册　存十二卷(一至四、十至十三、三十四至三十七)

330000－4720－0000301　A083　子部/小説

家類/異聞之屬
太平廣記五百卷目録十卷 （宋）李昉等輯 清道光二十六年(1846)刻本 二册 存十八卷(三百二十二至三百三十三、目録一至六)

330000－4720－0000302 A084 經部/小學類/文字之屬/字書/字體
六書通十卷 （明）閔齊伋撰 （清）畢弘述篆訂 **六書通摭遺十卷** （清）畢星海輯 清光緒十四年(1888)上海大同書局石印本 二册 存十卷(六書通摭遺一至十)

330000－4720－0000303 A085 經部/小學類/文字之屬/字書/字體
六書通十卷 （明）閔齊伋撰 （清）畢弘述篆訂 **六書通摭遺十卷** （清）畢星海輯 清光緒十四年(1888)上海大同書局石印本 三册 存三卷(六書通一、七至八)

330000－4720－0000304 A086 經部/四書類/總義之屬/傳説
張謇批選四書義六卷續四書義六卷 張謇撰 清末石印本 五册 存五卷(張謇批選四書義二至六)

330000－4720－0000305 A087 經部/四書類/總義之屬/傳説
張謇批選四書義六卷續四書義六卷 張謇撰 清光緒三十年(1904)上海文新書局石印本 六册 存六卷(續四書義一至六)

330000－4720－0000307 A089 類叢部/類書類/專類之屬
子史精華一百六十卷 （清）吴士玉 （清）吴襄等輯 清末石印本 三册 存四十八卷(一至十六、三十三至四十八、八十一至九十六)

330000－4720－0000308 A090 類叢部/類書類/專類之屬
四書文華淵鑑三十三卷 （清）洪鈞輯 清光緒十六年(1890)銅活字印本 九册 存二十七卷(一至二十七)

330000－4720－0000309 A091 史部/金石類/總志之屬/文字
張叔未解元所藏金石文字不分卷 （清）張廷濟考釋 （清）嚴荄輯 清光緒十年(1884)四會嚴氏鶴緣齋石印本 二册

330000－4720－0000310 A092 子部/醫家類/類編之屬
陳修園廿三種 （清）陳念祖等撰 清刻本 九册 存四種

330000－4720－0000311 A093 集部/别集類/清别集
寄嶽雲齋試體詩選詳註四卷 （清）聶銑敏撰 （清）張學蘇箋 清刻本 二册 缺一卷(一)

330000－4720－0000312 A094 集部/總集類/課藝之屬
孟搭從新不分卷 （清）周家淦等撰 清刻本 二册 存二册

330000－4720－0000313 A095 集部/總集類/課藝之屬
巧搭最新不分卷 （清）梅蔭廬等撰 清刻本 二册

330000－4720－0000314 A096 類叢部/叢書類/自著之屬
隨園三十種 （清）袁枚撰 清刻本 十五册 存四種

330000－4720－0000315 開000163 子部/醫家類/綜合之屬/通論
醫門法律六卷 （清）喻昌撰 清光緒三十三年(1907)上海簡青齋書局石印本 一册 存二卷(四至五)

330000－4720－0000316 A097 子部/雜著類/雜考之屬
翁注困學紀聞二十卷首一卷 （宋）王應麟撰 （清）翁元圻輯 清光緒十五年(1889)上海點石齋石印本 三册 存十一卷(二至三、十二至二十)

330000－4720－0000318 開000164 子部/宗教類/道教之屬/戒律

陰騭果報圖注一卷 (清)彭啟豐編 (清)吳友如繪 清光緒十七年(1891)宏大善書局石印本 一冊

330000－4720－0000319 A098 類叢部/叢書類/彙編之屬
藝苑捃華四十八種 (清)顧之逵編 清同治刻本 二冊 存一種

330000－4720－0000320 開 000166 子部/醫家類/方書之屬/單方驗方
三朝名醫方論三種 清宣統三年(1911)甯波汲綆齋石印本 一冊 存一種

330000－4720－0000322 A099 類叢部/類書類/專類之屬
四書典制類聯音註三十三卷 (清)閻其淵輯 清刻本 三冊 存十卷(八至十七)

330000－4720－0000329 開 000173 集部/小說類/短篇之屬
改良今古奇觀六卷四十回 (明)抱甕老人輯 清上海錦章圖書局石印本 二冊

330000－4720－0000330 A101 史部/地理類/遊記之屬/紀行
凝香室鴻雪因緣圖記三集六卷 (清)完顏麟慶撰 清光緒十年(1884)上海點石齋石印本 四冊 存四卷(一集一至二、二集一、三集一)

330000－4720－0000331 開 000174 經部/書類/傳說之屬
書經集傳六卷 (宋)蔡沈撰 清宣統三年(1911)上海會文堂粹記書局石印本 二冊 存三卷(一至三)

330000－4720－0000335 開 000177 集部/總集類/尺牘之屬
歷代名人小簡二卷 吳曾祺輯 清宣統二年(1910)上海商務印書局鉛印本 一冊 存一卷(下)

330000－4720－0000336 H046 子部/醫家類/醫案之屬
柳選四家醫案 (清)柳寶詒編 清末石印本 一冊 存一種

330000－4720－0000338 開 000178 集部/總集類/尺牘之屬
歷代名人書札二卷 吳曾祺輯 清宣統二年(1910)上海商務印書館鉛印本 一冊 缺一卷(一)

330000－4720－0000339 開 000179 子部/醫家類/醫案之屬
寓意草一卷 (明)喻昌撰 清光緒三十三年(1907)上海簡青齋書局石印本 一冊

330000－4720－0000341 A103 集部/總集類/課藝之屬
增補近科館閣分韻詩鈔彙編不分卷 王先謙原編 (清)心居主人改編 清光緒十三年(1887)上海點石齋石印本 四冊

330000－4720－0000342 開 000180 子部/醫家類/醫經之屬/内經
靈素節要淺註十二卷 (清)陳念祖撰 清末石印本 一冊 缺四卷(一至四)

330000－4720－0000344 H047 子部/醫家類/醫案之屬
柳選四家醫案 (清)柳寶詒編 清末石印本 二冊 存一種

330000－4720－0000345 A105 子部/醫家類/溫病之屬/瘟疫
瘟疫論二卷 (明)吳有性撰 清刻本 一冊 存一卷(二)

330000－4720－0000352 A106 子部/醫家類/本草之屬/神農本草經
神農本草經讀四卷 (清)陳念祖撰 清刻本 一冊 存二卷(一至二)

330000－4720－0000353 A107 集部/總集類/選集之屬/通代
古唐詩合解古詩四卷唐詩十二卷 (清)王堯衢注 清刻本 三冊 存九卷(古詩一至四、唐詩五至九)

330000－4720－0000354 A108 集部/小說

類/長篇之屬

紅樓夢一百二十回　(清)曹霑　(清)高鶚撰　清嘉慶十九年(1814)刻本　三册　存十二回(一至三、八十七至九十五)

330000－4720－0000356　H049　史部/紀傳類/正史之屬

蜀志□□卷　(晉)陳壽撰　(南朝宋)裴松之注　清末石印本　一册　存十五卷(一至十五)

330000－4720－0000357　開000192　經部/小學類/文字之屬/說文/傳說

說文解字句讀三十卷　(清)王筠撰　清刻本　一册　存九卷(八至十六)

330000－4720－0000358　H050　史部/紀傳類/正史之屬

蜀志□□卷　(晉)陳壽撰　(南朝宋)裴松之注　清末石印本　一册　存十五卷(一至十五)

330000－4720－0000359　A109　子部/雜著類/雜纂之屬

酬世錦囊初集八卷二集七卷三集二卷四集二卷　(清)鄧景揚輯　清光緒二十六年(1900)石印本　四册　存十五卷(初集一至六、二集一至七、三集一至二)

330000－4720－0000360　開000189　集部/總集類/選集之屬/斷代

詳註七家詩七卷　(清)王廷紹等撰　(清)張熙宇評選　(清)石暉甲箋注　清光緒十八年(1892)上海廣百宋齋鉛印本　一册　存一卷(五)

330000－4720－0000362　開000190　子部/醫家類/醫案之屬

臨證指南醫案十卷種福堂公選溫熱論醫案四卷　(清)葉桂撰　(清)徐大椿評　清刻本　一册　存四卷(種福堂公選溫熱論醫案一至四)

330000－4720－0000363　開000191　集部/戲劇類/傳奇之屬

牡丹亭還魂記二卷五十五齣　(明)湯顯祖撰　清光緒十二年(1886)同文書局石印本　一册　存一卷(上)

330000－4720－0000364　開000194　集部/小說類/長篇之屬

增評加批金玉緣圖說十六卷一百二十回首一卷　(清)曹霑　(清)高鶚撰　(清)蝶薌仙史評訂　清末石印本　一册　存四卷(五至八)

330000－4720－0000368　開000197　集部/詩文評類/詩評之屬

隨園詩話十六卷補遺四卷　(清)袁枚撰　清光緒十八年(1892)著易堂鉛印本　四册

330000－4720－0000369　A111　集部/總集類/選集之屬/通代

御選唐宋詩醇四十七卷目錄二卷　(清)高宗弘曆輯　清刻本　四册　存九卷(十至十一、二十二至二十四、四十二至四十三、四十六至四十七)

330000－4720－0000371　開000199　子部/醫家類/綜合之屬/通論

醫學心悟五卷附外科十法一卷　(清)程國彭撰　清刻本　二册　存二卷(二至三)

330000－4720－0000372　A112　子部/醫家類/綜合之屬/通論

醫門法律六卷　(清)喻昌撰　**尚論篇四卷首一卷尚論後篇四卷寓意草一卷**　清光緒二十六年(1900)老校經山房石印本　一册　存四卷(尚論後篇一至四)

330000－4720－0000374　A114　子部/藝術類/書畫之屬/書法書品

吟香閣叢畫不分卷　(日本)岸田吟香編　清光緒十一年(1885)東都樂善堂影印本　五册

330000－4720－0000375　A115　經部/書類/傳說之屬

書經集傳六卷　(宋)蔡沈撰　清康熙十二年(1673)朱錫旂刻本　一册　存二卷(五至六)

330000－4720－0000378　A118　子部/醫家

類/傷寒金匱之屬/金匱要略

金匱要略淺注十卷 （漢）張機撰 （清）陳念祖注 清末石印本 一册 存五卷（一至五）

330000－4720－0000379 A119 集部/總集類/選集之屬/斷代

唐詩三百首註疏六卷 （清）孫洙編 （清）章燮注 清道光十五年（1835）立言堂刻本 一册 存二卷（一至二）

330000－4720－0000380 A120 史部/傳記類/總傳之屬/列女

歷代名媛圖說二卷 清光緒五年（1879）上海點石齋石印本 一册 存一卷（上）

330000－4720－0000388 A127 子部/農家農學類/總論之屬

御製耕織圖一卷 （清）焦秉貞繪 （清）聖祖玄燁等題詩 清光緒五年（1879）點石齋石印本 一册

330000－4720－0000391 A130 集部/總集類/氏族之屬

三蘇策論十二卷 （宋）蘇洵等撰 清末石印本 四册 存八卷（三至六、九至十二）

330000－4720－0000392 A132 類叢部/叢書類/彙編之屬

說鈴前集三十七種後集十六種 （清）吴震方編 清刻本 二册 存三種

330000－4720－0000393 A133 集部/別集類/清別集

笠翁偶集六卷 （清）李漁撰 清康熙十年（1671）芥子園刻本 二册 存二卷（一、三）

330000－4720－0000394 A260 史部/編年類/通代之屬

御批資治通鑑綱目全書一百九卷 清光緒二十八年（1902）上海久敬齋石印本 二十三册

330000－4720－0000395 A135 集部/別集類/清別集

錢牧齋尺牘三卷補遺一卷 （清）錢謙益撰 清末上海商務印書館鉛印本 一册 存一卷（中）

330000－4720－0000397 A137 類叢部/叢書類/彙編之屬

張氏適園叢書□□種 張鈞衡編 清宣統三年（1911）上海國學扶輪社鉛印本 一册 存二種

330000－4720－0000398 A138 子部/道家類

太上混元道德真經二卷 題孚佑上帝闡義 題八洞仙祖合注 清同治二年（1863）刻本 一册

330000－4720－0000399 A139 集部/總集類/選集之屬/斷代

唐詩三百首註疏六卷 （清）孫洙編 （清）章燮注 清末上海掃葉山房刻本 一册 存三卷（一至三）

330000－4720－0000403 A140 集部/總集類/選集之屬/斷代

唐詩三百首註疏六卷 （清）孫洙編 （清）章燮注 清蓉鏡山房刻本 三册 存三卷（三、五至六）

330000－4720－0000404 開000200 子部/醫家類/綜合之屬/通論

醫門法律六卷 （清）喻昌撰 清末石印本 一册 存二卷（四至五）

330000－4720－0000407 開000205 子部/醫家類/本草之屬/歷代綜合本草

本草綱目五十二卷首二卷圖三卷 （明）李時珍撰 **本草萬方鍼綫八卷** （清）蔡烈先輯 **本草綱目拾遺十卷** （清）趙學敏輯 清光緒上海錦章圖書局石印本 七册 存二十卷（一至二、四至五、四十七至五十一，圖一至三，萬方鍼綫一至八）

330000－4720－0000408 A142 子部/叢編

二十二子（二十二子彙函） （清）浙江書局編 清刻本 一册 存一種

330000－4720－0000410 A143 集部/總集類/選集之屬/斷代

唐詩三百首續選六卷 （清）于慶元編 清刻

本　一冊　存一卷(五言古詩)

330000－4720－0000414　A144　子部/藝術類/書畫之屬

桐陰論畫三卷附録一卷桐陰畫訣一卷續桐陰論畫一卷二編二卷三編二卷　(清)秦祖永撰　清同治三年至光緒八年(1864－1882)刻朱墨套印本　二冊　存三卷(桐陰論畫三、桐陰畫訣、續桐陰論畫)

330000－4720－0000415　開000210　子部/醫家類/方書之屬/單方驗方

校正增廣驗方新編十六卷　(清)鮑相璈輯　**痧症全書三卷**　(清)王凱輯　**咽喉秘集二卷**　(清)海山仙館輯　清宣統三年(1911)上海會文堂書局石印本　四冊　存七卷(增廣驗方新編二、十三至十六,痧症全書上中)

330000－4720－0000416　A145　子部/醫家類/本草之屬/歷代綜合本草

本草綱目拾遺十卷　(清)趙學敏輯　清石印本　一冊　存五卷(六至十)

330000－4720－0000417　開000211　子部/醫家類/診法之屬/脈經脈訣

校正圖註脈訣四卷　(晉)王叔和撰　(明)張世賢注　清宣統二年(1910)上海茂記書莊石印本　二冊

330000－4720－0000419　A146　子部/宗教類/道教之屬/戒律

暗室燈二卷　(清)深山居士輯　清光緒九年(1883)姑蘇瑪瑙經房刻本　一冊

330000－4720－0000423　A149　史部/傳記類/總傳之屬

聖諭像解二十卷　(清)梁延年撰　清鉛印本　二冊　存十卷(十一至二十)

330000－4720－0000425　A150　子部/醫家類/本草之屬/歷代綜合本草

本草綱目五十二卷首二卷附圖三卷　(明)李時珍撰　清光緒三十年(1904)同文書局石印本　二冊　存四卷(首一、圖一至三)

330000－4720－0000426　開000214　集部/小說類/短篇之屬

批點聊齋誌異十六卷　(清)蒲松齡撰　(清)王士禛評　(清)何守奇批點　清道光十五年(1835)刻本　十二冊　存十三卷(三至五、七至十六)

330000－4720－0000427　A151　子部/醫家類/傷寒金匱之屬/傷寒論

傷寒論類方一卷　(清)徐大椿撰　清末石印本　一冊

330000－4720－0000428　A153　子部/儒家類/儒學之屬/蒙學

小學集注六卷　(明)陳選集注　清刻本　一冊　存二卷(三至四)

330000－4720－0000429　A154　集部/戲劇類/傳奇之屬

牡丹亭還魂記二卷五十五齣　(明)湯顯祖撰　清光緒石印本　一冊　存一卷(上)

330000－4720－0000431　A156　經部/小學類/文字之屬/字書/字典

康熙字典十二集三十六卷總目一卷檢字一卷辨似一卷等韻一卷補遺一卷備考一卷　(清)張玉書等纂修　清末石印本　二冊　存十二卷(巳集上中下、午集上中下、未集上中下、申集上中下)

330000－4720－0000432　A157　子部/醫家類/醫案之屬

洄溪醫案一卷　(清)徐大椿撰　**附刻許辛木農部札**　(清)蔣光焴識　清末鉛印本　一冊

330000－4720－0000434　A159　子部/醫家類/綜合之屬/通論

御纂醫宗金鑑九十卷首一卷　(清)吳謙等撰　清石印本　二冊　存四卷(三至六)

330000－4720－0000435　開000215　經部/小學類/文字之屬/字書/字典

康熙字典十二集三十六卷總目一卷檢字一卷辨似一卷等韻一卷補遺一卷備考一卷　(清)張玉書等纂修　清末石印本　三冊　存十八卷(巳集上中下、午集上中下、未集上中下、申

集上中下、酉集上中下、戌集上中下)

330000－4720－0000436　開000216　集部/小說類/長篇之屬

繡像封神演義一百回　(明)許仲琳撰　(明)鍾惺評　清宣統二年(1910)上海有益齋鉛印本　四册　存四十一回(十一至二十四、四十至五十、八十一至八十六、九十至九十九)

330000－4720－0000437　開000218　集部/小說類/長篇之屬

繪圖封神演義八卷一百回　(明)許仲琳撰　(明)鍾惺評　清宣統二年(1910)上海有益齋石印本　三册　存三卷(一、三、六)

330000－4720－0000441　開000220　子部/藝術類/書畫之屬/畫譜

芥子園畫傳初集六卷二集九卷三集六卷　(清)王槩　(清)王蓍　(清)王臬輯　清光緒十四年(1888)上海天寶書局石印本　五册　存七卷(初集一至五、二集九、三集六)

330000－4720－0000442　A160　子部/雜著類/雜考之屬

日知録摘抄二十一卷首一卷　(清)查奕照撰　清宣統元年(1909)硯農抄本　十九册　缺三卷(八、十一、二十一)

330000－4720－0000446　A163　集部/總集類/選集之屬/通代

精校古文析義六卷二編八卷　(清)林雲銘輯注　清宣統元年(1909)石印本　一册　存二卷(二編七至八)

330000－4720－0000452　A165　經部/春秋左傳類/傳說之屬

左繡三十卷首一卷　(清)馮李驊　(清)陸浩評輯　**春秋經傳集解三十卷**　(晉)杜預原本　(唐)陸德明音釋　(宋)林堯叟附註　(清)馮李驊增訂　清文淵堂刻本　一册　存三卷(左繡一、首,春秋經傳集解一)

330000－4720－0000456　開000232　類叢部/叢書類/彙編之屬

說鈴前集三十七種後集十六種　(清)吳震方編　清刻本　一册　存二種

330000－4720－0000457　A167　集部/別集類/清別集

石笥山房集二十四卷　(清)胡天游撰　**先考穉威府君年譜紀略一卷**　(清)胡元琢撰　清咸豐二年(1852)刻本　三册　存七卷(文集一至二、六,補遺,詩集三至五)

330000－4720－0000459　開000228　子部/醫家類/眼科之屬

傅氏眼科審視瑤函六卷首一卷　(明)傅仁宇撰　(明)林長生校補　清石印本　一册　存一卷(三)

330000－4720－0000460　開000233　子部/醫家類/類編之屬

張氏醫書七種　(清)張璐等撰　清末石印本　一册　存一種

330000－4720－0000466　A169　經部/小學類/文字之屬/字書/字典

康熙字典十二集三十六卷總目一卷檢字一卷辨似一卷等韻一卷補遺一卷備考一卷　(清)張玉書等纂修　清末石印本　一册　存五卷(亥集上中下、補遺、備考)

330000－4720－0000471　A170　子部/農家農學類/園藝之屬/花卉

秘傳花鏡六卷　(清)陳淏子撰　清慎德堂刻本　一册　存三卷(一至三)

330000－4720－0000472　A171　類叢部/叢書類/自著之屬

隨園三十種　(清)袁枚撰　清刻本　二册　存一種

330000－4720－0000476　開000243　子部/醫家類/方書之屬/單方驗方

丹溪心法附餘二十四卷　(明)方廣輯　清刻本　一册　存二卷(二至三)

330000－4720－0000477　A173　類叢部/叢書類/彙編之屬

藝苑捃華四十八種　(清)顧之逵編　清同治刻本　四册　存二十二種

330000－4720－0000481　開000247　經部/叢編

重刊宋本十三經注疏四百十六卷附十三經注疏校勘記四百十六卷　(清)阮元撰　(清)盧宣旬摘録　**十三經注疏校勘記識語四卷**　(清)汪文臺撰　清鉛印本　二册　存二種

330000－4720－0000482　開000248　史部/傳記類/總傳之屬/仕宦

歷代名臣言行録續集四十卷首一卷　(清)張兆蓉輯　清末石印本　一册　存四卷(七至十)

330000－4720－0000484　開000250　集部/總集類/選集之屬/斷代

劉註七家詩　(清)張熙宇評　(清)劉培棠(清)劉鍾英輯注　清光緒十五年(1889)刻本　二册　存二種

330000－4720－0000485　開000251　史部/政書類/律令之屬/律例

欽定大清商律不分卷　清掃葉山房石印本　一册

330000－4720－0000486　A174　子部/醫家類/類編之屬

士材三書四種　(明)李中梓等撰　(清)尤乘編　清宣統石印本　一册　存一種

330000－4720－0000489　A177　史部/傳記類/總傳之屬/通代

於越先賢像傳贊二卷　(清)王齡撰　(清)任熊繪像　清光緒五年(1879)上海點石齋石印本　二册

330000－4720－0000492　開000253　子部/醫家類/類編之屬

醫林指月十二種　(清)王琦編　清康熙刻本　一册　存一種

330000－4720－0000493　A179　子部/藝術類/書畫之屬/畫譜

點石齋叢畫十卷　(清)尊聞閣主人輯　清石印本　二册　存三卷(四、八至九)

330000－4720－0000495　A181　集部/小說類/長篇之屬

花月痕全書十六卷五十二回　(清)魏秀仁撰　(清)棲霞居士評　清光緒著易堂鉛印本　三册　存十二卷(一至十二)

330000－4720－0000499　開000255　經部/詩類/傳說之屬

詩經集傳八卷　(宋)朱熹撰　清末刻本　二册　存二卷(三、六)

330000－4720－0000501　A185　子部/醫家類/綜合之屬/通論

御纂醫宗金鑑九十卷首一卷　(清)吳謙等撰　清刻本　十二册　存二十三卷(九至十、十二至十三、二十五至三十、三十四至四十二、五十三至五十四、五十七至五十八)

330000－4720－0000506　A184　集部/總集類/選集之屬/斷代

唐詩三百首續選六卷　(清)于慶元編　清刻本　一册　存一卷(五言律詩)

330000－4720－0000507　A186　子部/醫家類/綜合之屬/通論

御纂醫宗金鑑續編十四卷首一卷　(清)李毓清等纂修　清掃葉山房刻本　五册　缺三卷(十二至十四)

330000－4720－0000508　A187　史部/政書類/律令之屬/律例

大清律例增修統纂集成四十卷附督捕則例二卷　(清)姚潤輯　(清)陶駿　(清)陶念霖增輯　清刻本　二册　存二卷(二十三至二十四)

330000－4720－0000509　A188　史部/編年類/通代之屬

御批歷代通鑑輯覽一百二十卷　(清)傅恒等撰　清同治十年(1871)浙江書局刻本　五册　存十卷(五十一至五十二、七十三至七十四、七十九至八十、八十八至八十九、一百十九至一百二十)

330000－4720－0000510　A189　經部/叢編

御纂七經五種　(清)李光地等纂　清同治六

年至九年(1867－1870)浙江書局刻本　五冊　存一種

330000－4720－0000511　A190　經部/春秋總義類/傳說之屬
欽定春秋傳說彙纂三十八卷首二卷　(清)王掞等撰　清刻本　七冊　存十六卷(一至三、八至十三、二十至二十五,首二)

330000－4720－0000512　A191　經部/禮記類/傳說之屬
欽定禮記義疏八十二卷首一卷　(清)聖祖玄燁撰　清刻本　八冊　存二十一卷(五至九、十二至十四、三十四至三十六、五十二至五十七、六十一至六十二、七十三至七十四)

330000－4720－0000515　A194　經部/叢編
御纂七經五種　(清)李光地等纂　清同治六年至九年(1867－1870)浙江書局刻本　一冊　存一種

330000－4720－0000516　A195　史部/政書類/律令之屬/律例
大清律例增修統纂集成四十卷附督捕則例附纂二卷　(清)姚潤輯　(清)陶駿　(清)陶念霖增輯　清刻本　一冊　存一卷(附纂上)

330000－4720－0000517　A196　子部/醫家類/醫經之屬/内經
黃帝内經素問九卷　(清)高世栻注　清刻本　一冊　存一卷(六)

330000－4720－0000518　A197　集部/總集類/選集之屬/斷代
唐詩三百首註疏六卷　(清)孫洙編　(清)章燮注　清蓉鏡山房刻本　一冊　存一卷(六)

330000－4720－0000520　A199　類叢部/類書類/通類之屬
淵鑑類函四百五十卷目錄四卷　(清)張英　(清)王士禎等輯　清刻本　一冊　存三卷(三百七十四至三百七十六)

330000－4720－0000522　A201　子部/小說家類/異聞之屬
太平廣記五百卷目錄十卷　(宋)李昉等輯　清刻本　一冊　存八卷(二百三十四至二百四十一)

330000－4720－0000523　A202　史部/紀傳類/正史之屬
史記一百三十卷　(漢)司馬遷撰　(南朝宋)裴駰集解　(唐)司馬貞索隱　(唐)張守節正義　**補三皇本紀一卷**　(唐)司馬貞補撰並注　清石印本　一冊　存十九卷(八十二至九十二、一百二十四至一百三十,補三皇本紀)

330000－4720－0000524　A203　史部/紀傳類/正史之屬
二十四史附考證　清光緒上海圖書集成書局鉛印本　一冊　存一種

330000－4720－0000526　A204　經部/小學類/文字之屬/字書/字典
康熙字典十二集三十六卷總目一卷檢字一卷辨似一卷等韻一卷補遺一卷備考一卷　(清)張玉書等纂修　清末石印本　二冊　存十五卷(寅集上中下、卯集上中下、辰集上中下、巳集上中下、午集上中下)

330000－4720－0000527　A205　集部/別集類/清別集
寄嶽雲齋試體詩選詳註四卷　(清)聶銑敏撰　(清)張學蘇箋　清永言堂刻本　一冊　存一卷(一)

330000－4720－0000528　A206　集部/總集類/選集之屬/通代
御選唐宋詩醇四十七卷目録二卷　(清)高宗弘曆輯　清刻本　一冊　存一卷(目録二)

330000－4720－0000529　A207　史部/編年類/斷代之屬
東華續録(咸豐朝)一百卷　潘熙福編　清末鉛印本　一冊　存十卷(六十至六十九)

330000－4720－0000531　A209　史部/紀事本末類/斷代之屬
金史紀事本末五十二卷　(清)李有棠撰　清光緒石印本　一冊　缺四十一卷(一至四十一)

330000－4720－0000532　A210　史部/紀傳類/正史之屬

二十四史附考證　清光緒二十六年(1900)煥文書局石印本　四册　存一種

330000－4720－0000533　A211　史部/紀傳類/正史之屬

三國志六十五卷　(晉)陳壽撰　(南朝宋)裴松之注　清光緒二十五年(1899)慎記書莊石印本　二册　存三十三卷(魏志一至十三、吳志一至二十)

330000－4720－0000534　A212　史部/紀傳類/正史之屬

三國志六十五卷　(晉)陳壽撰　(南朝宋)裴松之注　清上海煥文書局石印本　一册　存二十卷(吳志一至二十)

330000－4720－0000535　A213　類叢部/叢書類/自著之屬

惜抱軒集七種　(清)姚鼐撰　清嘉慶刻本　三册　存二種

《湖州市圖書館古籍普查登記目録》
書名筆畫字頭索引

二畫

三畫

四畫

五畫

六畫

七畫

八畫

九畫

十畫

十一畫

十二畫

十三畫

十四畫

十五畫

十六畫

十七畫

十九畫

二十畫

二十二畫

二十四畫

《湖州市圖書館古籍普查登記目録》書名筆畫索引

二畫

三畫

四畫

五畫

六畫

七畫

八畫

九畫

十畫

十一畫

十二畫

十三畫

十四畫

十五畫

十六畫

十七畫

十九畫

二十畫

二十二畫

二十四畫

《湖州市博物館古籍普查登記目録》
書名筆畫字頭索引

二畫

三畫

四畫

五畫

六畫

七畫

八畫

九畫

十畫

十一畫

十二畫

十三畫

十四畫

十五畫

十六畫

十七畫

十八畫

十九畫

二十畫

二十一畫

二十二畫

二十四畫

《湖州市博物館古籍普查登記目録》書名筆畫索引

二畫

三畫

四畫

五畫

六畫

七畫

八畫

九畫

十畫

十一畫

十二畫

十三畫

十四畫

十五畫

十六畫

十七畫

十八畫

十九畫

二十畫

二十一畫

二十二畫

二十四畫

《湖州師範學院圖書館古籍普查登記目録》
書名筆畫字頭索引

二畫

三畫

四畫

五畫

六畫

七畫

八畫

九畫

十畫

十一畫

十二畫

十三畫

十四畫

十五畫

十六畫

十七畫

十八畫

十九畫

二十一畫

二十二畫

《湖州師範學院圖書館古籍普查登記目録》書名筆畫索引

二畫

三畫

四畫

五畫

六畫

七畫

八畫

九畫

十畫

十一畫

十二畫

十三畫

十四畫

十五畫

十六畫

十七畫

十八畫

十九畫

二十一畫

二十二畫

《德清縣博物館古籍普查登記目録》
書名筆畫字頭索引

二畫

三畫

四畫

五畫

六畫

七畫

八畫

九畫

十畫

十一畫

十二畫

十三畫

十四畫

十五畫

十六畫

十七畫

十八畫

十九畫

二十畫

二十二畫

二十四畫

《德清縣博物館古籍普查登記目録》
書名筆畫索引

二畫

三畫

四畫

五畫

六畫

七畫

八畫

九畫

十畫

十一畫

十二畫

十三畫

十四畫

十五畫

十六畫

十七畫

十八畫

十九畫

二十畫

二十二畫

二十四畫

《長興縣圖書館古籍普查登記目録》
書名筆畫字頭索引

三畫

四畫

五畫

六畫

七畫

八畫

九畫

十畫

十一畫

十二畫

十三畫

十四畫

十七畫

十八畫

十九畫

二十畫

二十三畫

《長興縣圖書館古籍普查登記目録》
書名筆畫索引

三畫

四畫

五畫

六畫

七畫

八畫

九畫

十畫

十一畫

十二畫

十三畫

十四畫

十七畫

十八畫

十九畫

二十畫

二十三畫

《長興縣博物館古籍普查登記目録》
書名筆畫字頭索引

二畫

三畫

四畫

五畫

六畫

七畫

八畫

九畫

十畫

十一畫

十二畫

十三畫

十四畫

十五畫

十六畫

十七畫

十八畫

十九畫

二十一畫

二十三畫

其他

《長興縣博物館古籍普查登記目録》
書名筆畫索引

二畫

三畫

四畫

五畫

六畫

七畫

八畫

九畫

十畫

十一畫

十二畫

十三畫

十四畫

十五畫

十六畫

十七畫

十八畫

十九畫

二十一畫

二十三畫

其他

《安吉縣博物館古籍普查登記目録》
書名筆畫字頭索引

二畫

三畫

四畫

五畫

六畫

七畫

八畫

九畫

十畫

十一畫

十二畫

十三畫

十四畫

十五畫

十六畫

十七畫

十八畫

十九畫

二十畫

二十一畫

二十二畫

二十四畫

《安吉縣博物館古籍普查登記目録》
書名筆畫索引

二畫

三畫

四畫

五畫

六畫

七畫

八畫

九畫

十畫

十一畫

十二畫

十三畫

十四畫

十五畫

十六畫

十七畫

十八畫

十九畫

二十畫

二十一畫

二十二畫

二十四畫

《常山縣圖書館古籍普查登記目録》
書名筆畫字頭索引

二畫

三畫

四畫

五畫

六畫

七畫

八畫

九畫

十畫

十一畫

十二畫

十三畫

十四畫

十五畫

十六畫

十七畫

十八畫

十九畫

二十畫

二十一畫

二十二畫

二十四畫

《常山縣圖書館古籍普查登記目録》
書名筆畫索引

二畫

三畫

四畫

五畫

六畫

七畫

八畫

九畫

十畫

十一畫

十二畫

十三畫

十四畫

十五畫

十六畫

十七畫

十八畫

十九畫

二十畫

二十一畫

二十二畫

二十四畫

《開化縣圖書館古籍普查登記目録》

書名筆畫字頭索引

二畫

三畫

四畫

五畫

六畫

七畫

八畫

九畫

十畫

十一畫

十二畫

十三畫

十四畫

十五畫

十六畫

十七畫

十八畫

十九畫

二十一畫

二十四畫

《開化縣圖書館古籍普查登記目録》
書名筆畫索引

二畫

三畫

四畫

五畫

六畫

七畫

八畫

九畫

十畫

十一畫

十二畫

十三畫

十四畫

十五畫

十六畫

十七畫

十八畫

十九畫

二十一畫

二十四畫